上海社会科学院政治与公共管理研究所

中国政治发展进程2020年

CHINA 2020

时事出版社
北京

图书在版编目（CIP）数据

中国政治发展进程.2020年/上海社会科学院政治与公共管理研究所著.—北京：时事出版社，2020.11

ISBN 978-7-5195-0344-4

Ⅰ.①中…　Ⅱ.①上…　Ⅲ.①政治制度—研究—中国—2020　Ⅳ.①D621

中国版本图书馆CIP数据核字（2020）第190851号

出版发行：时事出版社
地　　址：北京市海淀区万寿寺甲2号
邮　　编：100081
发行热线：（010）88547590　88547591
读者服务部：（010）88547595
传　　真：（010）88547592
电子邮箱：shishichubanshe@ sina. com
网　　址：www. shishishe. com
印　　刷：北京朝阳印刷厂有限责任公司

开本：787×1092　1/16　印张：21.75　字数：292千字
2020年11月第1版　2020年11月第1次印刷
定价：130.00元
（如有印装质量问题，请与本社发行部联系调换）

主　　　编： 刘　杰

编写组成员： 张树平：第一章

齐凌云：第二章

郭中军：第三章

李佳佳：第四章

王龙飞：第五章

李锦峰：第六章

石冬旭：第七章

朱雯霞：第八章

骆明婷：第九章

目　　录

第一章　规划中国与制度中国：发展与治理的政治学

2019年中国政治发展身处其中的时间序列与空间形态，中国政治发展的经济基础、社会基础与政治发展所面临的风险形态都在连续性中呈现了若干变化性。中国政治发展环境的深刻变化向中国政治体系同时提出了两大战略问题，即如何在更为复杂、更具风险的内部和外部环境之中，一方面实现更为有效的发展，另一方面实现更为长久的治理，这两大战略问题的核心分别指向国家规划与国家制度建设两大主题。

2019年中国政治建设正是在规划中国与制度中国的战略主题下，在各个领域、从各个方向不断推进：新时代中国经济发展阶段、方式、动力、战略调整及其所引发的中国经济发展形态的整体转变，形成了高质量发展的新政治经济学，其核心是制度发展与经济发展的双重发展及其双向互动；以维护社会成长与社会发展空间为目的的社会建设，形成了有机社会建设的新政治社会学，其核心是构筑社会发展与国家发展、社会现代化与国家治理现代化之间的制度性关联；全方位行政改革积极推进，其重点是政府定位、行政过程、行政体制、基层治理的自我改革和全面优化，其核心是实现有为政府及其有效约束的平衡；围绕党的组织、党规党纪、党的领导、反腐倡廉等战略重点，全面从严治党自觉推进，其核心是实现党内法规与政党能力的平衡；围绕国家制度体系的成熟定型，国家基本制度建设持续推进，国家制度的包容性与有效性进一步提升；全面依法治国一体推进，司法改革提档加速、立法修法深度融入改革进程，法治的政治功能进一步彰显。

中国政治的古今之变提出了现代中国国家建设中两个至关重要的议题，即发展议题和治理议题；从发展问题中衍生出国家的规划体系建设，由治理主题衍生出国家的制度体系建设两大战略任务。围绕着国家发展与国家治理，中国现代国家建设后先相继地形成了“向解放寻求现代”“向发展寻求解放”“向治理寻求发展”的政治逻辑，并由此生成不同的政治形态。这些不同的政治形态深刻规定着国家规划与国家制度建设两大战略的实施形态及其相互关系：从“全能型计划”到“中心规划”再到“全面规划”，从“立国制度”建设到“关联制度”建设再到“全面制度”建设，“规划中国”与“制度中国”的合流内在地衍生出“真实中国”建构问题。在通往未来之路上，“向治理寻求发展”政治逻辑所孕育的“向民主寻求治理”的政治逻辑，将引领“规划中国”“制度中国”“真实中国”的建构，由此真正实现中国现代国家治理在发展基础上对传统国家治理形态和治理困境的完全超越。

一、2019 年中国政治发展环境评估

2019 年中国政治发展环境既保持了一定的连续性，又有若干新的变化和特点。中国政治建设与政治发展身处其中的时间与空间，政治建设与政治发展的经济基础、社会基础，中国政治建设与政治发展所面临的风险形态都在连续性中呈现了若干的变化性。

（一）历史方位

2019 年是中华人民共和国成立 70 周年，是全面建成小康社会、实现第一个百年奋斗目标的关键之年。改革开放 40 年、中华人民共

和国成立70年、中国共产党成立100周年的时间序列，赋予了2019年特定的政治、经济、社会、文化、生态及党的建设的具体目标和当下任务。当下承接着过去，连接着未来，历史方位不断变换，对一个处于发展之中的国家来说，国家已经走过的历史、对国家历史的总结与反思，调整、完善着未来国家发展的战略与目标，呈现和提示着国家建设再出发的方向、路径与经验。中共十九大的召开，社会主义新时代、新的社会主要矛盾等战略判断的提出，改写和重塑着关乎中国发展的历史坐标，产生出与2021年、2035年、2049年等特殊时间节点相关联的历史任务与时代课题，不断设置和调整着国家的政治议题及其优先序列。

（二）世界与中国

正如2019年中国政府发布的《新时代的中国国防》白皮书所指出的，世界多极化、经济全球化、社会信息化、文化多样化深入发展，和平、发展、合作、共赢的时代潮流不可逆转，但国际安全面临的不稳定性不确定性更加突出，世界并不太平。[①] 一方面，中国对外开放的立场更加坚定、战略更加清晰、姿态更加明确。2019年，中国非洲研究院成立，博鳌亚洲论坛2019年年会、亚洲文明对话大会、第二届中国国际进口博览会相继举行。中国积极参与各种区域协作框架和全球性国际组织，明确展示了中国对区域合作与全球治理的主张，并达成了一系列双边和多边合作共识或方案。另一方面，持续全年的中美经贸摩擦和中美经贸磋商、自2019年底以来新冠疫情的暴发等重大国际事件却表明，全球化历史进程并非一帆风顺，“逆全球化”风险始终存在，并可能给中国发展的国际环境造成持续压力，中国必须“做好较长时间应对外部环境变化的思想准备和工作准备”。作为一个具有独特政治、经济、社会制度和历史文化传统的国家，中国如何在客观存在的国际竞争与合作中实现自身的现代

① http：//www. gov. cn/xinwen/2019/07/24/content_5414156. htm.

化和战略目标，完成作为一个现代国家的整体成长、崛起和复兴，这个问题始终存在于中国现代化历程之中，对于当前中国政治建设产生着越来越重要的塑造和导向作用。

（三）新经济

经济是政治的基础，也是社会的基础。由于世界经济形势与发展周期以及中国经济周期性、体制性和结构性因素的叠加影响，当前中国经济发展进入“新常态”，[①] 中国经济基础的这一重要变化及其对中国经济建设、社会建设和政治建设的重要影响，成为中国特色社会主义进入新时代的重要判断依据之一。经济“新常态”将在一定意义上带来中国经济发展理念、战略、动力的调整与优化，中国经济增长来源可能发生具有重大意义的变化，中国经济发展将更加倚重低效率部门的改进、低收入阶层收入的提高、经济结构的转型升级、前沿性的创新和绿色发展，[②] 这就对经济、社会和政治领域相关体制机制的改革和制度建设——比如生产要素按贡献参与分配的收入分配改革、简政放权的行政体制改革，以及包括教育、医疗、住房等领域在内的全面社会保障制度建设等——造成紧迫的现实需求。因此，中国的高质量发展不得不更加依托于创新创业的内生增长动力，依托于（包括组织、资源、制度与结构在内的）经济基本面来实现中国经济的韧性[③]与可持续发展。简言之，周期性、体制性、结构性因素，加之诸如新冠疫情这样的突发公共事件，不仅考验着中国的制度体系与治理体系，而且考验着中国的政治智慧和政策智慧。

---

① 在 2013 年 12 月召开的中央经济工作会议上，习近平首次提出要“理性对待高速增长转向中高速增长的新常态”；2014 年 11 月召开的亚太经合组织工商领导人峰会开幕式上，习近平指出中国经济“新常态”的若干主要特征——从高速增长转为中高速增长、经济结构优化升级、从要素驱动、投资驱动转向创新驱动。

② 刘世锦：《中速增长的潜力在什么地方》，《北京日报》，2019 年 5 月 6 日。

③ 《中国经济的韧性从何而来》，《经济观察报》，2019 年 5 月 13 日社论。

（四）新社会

随着人口出生率的变化和老龄化、信息化、城镇化的发展，中国社会的人口结构、阶层结构、社会思想、社会组织方式、社会治理结构都在发生着具有深远意义的重要变化，一个不同于以往的“新社会”正在出现。以网络社会发展为例，根据中国互联网络信息中心（CNNIC）发布的第45次《中国互联网络发展状况统计报告》，截至2020年3月，中国网民规模为9.04亿，互联网普及率达64.5%；手机网民规模达8.97亿，网民中使用手机上网的比例为99.3%；在线政务服务用户规模达6.94亿，较2018年底增长76.3%，占网民整体的76.8%。新社会组织技术的发展，连同社会保障制度的完善和社会保障水平的提高，不断赋予包括个体、群体、社会组织在内的社会主体以权利意识和行动能力，一方面持续向政治体系输出行动支持与政治认同，这些支持与认同构筑着中国政治发展的社会基础；另一方面也持续地向政治体系输出权利主张与利益诉求，这些主张与诉求可能对政治体系形成压力与挑战。更进一步，新社会组织技术、社会保障制度的不均衡、不充分发展在当代中国社会中所造成的所谓“数字鸿沟”和“社会断裂”，直接向社会建设与政治建设提出了亟待解决的重大议题。因为，维护中国社会的一体性和有机性，就是维护中国政治发展的根基。

（五）新风险

风险防控（防范化解重大风险）是中国现代国家政治本质的内在要求。“在现代化进程中，生产力的指数式增长，使危险和潜在威胁的释放达到了一个我们前所未知的程度”，现代化的风险“是工业化的一种大规模产品，而且系统地随着它的全球化而加剧”，因此

（后）现代社会本质上是一种“风险社会”①。转型社会的风险与现代社会的风险叠加和弥散性风险传播，是当代中国“风险社会”的最大特征，当前中国“面临的风险挑战之严峻前所未有”。风险防控是最紧迫的政治，公共安全是最必需的政治公共产品，防范和化解重大风险是政治的基本职能，是国家存在和发展的前提性责任。2019 年 1 月，习近平在省部级主要领导干部坚持底线思维着力防范化解重大风险专题研讨班开班式上所强调指出的，当前中国正面临政治、意识形态、经济、科技、社会、外部环境、党的建设等多领域的重大风险，各级党委、政府和领导干部要有效防范化解上述风险，就必须“提高战略思维、历史思维、辩证思维、创新思维、法治思维、底线思维能力”。从这个意义上说，风险改变着现代政治，风险防控也重塑着当下中国政治主体的思维取向，因而也重塑着中国政治建设的战略格局和整体面貌。②

二、规划与制度：2019 年中国政治发展的战略问题

当前中国政治发展环境的深刻变化，向中国政治体系同时提出了两大战略问题，即如何在更为复杂、更具风险的内部和外部环境中一方面实现更为有效的发展，另一方面实现更为长久的治理，这两个问题的核心分别是规划问题与制度问题。

规划问题的本质是发展。以规划引领经济社会发展，“是中国特色社会主义发展模式的重要体现”。作为指导当下中国规划工作的纲领性文件，2018 年印发的《中共中央、国务院关于统一规划体系更

① ［德］乌尔里希·贝克：《风险社会》，何博闻译，江苏：译林出版社，2003 年版，第 15、18、19 页。

② 陈振凯：《居安思危：多省份研讨防风险 把工作做实做细做好》，《人民日报》（海外版），2019 年 2 月 20 日。

好发挥国家发展规划战略导向作用的意见》（下文简称《意见》）和2019年印发的《中共中央、国务院关于建立国土空间规划体系并监督实施的若干意见》（下文简称《若干意见》），针对“规划体系不统一”“规划目标与政策工具不协调”“地方规划朝令夕改”等现实问题，从顶层设计高度提出了建立统一国家规划体系的若干原则性要求。《意见》提出“建立以国家发展规划为统领，以空间规划为基础，以专项规划、区域规划为支撑，由国家、省、市、县各级规划共同组成，定位准确、边界清晰、功能互补、统一衔接的国家规划体系”，“形成规划合力”。《意见》所指的国家发展规划，“即中华人民共和国国民经济和社会发展五年规划纲要，是社会主义现代化战略在规划期内的阶段性部署和安排”“居于规划体系最上位，是其他各级各类规划的总遵循”。《若干意见》指出，国土空间规划要“为国家发展规划落地实施提供空间保障”，要“体现国家意志和国家发展规划的战略性”。

2019年中国各级各类规划实践如火如荼。年内，两办印发《大运河文化保护传承利用规划纲要》，生态环境部办公厅印发《2019年全国大气污染防治工作要点》，农业农村部办公厅印发《大豆振兴计划实施方案》，国家发改委印发《2019年新型城镇化建设重点任务》，新华社受权发布《中共中央、国务院关于支持深圳建设中国特色社会主义先行示范区的意见》，国办印发《体育强国建设纲要》，中共中央、国务院印发《交通强国建设纲要》与《国家积极应对人口老龄化中长期规划》。2019年底，国务院正式启动部署作为国家发展规划的“十四五”规划编制工作（2021—2025）。从中共中央、国务院到中央政府各部委编制和发布的系列规划，加之各级各类地方规划和实施方案，中国各领域各层级发展被纳入一个绵密的规划网络之中。

制度问题的本质是治理。2019年召开的中共十九届四中全会以制度和治理为主题，对当代中国社会主义制度建设和国家治理现代化问题进行了通盘谋划。这是在中国特定发展阶段进行的一次具有里程碑意义的关于制度问题和治理问题的顶层设计。全会通过的

《中共中央关于坚持和完善中国特色社会主义制度 推进国家治理体系和治理能力现代化若干重大问题的决定》（下文简称《决定》）明确指出国家制度与国家治理之间的关系：“中国特色社会主义制度是党和人民在长期实践探索中形成的科学制度体系”“我国国家治理体系和治理能力是中国特色社会主义制度及其执行能力的集中体现”。根据《决定》，中国社会主义制度，在内容上包括“党的领导和经济、政治、文化、社会、生态文明、军事、外事等各方面制度”，中国国家制度和国家治理体系具有 13 大显著优势，“是能够持续推动拥有近十四亿人口大国进步和发展、确保拥有五千多年文明史的中华民族实现‘两个一百年’奋斗目标进而实现伟大复兴的制度和治理体系”。

当前中国之所以在这样一个时间节点选择将坚持和完善中国特色社会主义制度建设，推进国家治理体系和治理能力现代化作为中国现代国家建设的时代主题和战略问题，乃是因为解决制度和治理问题“是实现‘两个一百年’奋斗目标的重大任务”“是把新时代改革开放推向前进的根本要求”“是应对风险挑战、赢得主动的有力保证”。[①] 由此可见，当代中国的规划体系建设问题与制度建设问题，不仅并列为当前中国改革开放的两大战略问题，并且由于当代中国发展问题与治理问题的相互交织与互为条件，规划问题与制度问题也具有紧密的内在关联。从比较政治学的视角来说，当前中国不仅越来越呈现为一个“规划中国”，而且越来越体现为一个“制度中国”。2019 年中国政治建设正是在规划中国与制度中国的战略主题下，在各个领域、从各个方向不断推进的。

① 习近平：《关于〈中共中央关于坚持和完善中国特色社会主义制度 推进国家治理体系和治理能力现代化若干重大问题的决定〉的说明》，《中共中央关于坚持和完善中国特色社会主义制度 推进国家治理体系和治理能力现代化若干重大问题的决定》，北京：人民出版社，2019 年版，第 46－50 页。

三、2019年中国政治建设的基本面相

（一）经济与政治：高质量发展的政治经济学

当代中国政治体系对于经济发展负有高度责任，亦以经济发展为政治体系有效性与优越性之证明。因此，经济发展往往塑造政治体系，形成政治体制改革和政治建设的重要议题，并因此成为政治体制改革与政治建设的重要动力。从这个意义上说，经济是最根本的政治，政治是经济的集中表现，这是马克思主义政治经济学的基本启示。从政治经济学的视角来看，2019年中国经济建设有两大重点：一是制度建设，即培育和完善社会主义市场经济主体、要素、平台、机制与制度；二是经济发展，即在制度建设的基础上制定和贯彻促进经济发展的政策与战略。

1. 继续建构和完善市场经济

市场经济是现代经济的普遍形式，社会主义市场经济是现代中国基于普遍形式之上的特定经济形式。成熟的市场经济由秉持市场取向的健康市场主体、完整的市场要素、统一而成体系的各种市场、真实而准确的市场机制，以及包括联结和规范政府、企业与市场的各种制度体系型构成。所以从这个意义上来说，市场经济是中国经济治理的基础性制度和基础性治理机制。①

第一，打造健康的、有活力的竞争性市场主体。这种市场主体，

① 中共中央十九届四中全会通过的《中共中央关于坚持和完善中国特色社会主义制度 推进国家治理体系和治理能力现代化若干重大问题的决定》明确将社会化主义市场经济体制与“公有制为主体多种所有制经济共同发展”的所有制和“按劳分配为主体、多种分配方式并存”的分配制度一起，并称为社会主义基本经济制度。

既包括国有企业，也包括民营企业；既包括大型企业，也包括巨大数量的中小微企业。民营企业、中小企业关涉到普通民众的就业与民生，关系到“大众创业、万众创新”，关系到中国经济发展的活力与动能。一个成熟、稳定的市场经济体系，其市场主体的基础在于大量的、有生命力和有成长空间的中小微企业和民营企业，因此积极支持民营企业和中小微企业的发展，全面改善其包括政策环境在内的营商环境，成为 2019 年经济治理的重要方面。2019 年 12 月，为了进一步激发民营企业的活力和创造力，建设完整的现代化经济体系，《中共中央 国务院关于营造更好发展环境支持民营企业改革发展的意见》发布，成为支持民企改革发展的首个中央文件。有数据显示，2019 年中国民营企业 500 强营业总额达 28.50 万亿元，与 2018 年相比增长 16.44%；资产总额 34.61 万亿元，增长 22.77%；税后净利润 1.29 万亿元，增长 13.87%。[①] 近年来，国企改革进一步深化，中国政府不再对国企进行系统性补贴，[②] 围绕提升国企竞争力、创新力、控制力、影响力、抗风险能力，国有企业市场化导向、公司治理结构进一步形成。2019 年 6 月，中国铁路总公司改制成为中国国家铁路集团有限公司。年内，央企深度参与地方改革与发展，国有资本以企业为主体的产业链整合加速升级。[③] 在数字经济与实体经济的融合浪潮中，央企与互联网企业深化合作，央企数字化转型进一步推进。国企“混改”审慎推进，武汉国资委旗下的 4 家商业类上市公司中就有 3 家控股权转让给民营企业。[④]

第二，建设自由、开放、统一、规范的市场体系。自由贸易区布局和建设进一步加速，国务院先后印发《中国（上海）自由贸易

---

① 木丁：《民企 500 强资产增超 22% 高研发投入促高质量发展》，《新京报》，2019 年 8 月 23 日。

② 《不再有国企系统补贴是建设市场公平竞争环境的重要一步》，《21 世纪经济报道》，2019 年 3 月 28 日。

③ 王小伟、王基名：《“央地”联动 地方国企加盟央企提速》，《证券时报》，2019 年 6 月 12 日。

④ 陈红霞：《湖北国资改革“放大招”四家商业上市公司 三家转予民企控股》，《21 世纪经济报道》，2019 年 4 月 1 日。

试验区临港新片区总体方案》《中国（山东）、（江苏）、（广西）、（河北）、（云南）、（黑龙江）自由贸易区总体方案》，上述《方案》虽各有侧重，但打造更具国际影响力和竞争力的特殊经济功能区，更好服务对外开放总体战略布局，形成更多可复制可推广的制度创新成果的改革立意却是一贯的。另一个值得关注的现象是，当下中国在市场经济发展过程中对不同领域、不同地域、不同空间、不同层级、不同特征和不同功能的市场，比如对县域市场、城市（群）市场，对大众创业市场、期货市场、房屋租赁市场的关注和培育已经提上议事日程，这是建设现代经济体系和现代市场体系的题中之义。

第三，建设成熟的资本市场。资本市场是现代市场系中最为重要的一种，更是当下中国市场经济体制建设不可或缺的关键环节。适合中国现阶段发展的成熟、稳定、有活力的资本市场应该是支撑实体经济、支持民企和中小微企业融资、具有防控风险能力的资本市场，这就需要建立和完善现代银行体系，完善以“一行两会”为主的监管系统并改进监管方式。2019 年，中共十九届四中全会《决定》明确提出“建设现代中央银行制度”，年内国有银行布局更加完善，中国邮政储蓄银行升格为“国有大型商业银行”。自 2018 年 11 月科创板宣告设立并试点注册制以来，资本市场全面深化改革持续进行，围绕“打造一个规范、透明、开放、有活力、有韧性的资本市场”的改革目标，资本市场基础制度改革进一步加速。[①]

2019 年 7 月，国务院金融稳定发展委员会办公室发布《关于进一步扩大金融业对外开放的有关举措》，推出涵盖债券市场、银行保险市场和证券市场的 11 条金融业对外开放新举措，这些举措有望丰富金融市场主体、增强市场活力。[②] 随着改革深入，社保基金和保险机构作为资本市场中长期资金和专业机构投资力量的作用被寄予厚

① 程丹：《证监会部署全面深化资本市场改革任务》，《证券时报》，2019 年 9 月 11 日。
② 徐佩玉：《金融业对外开放全面扩大》，《人民日报》（海外版），2019 年 7 月 22 日。

望。[①] 同时，伴随着金融业开放程度的加深和更多市场主体的介入，资本市场的潜在和现实风险不可避免地增加，这就对监管机构从严、审慎监管提出了内在要求。这种从严、审慎性监管的重要价值取向在于，坚守防范系统性金融风险的基本底线，改善民企和中微小企业融资环境，维护投资者特别是中小投资者和中小市场主体权益，引导和促进金融业发展与实体经济和国家发展战略的结合。与此相应，从中央到地方的金融监管和金融风险防控持续升级，2019 年 3 月，证监会发布《首发业务若干问题解答》50 条，实质性提升首次公开募股（IPO）发行审核透明度；[②] 10 月，长生生物正式进入退市整顿期，成为因重大违法被强制退市第一股。[③] 地方金融监管规则体系构建加速，多省市出台了地方监管条例。[④]

2019 年，证监会成立了以证监会主席为组长的投资者保护工作领导小组，维护投资者特别是中小投资者合法权益成为资本市场健康发展的前提和资本市场监管的重要原则；两办印发《关于加强金融服务民营企业的若干意见》，国办印发《关于有效发挥政府性融资担保基金作用切实支持小微企业和“三农”发展的指导意见》，推动金融机构化解民营企业、小微企业融资困境；全国首个小微企业续贷中心“北京市企业续贷受理中心”成立；自 2018 年以来，央行会同有关部门以银行贷款、市场发债、股权融资方式纾解民营企业融资难题。[⑤]

第四，进一步厘清政府与市场关系，探索优化政府（市场）监管机制。2019 年初，国务院印发在市场监管领域全面推行部门联合“双随机、一公开”监管的意见，明确提出要健全以“双随机、一

---

① 郭璐庆：《证监会连续释放改革信号 更多中长期资金将入市》，《第一财经日报》，2019 年 10 月 24 日。

② 涂波：《证监会发布“IPO 审核 50 条”》，《新快报》，2019 年 3 月 27 日。

③ 刘凤茹：《重大违法强制退市！长生生物成 A 股首例》，《北京商报》，2019 年 10 月 9 日。

④ 张莫、刘惟真、朱银霞：《防控金融风险 各地频出组合拳》，《经济参考报》，2019 年 10 月 17 日。

⑤ 包兴安：《央行力挺民企发债 专家建议引入第三方评估》，《证券日报》，2019 年 9 月 26 日。

公开”监管为基本手段、以重点监管为补充、以信用监管为基础的新型监管机制，进一步营造公平竞争的市场环境和法治化、便利化的营商环境，“加快形成政府公正监管、企业诚信自律、社会公众监督的良好氛围”。① 年中召开的国务院常务会议部署加快建设社会信用体系构建相适应的市场监管新机制，明确提出统一社会信用代码、联合惩戒、“互联网＋监管”的监管新思路。② 2019 年 2 月召开的国务院常务会议要求制定涉企法规规章和规范性文件必须听取相关企业和行业协会商会意见；2019 年《政府工作报告》明确提出“健全企业家参与涉企政策制定机制”；9 月发改委发布《关于建立健全企业家参与涉企政策制定机制的实施意见》，就涉企政策制定确立了政府与企业常态化沟通机制。③

第五，加速基础性制度构建和相关法治建设，提升经济治理制度和法治水平。十九届四中全会《决定》就完善社会主义市场经济体制提出了一系列制度要求，明确提出要健全破产制度，健全产权保护制度，推进要素市场制度建设，加强资本市场基础制度建设。2019 年，两办印发《关于统筹推进自然资源资产产权制度改革的指导意见》，推出构建归属清晰、权责明确、监管有效的自然资源资产产权制度；7 月，最高法和国家发改委等多部门联合印发《加快完善市场主体退出制度改革方案》，明确提出研究建立非营利法人、非法人组织、个体工商户、责任人等市场主体的破产制度，浙江等地开始探索个人破产退出制度。④ 12 月，第十三届全国人大常委会第十五次会议审议通过修订后的《中华人民共和国证券法》，进一步完善了证券市场基础制度，对科创板、注册制等重大制度创新给予了强有力的法治支持。

---

① 国务院印发《关于在市场监管领域全面推行部门联合“双随机、一公开”监管的意见》，http：//www. gov. cn/xinwen/2019/02/15/content_5365962. htm。

② 《中国部署加快建设社会信用体系构建相适应的市场监管新机制》，http：//www. chinanews. com/gn/2019/06/12/8863082. shtml。

③ 《完善科学决策程序 创新政企互动机制》，《21 世纪经济报道》，2019 年 9 月 19 日社论。

④ 李玉敏：《个人破产浙江“破冰”：温、台两地法院陆续公示案例》，《21 世纪经济报道》，2019 年 9 月 3 日。

2. 经济发展战略的制定与执行

近年来，由于世界经济发展周期的变化、全球化和国际关系的新变化以及中国经济发展本身的阶段性变化，中国经济从改革开放以来连续的高速增长态势进入到一个以高质量发展为目标和诉求的“新常态”。在这一“新常态”下，中国经济发展需要更多地考虑基于健康的经济结构、完整的经济体系、有效的风险管控的可持续性发展，这就给当前中国经济发展战略的制定与执行提出了新的要求。

第一，实施区域协调发展国家战略。2019 年初，国务院批复同意《河北雄安新区总体规划（2018 – 2035 年）》，随后新华社受权发布《中共中央、国务院关于支持河北雄安新区全面深化改革和扩大开放的指导意见》。1 月，习近平主持召开京津冀协同发展座谈会；2 月，中共中央、国务院印发《粤港澳大湾区发展规划纲要》；3 月召开的中央全面深化改革委员会第七次会议审议通过《关于新时代推进西部大开发形成新格局的指导意见》，作为国家战略的西部大开发进入第三个十年；[①] 5 月，习近平主持召开中部地区崛起工作座谈会；6 月，李克强主持召开国务院振兴东北地区等老工业基地领导小组会议；12 月，中共中央、国务院印发的《长江三角洲区域一体化发展规划纲要》正式公布。在区域协调发展的规划和实践中，一些新的发展理念和发展战略逐渐成熟。2019 年 8 月召开的中央财经委第五次会议强调，推动形成优势互补、高质量发展的区域经济布局，提升产业基础能力和产业链水平；同时指出经济发展的空间结构正在发生变化，中心城市和城市群正在成为承载发展要素的主要空间形式。2019 年 2 月国家发改委发布的《关于培育发展现代化都市圈的指导意见》提出：“到 2022 年，都市圈同城化取得明显进展；到 2035 年，现代化都市圈格局更加成熟，形成若干具有全球影响力的都市圈”的发展目标。从地方实践来看，全国多个城市（群）在

① 李果：《西部大开发 20 年经济总量增长近 12 倍 新一轮重磅支持政策即将落地》，《21 世纪经济报道》，2019 年 5 月 9 日。

交通、医保“一卡通”方面进行了积极探索。

第二，减税降费，全面改善企业营商环境和政策环境。依靠改革开放激发市场活力，依靠市场活力顶住下行压力，是2019年经济改革的基本策略。[①] 而通过制度建设和政策执行，维护和增强企业经营能力和创新动力，是保持市场经济活力的根本所在。企业特别是中小微企业，是市场经济的基本主体。2019年两办印发的《关于促进中小企业健康发展的指导意见》明确提出“中小企业是国民经济和社会发展的生力军，是扩大就业、改善民生、促进创业创新的重要力量，在稳增长、促改革、调结构、惠民生、防风险中发挥着重要作用”。[②] 国办印发的《降低社会保险费率综合方案》明确，要“确保企业特别是小微企业社会保险缴费负担有实质性下降”。[③] 2019年3月，李克强总理在《政府工作报告》中提出“深化增值税改革”“确保主要行业税负明显降低”。5月召开的国务院常务会议确定了深入推进市场化法治化债转股措施，支持企业纾困化险；6月召开的国务院常务会议决定开展深化民营和小微企业金融服务综合改革试点；7月召开的国务院常务会议确定了进一步治理违规涉企收费措施；8月召开的国务院常务会议部署运用市场化改革办法推动实际利率水平降低和解决“融资难”问题。中国财政科学研究院发布的2019年“降成本”调研成果报告显示，自2016年以来，多数企业税负下降，降成本对政府制度创新的内在需求上升。[④]

第三，以“六稳”稳定经济基本面。2018年7月召开的中共中央政治局会议首次提出要做好“六稳”即稳就业、稳金融、稳外贸、稳外资、稳投资、稳预期工作。“六稳”工作基调贯穿2019年经济工作和经济政策的各个方面。各地将稳投资作为稳增长的抓手，除

① 任小璋、林小昭、董鑫：《新一年经济改革策略明晰：依靠市场活力顶住下行压力》，《第一财经日报》，2019年1月16日。

② http：//www. gov. cn/zhengce/2019/04/07/content_5380299. htm.

③ http：//www. gov. cn/xinwen/2019/04/04/content_5379652. htm.

④ 孙韶华、金辉：《近三年多数企业税负下降但要素成本仍有上升》，《经济参考报》，2019年10月23日。

传统的“铁公基”等基础设施建设外，多个省份将高端制造业和新型基础设施建设作为投资重点。[①] 2019 年 7 月召开的国务院常务会议确定了进一步稳外贸措施，以扩大开放助力稳增长、稳就业；11 月，新华社受权发布《中共中央 国务院关于推进贸易高质量发展的指导意见》，提出“加快推动由商品和要素流动型开放向规则等制度型开放转变”“到 2022 年，贸易结构更加优化，贸易效益显著提升，贸易实力进一步增强，建立贸易高质量发展的指标、政策、统计、绩效评价体系”。[②] 9 月，国家外汇管理局决定取消合格境外机构投资者（QFII）和人民币合格境外机构投资者（RQFII）投资额度限制；11 月，国务院印发《关于进一步做好利用外资工作的意见》，提出要以保障外商投资企业国民待遇为重点，以打造公开、透明、可预期的外商投资环境为着力点，持续深化“放管服”改革，稳定外资规模，优化外资结构；[③] 12 月召开的国务院常务会议通过了《中华人民共和国外商投资法实施条例（草案）》，进一步实化外商投资促进、保护、管理的一系列措施。国家对外资的开放与监管并重，新版市场准入负面清单和不可靠实体清单制定工作积极推进。[④]

第四，扩内需，打造消费型经济和消费型社会。扩内需是当前中国经济面临下行压力的理性选择，从长远来看也是中国经济转型升级和实现高质量发展的必然选择。从商务部提供的数据上看，消费已连续 6 年成为中国经济第一拉动力。[⑤] 扩内需是一个系统工程，客观上要求各个领域全面深化改革的跟进。[⑥] 2019 年个税改革进一步深入，自 1 月起首次实施六项专项附加扣除；1－4 月，个税改革

---

① 《确保稳投资的正确轨道》，《21 世纪经济报道》，2019 年 6 月 28 日社论。

② http：//www. gov. cn/zhengce/2019/11/28/content_5456796. htm.

③ http：//www. gov. cn/zhengce/content/2019/11/07/content_5449754. htm.

④ 郭丽琴：《对外资开放与监管并重 中国即将公布两张重磅清单》，《第一财经日报》，2019 年 8 月 23 日。

⑤ 陈炜伟、王雨萧：《消费连续 6 年成为中国经济增长第一拉动力》，《四川日报》，2020 年 1 月 22 日。

⑥ 李迅雷：《如何让消费“马车”跑得更快》，《环球时报》，2019 年 1 月 28 日。

新增减税 2143 亿元，累计人均减税 1026 元。[①] 年内，广东、北京、上海等多地密集出台了新一轮促消费《实施方案》和地方政策。根据国家统计局数据，2019 年前三季度全国居民人均消费支出 15464 元，比上年名义同期增长 8.3%，扣除价格因素后实际增长 5.7%。无论是城市经济还是乡村经济，不论是城市群与都市圈市场拓展，还是县镇市场培育，都被纳入扩内需的整体战略谋划之中。在扩内需的大背景下，农村地区交通、水利、物流、电网、信息网络等传统基础设施和新型基础设施建设进一步加速，投资重点集中在基建补短板领域。[②]

第五，深入推进结构调整与转型升级，助推经济体系现代化。当代中国仍然是一个发展中国家，仍然处于现代化的历史进程之中，这是中国发展的自我定位，也是中国发展的现实坐标。因此中国经济成长不仅有体量和规模增长的任务，更重要的是高质量发展。这种高质量发展集中体现于新发展理念，聚焦于现实经济成长中的经济体系优化、结构调整、动能调整、形态调整。城市与乡村、实体经济与虚拟经济、产业体系和（国际）产业链都需要围绕现代经济体系构建进行适时调整，这种深度调整并不能通过经济发展、技术进步自然而然地达成，[③] 而有赖于政府功能特别是政策功能的发挥来引导变革的方向。

以农业现代化与城乡关系为例，2019 年印发的《中共中央、国务院关于建立健全城乡融合发展体制机制和政策体系的意见》提出，要"加快形成工农互促、城乡互补、全面融合、共同繁荣的新型工农城乡关系""到 2022 年，城乡融合发展体制机制初步建立""到 2035 年，城乡融合发展体制机制更加完善""到本世纪中叶，城乡融合发展体制机制成熟定型"。[④] 2019 年 2 月，新华社受权发布《中

---

① 吴秋余：《专项附加扣除 减税精准"落袋"》，《人民日报》，2019 年 6 月 12 日。

② 班娟娟、王璐、高文琎：《蓄力扩内需 农村投资迎多路资金"补血"》，《经济参考报》，2019 年 9 月 3 日。

③ 蔡昉：《改改经济发展的思维方式》，《北京日报》，2019 年 1 月 21 日。

④ http://www.gov.cn/zhengce/2019/05/05/content_5388880.htm.

共中央、国务院关于坚持农业农村优先发展做好“三农”工作的若干意见》，明确提出“坚持农业农村优先发展总方针，以实施乡村振兴战略为总抓手”，发挥“三农”压舱石作用。[①] 根据中共十九大精神，两办印发《关于促进小农户和现代农业发展有机衔接的意见》，明确指出这是推进中国特色农业现代化的必然选择。[②]

第六，精准施策。政府的经济政策在现代经济体系构建和当下中国经济发展中越来越起到不可替代的作用，比如2019年中国政府的宏观政策取向——积极财政政策、稳健的货币政策和就业优先政策，就是对世界经济周期和中国经济形势审时度势、审慎平衡的理性选择。当下中国经济政策的制定与执行必须兼顾精准施策与政策配合，最大限度地发挥政策作用。2019年，在积极财政政策导向下，中国较大幅度地增加了地方政府专项债券规模，[③] 用于支持地方重点项目建设，比如浙江首次通过商业银行柜台市场面向个人和中小投资者发行棚改专项债券。[④]

当前中国的产业政策和经济战略也体现了审时度势、审慎平衡的特征。在供给侧结构改革思路下，中国产业结构调整正在深入推进。产业内部整合调整、新旧产业更替、不同产业之间的融合（比如在去产能背景下中国钢铁业的结构化调整，[⑤] 先进制造业与现代服务业的融合等），以及互联网与产业之间的叠加正在深刻改变中国经济面貌。2019年，多地积极加快政策部署，培育发展先进制造业集群；[⑥] 从低端制造业向先进制造业的跃升正在发生，比如海南省在国家市场准入负面清单基础上提出更为严格的《海南省产业准入禁止

---

① http：//www. gov. cn/zhengce/2019/02/19/content_5366917. htm.

② http：//www. gov. cn/zhengce/2019/02/21/content_5367487. htm.

③ 孙韶华、罗逸姝：《2019地方债启幕 首周发行将超1200亿》，《经济参考报》，2019年1月23日。

④ 林小昭：《100元也能投资房地产：浙江首发棚改专项债券》，https：//www. yicai. com/news/100141623. html。

⑤ 陈红霞：《近三年削减钢铁产能1.5亿吨去产能步入“深水区”》，《21世纪经济报道》，2019年10月29日。

⑥ 郭倩：《先进制造业重大项目迎建设高峰》，《经济参考报》，2019年9月12日。

限制目录（2019 年版）》，全面禁止高能耗、高污染、高排放低端制造业发展。[①] 基于互联网与经济的广泛结合而孕育的数字经济和平台经济的发展对新型工业化影响深远。[②] 8 月，国办印发的《关于促进平台经济规范健康发展的指导意见》明确提出“互联网平台经济是生产力新的组织方式，是经济发展新动能”，要“推动建立健全适应平台经济发展特点的新型监管机制”。[③] 根据相关数据，截至 2018 年底中国数字经济规模已达 31 万亿元，占 GDP 的 1/3；2019 年 10 月，河北省（雄安新区）等 6 个国家数字经济创新发展实验区建设工作开始启动。

（二）社会与政治：有机社会建设的政治社会学

当中国的发展越来越需要观照到社会层面的因素，即当中国发展越来越以一个良善、健康、有活力的社会结构与社会秩序为基础之时，社会建设、社会成长与社会治理就成为中国全面发展的题中之义。中共十九届四中全会《决定》明确，要“健全幼有所育、学有所教、劳有所得、病有所医、老有所养、住有所居、弱有所扶等方面国家基本公共服务制度体系”，注重加强普惠性、基础性、兜底性民生建设，保障群众基本生活，这是当前中国制度建设的根本要求和根本取向。社会建设与社会发展的本质是人的全面发展，即作为社会个体与个体基础上的群体多维度、多方面权利的保护与发展，只有在这种对于社会主体权利之保护与发展的基础之上，才有社会作为一个整体的发展；而社会作为一个整体的发展，越来越成为当代中国经济、社会协同发展的前提和基础。因此，社会发展与经济发展的相互需求、社会建设与经济建设的相互支持，就成为当前中国社会建设的基本方向。

① http：//plan. hainan. gov. cn/sfgw/0400/201909/92e94bc2d2324268bd5bf23c797ed6db. shtml.

② 赵昌文：《新型工业化的三个新趋势》，《人民日报》，2019 年 3 月 29 日。

③ http：//www. gov. cn/zhengce/content/2019/08/08/content_5419761. htm.

与此同时，在强调现代社会成长特别是社会自治的重要性的同时，在社会建设的大局中持续反思政治与社会的关系是极为必要的。社会成长与政治发展的关系并不是单线的，社会成长并不意味着政治的退守。毫无疑问，现代政治需要为社会成长创造政治空间，但是这并不是一个简单的增减问题——社会权利增加了，政治权力就缩小了；毋宁是说，社会权利的增长和社会自治的成长，以及与之相伴随的社会治理的发展，一方面为现代政治的高水平发展提供了一个崭新的社会基础，另一方面不以社会意志为转移的是，在整个社会成长的过程中，随着现代社会的进步，社会对政治的需求始终真实存在，并且远远超出了一般的社会认知，虽然社会对政治的具体要求始终处于变化之中。在社会治理似乎不需要政治出场的地方，隐匿着政治的必然性。

第一，坚持全覆盖原则，加快社会保障制度建设。中共十九届四中全会《决定》提出，要“完善覆盖全民的社会化保障体系”，“坚持应保尽保原则，健全统筹城乡、可持续的基本养老保险制度、基本医疗保险制度”，这也是 2019 年中国社会保障制度建设的基本取向。2019 年 4 月，国办印发《关于推进养老服务发展的意见》，提出“大力推动养老服务供给结构不断优化、社会有效投资明显扩大、养老服务质量持续改善、养老服务消费潜力充分释放，确保到 2022 年在保障人人享有基本养老服务的基础上，有效满足老年人多样化、多层次养老服务需求”。[①] 7 月，民政部等 12 部门联合印发《关于进一步加强事实无人抚养儿童保障工作的意见》。同月召开的国务院常务会议决定全面推开中央和地方“划转部分国有资本充实社保基金”。自 2018 年起，全国多地就建立城乡居民基本养老保险待遇确定和基础养老金正常调整机制相继发布实施意见，提高养老金待遇水平成为 2019 年各地的一项重点民生工作；[②] 根据相关政策设计，养老保险第三支柱有望扩容，符合规定的银行理财、商业养

① http：//www. gov. cn/zhengce/content/2019/04/16/content_5383270. htm.

② 韩秉志：《养老钱“水涨船高”》，《经济日报》，2019 年 2 月 19 日。

老保险和基金等金融产品都可以进入养老保险第三支柱产品篮子。[①]截至2019年3月底，全国基本养老、失业、工伤保险参保人数分别为9.41亿、1.97亿、2.39亿人，全国社保卡持卡人数为12.5亿人，覆盖全国总人口的89.6%。[②]成都等地出台相关意见，明确到2020年，与新经济组织建立规范劳动关系的从业人员基本实现社会保险参保全覆盖。随着就业方式的变化，灵活就业人员的社会保障及其规范提上议事日程。[③]

第二，积极推进健康中国制度建设。深化医药卫生体制和现代医院管理制度改革，强化提高人民健康水平的制度保障，是2019年健康中国建设的重点。2019年7月，国务院印发《国务院关于实施健康中国行动的意见》[④]《健康中国行动组织实施和考核方案》[⑤]，明确三方面共15个专项行动，提出在国家层面成立健康中国行动推进委员会，制定印发《健康中国行动（2019—2030年）》，统筹推进组织实施、监测和考核相关工作。10月，中共中央、国务院印发《“健康中国2030”规划纲要》，提出了健康中国建设至2020年、2030年的目标和任务；11月，由国家卫健委等8部门联合出台的《关于建立完善老年健康服务体系的指导意见》公布，这是我国首个关于老年健康服务体系的指导性文件。

医保制度改革继续推进。新型医保支付模式改革取得实质性进展，2019年国家医保局确定了按疾病诊断相关分组付费（DRG）国家试点城市，除西藏外各省均有一市试点。[⑥]根据国家卫健委扶贫办信息，中国正在推动地方在现有保障制度对贫困人口政策倾斜的基础上，通过补充保险、政府兜底、慈善救助等形式为大病、重病贫

---

① 周琳：《养老保险第三支柱有望扩容》，《经济日报》，2019年6月28日。
② 班娟娟、秦燕玲：《社保改革多重红利将密集释放》，《经济参考报》，2019年4月24日。
③ 杜晓、邓清月：《多管齐下构建灵活就业社保体系》，《法制日报》，2019年11月7日。
④ http：//www.gov.cn/zhengce/content/2019/07/15/content_5409492.htm.
⑤ http：//www.gov.cn/zhengce/content/2019/07/15/content_5409499.htm.
⑥ 李丹青：《新支付方式能否为医保改革开出“新药方”?》，《工人日报》，2019年6月25日。

困人口建立兜底保障机制。[①] 区域医保一体化稳步推进，以长三角为例，自 2018 年起长三角地区试点“异地就医门诊费用直接结算”[②]以来，长三角“医保互通”的改革步伐加快；至 2019 年长三角地区全部 41 个城市实现了“医保一卡通”，覆盖三省一市 3500 余家医疗机构，[③] 长三角地区医保一体化发展取得积极进展。

现代医院管理制度改革走向深入，全国已有 2800 多家公立医院开展薪酬制度改革试点工作。[④] 互联网技术助力医改，2019 年初，国家卫健委确定在北京、天津、上海、江苏、浙江、广东六省市进行“互联网 + 护理服务”试点；宁夏等地互联网医疗试点工作持续推进。[⑤] 基层医疗体系建设备受关注，为了提升基层医疗机构综合服务能力，国家卫健委制定和印发了《社区医院基本标准（试行）》《社区医院医疗质量安全核心制度要点（试行）》[⑥]。北京市自 2019 年 6 月实施医耗联动综合改革以来，全市基层门诊量连续 32 个月增幅高于二、三级医院，呈现门诊服务向基层医疗机构分流的良好态势。[⑦]

第三，以教育现代化推进国家现代化。全面推进教育体制改革，构建服务全民终身学习教育体系成为当前国家规划的重要内容。2019 年初，中共中央、国务院印发《中国教育现代化 2035》，这是中国第一个以教育现代化为主题的中长期战略规划，提出到 2020 年教育现代化取得重要进展，到 2035 年总体实现教育现代化的战略目标；[⑧] 据此，中办、国办印发《加快推进教育现代化实施方案

① 周程程：《国家卫健委昨日举行新闻发布会表示：将农村贫困人口大病重病住院报销比例提至 90% 左右》，《每日经济新闻》，2019 年 9 月 23 日。

② 郑嘉璐：《长三角“医保互通”之路》，《南风窗》，2019 年第 1 期。

③ 龚雯、鲍晓菁、仇逸、黄筱、邱冰清：《小小医保卡“跑通”长三角》，《经济参考报》，2019 年 10 月 17 日。

④ 《卫健委：全国 2800 多家公立医院开展薪酬制度改革试点》，http：//www. chinanews. com/gn/2019/06 – 14/8864571. shtml。

⑤ 许凌、拓兆兵：《打造医疗服务便民惠民样板》，《经济日报》，2019 年 7 月 30 日 .

⑥ http：//www. nhc. gov. cn/yzygj/s3593g/201906/ca5f96ecfd1741b6a7efdf6938fe060f. shtml.

⑦ 蒋若静：《基层机构首次成为多数患者就诊首选》，《北京青年报》，2019 年 12 月 19 日。

⑧ http：//www. gov. cn/xinwen/2019/02/23/content_5367987. htm.

(2018－2022 年)》,[①] 提出未来五年推进教育现代化、建设教育强国的时间表、路线图。年内，中央层面的教育规划、指导意见、实施方案密集出台。2 月，国务院印发《国家职业教育改革实施方案》，明确提出“职业教育与普通教育具有同等重要地位”;[②] 6 月，国办印发《新时代推进普通高中育人方式改革的指导意见》；7 月，新华社发布《中共中央、国务院关于深化教育教学改革全面提高义务教育质量的意见》。在这些规划、意见和方案中，教育现代化被定位于国家现代化不可分割的重要组成部分，教育现代化与经济、政治和社会发展的互动关系受到高度关注，以教育现代化推进国家现代化成为教育领域改革发展的基本战略。

以职业教育改革为例，2019 年《政府工作报告》提出，要加快发展现代职业教育，“改革完善高职院校考试招生办法，鼓励更多应届高中毕业生和退役军人、下岗职工、农民工等报考，今年大规模扩招 100 万人”；教育部、财政部提出实施中国特色高水平高职学校和专业建设计划（“双高计划”），集中力量建设 50 所左右高水平高职学校和 150 个左右高水平专业群，支撑国家重点产业、区域支柱产业发展，引领新时代职业教育实现高质量发展;[③] 6 月召开的国务院常务会议决定扩大高职院校助学金覆盖面、提高补助标准并设立中等职业教育国家奖学金；同月发布的《国务院办公厅关于促进家政服务业提质扩容的意见》提出“支持院校增设一批家政服务相关专业”“政府支持一批家政企业举办职业教育”。[④]

普通高校专业设置的变化也鲜明体现了教育与经济社会发展之间的密切互动。2019 年发布的《教育部关于深化本科教育教学改革全面提高人才培养质量的意见》提出“深化高校专业供给侧改革”“以经济社会发展和学生职业生涯发展需求为导向，构建自主性、灵

---

① http：//www. gov. cn/zhengce/2019/02/23/content_5367993. htm.

② http：//www. gov. cn/zhengce/content/2019/02/13/content_5365341. htm.

③ http：//www. moe. gov. cn/srcsite/A07/moe_737/s3876_qt/201904/t20190402_376471. html.

④ http：//www. gov. cn/zhengce/content/2019/06/26/content_5403340. htm.

活性与规范性、稳定性相统一的专业设置管理体系”。[①] 根据教育部2019年4月公布的2018年度《普通高等学校本科专业备案和审批结果》，全国共有416个本科专业被撤销；[②] 而北京大学“机器人工程”本科生教育、清华大学人工智能学堂均在2019年启动首批招生。在高考招生方面，为了对弱势群体有所倾斜，国家近年来启动了国家专项、地方专项和高校专项三个“专项计划”；[③] 在高校学生教育培养方面，2019年4月，教育部、科技部等13个部门正式联合启动“六卓越一拔尖”计划2.0版，全面推进新工科、新医科、新农科、新文科建设，提高高校服务经济社会发展能力；[④] 高校科研体制改革试点也在积极推进之中。在2019年6月发布的2019“软科世界一流学科排名”中，中国内地高校10个工科学科位列世界第一。[⑤]

教育改革不仅与中国经济社会发展密切相关，也与中国政治发展密切相关。一方面，教育对于维护、塑造和发展社会主义国家意识形态，培育支撑当代中国政治发展的政治主体具有无可替代的作用。作为教育改革的重要内容，近年来中小学课程标准和教材修订进一步强化了社会主义核心价值观教育、中华优秀传统文化等内容。[⑥] 根据6月发布的《教育部办公厅关于开展体育美育浸润行动计划的通知》，2019年教育部拟支持20所左右高校开展体育美育浸润行动计划，探索建立高校支持中小学体育美育协同发展机制，“以立德树人为根本，以社会主义核心价值观为引领，以培养学生强健体魄和审美人文素养为核心”，推动中小学体育美育日常化、多样化、特色化发展。[⑦] 另一方面，教育领域诸多规划和改革措施的落实，对

① http://www.moe.gov.cn/srcsite/A08/s7056/201910/t20191011_402759.html.

② 岳昌君、邱文琪：《你的本科专业四年后会被淘汰吗》，《中国青年报》，2019年4月22日。

③ 王峰：《还有另一条路可以上北大 谁是筑梦计划最大赢家?》，《21世纪经济报道》，2019年4月26日。

④ 胡浩、张建新：《教育部启动实施“六卓越一拔尖”计划2.0》，http://www.xinhuanet.com/politics/2019/04/29/c_1210122557.htm.

⑤ 晋浩天：《高校学科建设这份成绩单怎么样》，《光明日报》，2019年6月27日。

⑥ 周瑾言：《统编〈语文〉教材的四大变化》，《北京日报》，2019年8月7日。

⑦ http://www.moe.gov.cn/srcsite/A17/moe_794/moe_624/201906/t20190625_387586.html.

央地责任和事权关系的调整与改革提出了内在需求，直接推动着政治和行政领域的变革。2019 年 6 月国办印发《教育领域中央与地方财政事权和支出责任划分改革方案》，提出要在教育领域“加快建立权责清晰、财力协调、区域均衡的中央和地方财政关系”“适度加强中央财政事权和支出责任，强化地方政府分级负责机制”“加快推进教育领域基本公共服务均等化”。[①]

第四，优化社会结构，促进社会流动。当前中国的人口结构正面临新变化。2018 年中国人口出生率为 10. 94 ‰，上一年度出生率为 12. 43 ‰，各省出生率总体上均有所下滑。[②] 截至 2018 年末，中国大陆总人口 139538 万人，60 周岁及以上人口首次超过 0—15 岁人口。根据 2018 年各地国民经济和社会发展统计公报，23 个公布人口年龄结构的省份全部进入老龄化，辽宁、山东、四川、重庆、江苏五省市进入“深度老龄化”；上海市统计局数据显示，上海于 2017 年进入“深度老龄化”社会。[③] 老龄化社会的来临，对中国经济发展态势和战略形成了一种必须正视的深层约束。[④] 根据国家统计局数据，2018 年中国农民工总量为 28836 万人，平均年龄为 40. 2 岁，其中 50 岁以上农民近五年来呈逐年提高趋势。[⑤] 根据国家统计局 2019 年 2 月公布的《2018 年国民经济和社会发展统计公报》，2018 年末，全国城镇常住人口 83137 万人，占总人口比重（常住人口城镇化率）

---

① http：//www. gov. cn/zhengce/content/2019/06/03/content_5397093. htm.

② 李振、林雯晖：《2018 年出生人口图谱：广东“最能生”，东北出生率垫底》，《21 世纪经济报道》，2019 年 5 月 7 日。

③ 吴林静：《人口结构拐点已至，六省市迈入深度老龄化》，《每日经济新闻》，2019 年 5 月 13 日。http：//www. nbd. com. cn/articles/2019/05/13/1331106. html。

④ 关于老龄化社会的“人口红利”与经济增长问题，学界有不同的观点，参见蔡昉：《如何认识中国经济增长潜力：回应林毅夫对人口红利解释的批评》，《比较》，2019 年第 2 期。一种观点认为，中国人口红利依然存在，全要素生产率提升还有较大潜力，参见张达：《宁吉喆：中国人口红利仍然存在》，《证券时报》，2019 年 12 月 16 日。另一种观点认为，基于劳动力素质、政策制度、社会公共环境而触发的第二次人口红利机会窗口已经开启，有效开发和利用健康老年人力资源和人力资本成为关键。原新、周平梅：《第二次人口红利之窗正在开启》，《北京日报》，2019 年 3 月 4 日。

⑤ 国家统计局：《2018 年农民工监测调查报告》，http：//www. stats. gov. cn/tjsj/zxfb/201904/t20190429_1662268. html。

为 59.58%，比上年末提高 1.06 个百分点。户籍人口城镇化率为 43.37%，比上年末提高 1.02 个百分点。全国人户分离的人口为 2.86 亿人，其中流动人口为 2.41 亿人。[①] “城镇化是现代化的必由之路，也是乡村振兴和区域协调发展的有力支撑”，国家发改委 2019 年 3 月发布的《2019 年新型城镇化建设重点任务》提出，“加快实施以促进人的城镇化为核心、提高质量为导向的新型城镇化战略”。中共十八大以来，新型城镇化加速推进，由速度型向质量型城镇化转变。[②] 相关数据显示，中国城镇化率从 1949 年的 10.64% 增长到 2018 年的 59.58%，截至 2018 年东部沿海地区城镇化率达到 67.76%，西部地区城镇化率由 2000 年的 29.63% 提高到 53.90%。[③]

伴随着城市化和城镇化进程，当前中国人口流动呈现新特点，户籍制度改革也加快推进。2018 年，广州、杭州、成都、宁波、南京等城市常住人口均有可观增长，[④] 长三角 26 个城市中共有 16 个城市人口实现净流入，上海、苏州等 7 城人口净流入量超过 100 万人，10 个城市人口呈现净流出状态，安徽 6 个、江苏 4 个。[⑤] 根据《2017 年城市建设统计年鉴》，全国城区人口超过 500 万的特大城市已达 13 个。人口流动改变了当前中国城镇化态势和城市化格局，也改变着作为城市管理重要内容的户籍制度。《国家发展改革委关于培育发展现代化都市圈的指导意见》（发改规划〔2019〕328 号）提出，中国将放开放宽除个别超大城市外的城市落户限制，加快消除城乡区域间户籍壁垒，统筹推进本地人口和外来人口市民化。2019 年 4 月，发改委表示中国将继续加大户籍制度改革力度，在中小城市和小城镇陆续取消落户限制的基础上，城区常住人口 100 万至 300 万的大城市要全面取消落户限制，城区常住人口 300 万至 500 万的

---

① http：//www.stats.gov.cn/tjsj/zxfb/201902/t20190228_1651265.html.

② 魏后凯：《以提高质量为导向》，《人民日报》，2019 年 4 月 19 日。

③ 马爱平：《大数据重现新中国成立以来城市扩展过程》，《科技日报》，2019 年 10 月 9 日。

④ 杜弘禹、黄婷：《2018 年城市“人口赢家”：广州连续 4 年增量超 40 万 多个新一线人口逼近千万》，《21 世纪经济报道》，2019 年 2 月 19 日。

⑤ 林小昭：《长三角城市群 26 城人口对比：7 城人口净流入超 100 万》，https：//www.yicai.com/news/100199491.html。

大城市要全面放开放宽落户条件，并全面取消重点群体落户限制。户籍制度变革将使得一大批二线城市从中受益，可望带动更多区域相对均衡发展。[①] 人才的国际流动也助推着中国城市化格局变革，根据《2019 海归就业力调查报告》，在吸纳海归就业人才的体量方面，新一线城市正在逼近北、上、广、深等一线城市。[②] 可以展望的是，中国社会将在人口的迁徙流动中形成新的重组与再造，将一个流动中的中国再造为一个融合中的中国，[③] 正是社会建设与社会发展的使命。

第五，全面建设有组织、有活力、有秩序的社会共同体。小康社会本质上是一个有机社会，在这个社会中各社会阶层相互扶助，社会共同体的发展与个体和群体发展互为前提。全面建成小康社会，必须大力推进扶贫攻坚战，切实防止社会断裂；大力推进社会治理体系和能力现代化，寓社会发展于社会治理之中。

打赢脱贫攻坚战，是全面建成小康社会的底线任务和标志性指标。与国家发展战略形成有效对接，与消费社会建构、国内市场培育、公共服务体系和社会保障体系建设形成深度融合，成为 2019 年扶贫攻坚的基本特征。2019 年初，国办印发《关于深入开展消费扶贫助力打赢脱贫攻坚战的指导意见》，指出消费扶贫“是社会力量参与脱贫攻坚的重要途径”；[④] 1 月，国家发改委等 18 个部门联合印发《加大力度推动社会领域公共服务补短板强弱项提质量 促进形成强大国内市场的行动方案》，强调“对接脱贫攻坚、乡村振兴、科教兴国、健康中国、创新驱动等国家战略”“着力补齐社会领域基本公共服务短板，增强非基本公共服务弱项，提升公共服务质量和水平”；4 月，习近平在重庆考察时强调各地区各部门要着力解决“两不愁

① 林小昭：《户籍制度大变革时代 二线城市或成最大赢家》，《第一财经日报》，2019 年 6 月 23 日。

② 邹硕：《2019 海归就业力调查报告在京发布》，http：//cn. chinadaily. com. cn/a/2019/10/21/WS5dad7340a31099ab995e6de2. html.

③ 吕德文：《中国社会在流动中融合》，《环球时报》，2019 年 2 月 13 日。

④ http：//www. gov. cn/zhengce/content/2019/01/14/content_5357723. htm.

三保障”（即不愁吃、不愁穿，义务教育、基本医疗、住房安全有保障）突出问题。总的来说，新时代扶贫攻坚战成效卓著。2018 年中国恩格尔系数为28.4%，比上年下降0.9 个百分点。[①] 中国现行标准下的农村贫困人口从2012 年底的9899 万人减少到2018 年底的1660 万人，贫困发生率从10.2 下降到1.7%，自2012 年以来连续6 年超额完成千万减贫任务。[②] 2019 年5 月，革命老区延安贫困县全部摘帽；2019 年12 月，国务院扶贫办表示，预计2019 年中国减贫人口再超1000 万，截至2019 年底，95% 以上人口可以脱贫，90% 以上贫困县可以摘帽。

征信系统建设和社会组织建设是社会治理体系建设的重要方面。近年来，社会信用体系建设逐渐加速，多个城市推出了个人信用评分系统。社会信用体系建设在经济发展与经济治理、社会建设与社会治理的多个领域发挥着越来越重要的作用。以中国人民银行征信中心具体负责建设、运行和维护的金融信用信息基础数据库为例，2006 年全国集中统一的企业和个人征信系统正式上线，经过十多年的发展，个人和企业征信系统已采集9.9 亿自然人、2591.8 万户企业和其他组织的信息，[③] 已经成为当前中国最为重要的金融基础设施之一。2019 年，天津市下发《关于对全市履行兵役义务领域失信人员实施联合惩戒的实施方案》，对拒不履行国防义务，拒绝、逃避兵役等严重违法失信行为建立健全联合惩戒机制；[④] 国家卫健委办公厅等下发的《关于进一步促进无偿献血工作健康发展的通知》提出“各地应当探索将无偿献血纳入社会征信系统”。[⑤] 同时，社会征信系统使用范围、限度以及社会信用体系与个体相关权利保护的平衡问题，日益引起社会关注。在社会组织管理领域，国家对社会组织

---

① 孔德晨：《恩格尔系数再创新低对中国意味着什么》，《人民日报》（海外版），2019 年2 月20 日

② 李贞：《中国连续六年完成减贫任务》，《人民日报》（海外版），2019 年2 月21 日

③ 《中国人民银行征信中心有关负责人就征信系统建设相关问题答记者问》，http：//www. pbc. gov. cn/goutongjiaoliu/113456/113469/3811137/index. html。

④ http：//www. tj. gov. cn/xw/bdyw/201908/t20190813_3659209. html.

⑤ http：//www. nhc. gov. cn/yzygj/s7658/201911/cc212a05d77e48a3861fea7cc970bcd9. shtml.

的监管整体趋严。中国社会科学院发布的《社会组织蓝皮书：中国社会组织报告（2019）》认为，2018 年以来“我国社会组织开始步入严登记、严监管时代”，打击整治非法社会组织和清理规范注册社会组织，“力度为近二十年所未有”。[①]

（三）有为政府与有效约束：全方位行政改革的政治逻辑

从比较政治学的视角来说，基于中国政府体系与政府过程在中国国家发展和国家治理中所扮演的关键角色，中国政府不能不在形态上表现为一种“有为政府”。同时，基于现代政治文明的内在规定，这种“有为政府”不能不处于由政治结构、制度体系与法治体系所构筑的有效约束之中。这就需要当下中国正在进行的行政改革必须兼顾对“有为政府”的支撑和对行政过程进行有效约束的建构，既通过行政改革增强政府能力，又通过行政改革完善约束体系。

第一，校准政府定位：从责任到能力。十九届四中全会《决定》指出，“国家行政管理承担着按照党和国家决策部署推动经济社会发展、管理社会事务、服务人民群众的重大职责”，必须“创新行政方式，提高行政效能，建设人民满意的服务型政府”，这是当前中国行政改革的基本目标。中国作为发展中的社会主义国家，必须构建中国特色社会主义行政体制，这就决定了中国政府体系在当代中国经济社会发展中的职责、定位、功能和能力，兼具政府治理的一般性与特殊性。当前中国行政改革，必须因应经济社会发展的特殊阶段，进一步完善政府在经济调节、市场监管、社会管理、公共服务、生态环境保护等方面的职能，并建构相应的体制机制以实现这种职能。

国务院常务会议是观察中央政府履职活动的最佳窗口。2019 年国务院常务会议所涉及的经济社会改革发展相关议题囊括《政府工作报告》的落实与责任分工、减税降费、产业政策、营商环境、脱

---

① 张维：《我国社会组织迈入高质量发展阶段》，《法制日报》，2019 年 7 月 19 日；刘怡仙、吴采倩：《清理社会组织：“力度近二十年所未有”》，《南方周末》，2019 年 8 月 29 日。

贫攻坚、城镇老旧小区改造、乡村振兴、医保养老等方方面面，政府及其职能部门需要向社会和市场供给的公共产品大到公共安全、政策环境，小到保健市场整治、食药品监管。可以说，从民众的衣食住行到生老病死，政府工作都介入其中。2019 年上半年，国办印发《关于促进 3 岁以下婴幼儿照护服务发展的指导意见》，民政部、卫健委等四部门联合印发《关于做好 2019 年养老院服务质量建设专项行动工作的通知》，很形象地呈现了中国政府职能范围。从文化传统和社会心理来说，中国政府近乎无限责任；但从现代法理和政治理论来说，中国政府职能则是明确且有限的。尽管政府责任范围涉及方方面面，但从基本方向来说，不外乎政府与市场、政府与社会的关系。这两方面的关系建构，深刻体现了当前中国政府治理变革的特殊阶段。

为了回应食药品监管、疫苗管理、老旧小区改造等重大社会关切，2019 年 3 月，国务院同意建立由市场监管总局、卫健委、药监局牵头的疫苗管理部际联席会议制度，① 以统筹研究疫苗产业布局等重大问题，推进监管能力建设和监管方式创新；7 月，国办印发《关于建立职业化专业化药品检查员队伍的意见》，② 提出“构建国家和省两级职业化专业化药品检查员队伍”“进一步加强疫苗等高风险药品检查工作”。2019 年 5 月中共中央、国务院印发的《关于深化改革加强食品安全工作的意见》提出“生产经营者自觉履行主体责任，政府部门依法加强监管，公众积极参与社会监督”的共治共享基本原则，以及“到 2020 年，基于风险分析和供应链管理的食品安全监管体系初步建立”“到 2035 年，基本实现食品安全领域国家治理体系和治理能力现代化”的总体目标。③ 6 月召开的国务院常务会议部署加快推进城镇老旧小区改造工作，以顺应群众改善居住条件的意愿，同时达到稳定投资、拓展消费、创造经济社会协同发展

① http：//www. gov. cn/zhengce/content/2019/04/02/content_5379068. htm.

② http：//www. gov. cn/zhengce/content/2019/07/18/content_5411172. htm.

③ http：//www. gov. cn/zhengce/2019/05/20/content_5393212. htm.

新动能的客观效果。[1]

2019 年多地聚焦优化（国际）营商环境，如上海推出优化营商环境 2.0 版、成都出台“1 + 10”行动方案、黑龙江召开全省深化机关作风整顿优化营商环境工作会议等，其相关举措涉及到开办企业、施工许可、用电用气、劳动力市场管理服务、损害营商环境行为追责等方方面面。[2] 根据世界银行 2019 年 10 月发布的《全球营商环境报告 2020》，中国营商环境总体得分 77.9 分，排名跃居全球第 31 位，比上年提升 15 位；其中办理建筑许可、保护中小投资者、办理破产、跨境贸易、纳税、获得电力、执行合同、开办企业等 8 项指标排名上升。[3] 从政治学角度来看，优化营商环境的核心要义在于调整、转变和优化政府行为、作风、政策环境从而优化政府—市场关系，其中构建亲清政商关系又是其中一项关键性内容。自 2016 年以来，部分省市开始探索建立政商之间正面交往机制，目前已有河南、广东、云南、浙江、江苏、山东等地制定出台了政商交往的“正面清单”[4]。

在新时代下无论是政府—社会关系还是政府—市场关系的建构，都对各级政府的政策能力提出了新的内在要求。2019 年初，习近平在《求是》发表《辩证唯物主义是中国共产党人的世界观和方法论》，[5] 明确提出要克服各种主观主义，“坚持从客观实际出发制定政策、推动工作”。这就要求各级政府在行政管理和社会服务的公共产品供给中，按照市场、企业、社会和公众的客观需求精准施策，[6] 比如在棚户区改造、房地产市场调节、环境保护综合治理等工作中，

---

① 王峰：《国常会部署城镇老旧小区改造事关上亿居民，既可稳投资又能促消费》，《21 世纪经济报道》，2019 年 6 月 20 日。

② 《优化营商环境，政府应首先改革自己》，《第一财经日报》，2019 年 2 月 13 日社论。

③ 孙韶华：《世行点赞我国营商环境 多项改革获认可》，《经济参考报》，2019 年 10 月 25 日。

④ 杜茂林、全思凝：《什么车可以坐？哪些饭可以吃？——政商交往的尺度》，《南方周末》，2019 年 5 月 30 日。

⑤ 习近平：《辩证唯物主义是中国共产党人的世界观和方法论》，《求是》，2019 年第 1 期。

⑥ 仲鸣：《请“环保医生”为企业义诊　公共服务就该“按需供应”》，《新京报》，2019 年 2 月 13 日。

“一城一策”“一企一策”等政策供给方式就日渐重要。而这对各级政府“审慎平衡”的政策能力提出了极高的要求，这种要求的重要方面就是实现公共政策的完整性[①]、协同性、时效性，同时平衡政策与制度之间的关系。2019 年 4 月召开的中共中央政治局会议明确指出，“国内经济存在下行压力，这其中既有周期性因素，但更多的是结构性、体制性的”，因此当前中国经济政策的施策方向可能正在发生深刻调整，[②] 以将逆周期调节政策与结构性、体制性改革结合起来。

第二，优化行政过程：约束与监督。2019 年中国政务公开工作取得稳步进展，修订后的《中华人民共和国政府信息公开条例》自 5 月 15 日起施行，《条例》相关条目的修订有助于扩大信息公开范围，保障公民、法人或其他组织知情权和监督权。[③] 2019 年 4 月，国办印发《2019 年政府公开工作要点》，提出“紧紧围绕党和政府中心工作及群众关注关切”“加强政策解读和政务舆情回应，深化重点领域信息公开，完善政务公开制度规范，以公开稳预期、强监督、促落实、优服务”，明确“县级以上地方政府要严格落实把政务公开纳入政府绩效考核体系且分值权重不低于 4% 的要求”。[④] 在地方层面，以北京为例，2019 年 7 月，北京市 49 个市级部门“主动公开信息全清单”通过市政府门户网站向社会公开发布，标志着北京已完成政务公开地方标准建设。[⑤] 12 月召开的国务院常务会议部署了全面推进基层政务公开标准化规范化工作，加快服务型政府建设提升利企便民水平。从中央到地方再到基层，从信息公开到政务公开，政府决策、执行、管理、服务、结果全过程、全方位、高质量的政务公开，有助于全面提升政府治理体系与能力的现代化水平。

---

① 汪同三：《关于全面落实积极财政政策的几个重要问题》，《经济日报》，2019 年 5 月 7 日。

② 周子勋：《结构性改革仍是当前经济领域重点工作》，《证券时报》，2019 年 5 月 7 日。

③ 惠依：《申请政府信息公开不需要“特殊理由”》，《北京青年报》，2019 年 4 月 25 日。

④ 这是国办连续第 8 年印发《工作要点》，详见刘效仁：《明确政绩考核权重 将政务公开进行到底》，《北京青年报》，2019 年 5 月 2 日，http：//www. gov. cn/zhengce/content/2019/04/29/content_5387400. htm。

⑤ 《“主动公开信息全清单”：增加政务能见度》，《新京报》，2019 年 7 月 24 日社论。

提高行政决策规范化水平是优化政府过程的关键环节。2019 年 4 月国务院公布的《重大行政决策程序暂行条例》① 自 9 月 1 日起施行，这是法治政府建设和行政法制建设的重要进展。《条例》对县级以上地方人民政府重大行政决策事项范围、重大行政决策的做出和调整程序、重大行政决策责任追究等方面做出了具体规定，并在“附则”中明确“县级以上人民政府部门和乡级人民政府重大行政决策的做出和调整程序，参照本条例规定执行”。根据《条例》，合法性审查、集体讨论决定为重大行政决策必经程序；《条例》还明确了公众参与、专家论证、风险评估程序的适用情形和具体要求。《条例》全文 10 处提及“公众”，两处提及“群众”，对“健全科学、民主、依法决策机制”做出了具体规范。②

财政收入构成当前中国各级政府行政过程中最为现实的约束条件。根据财政部发布的 2019 年第一季度财政收支数据，一季度国有土地使用权出让收入下降 9.5%。③ 根据相关数据，2019 年 1—5 月全国税收收入 78493 亿元，同比增长 2.2%，其中个税收入 4778 亿元，同比下降 30.7%。④ 在减税降费政策背景下，中央和地方财政收入增速放缓，多地财政收入陷入负增长。根据国家税务总局数据，上半年全国累计新增减税降费 11709 亿元，其中减税 10387 亿元；⑤ 财政收入增速趋缓正在驱动各级政府采取包括开源节流、全面改进预算绩效管理、减员缩编、行业协会商会等非政府机关与行政机关脱钩等改革措施应对困局。2018 年 9 月，中共中央、国务院印发《关于全面实施预算绩效管理的意见》，提出力争用 3—5 年时间基本建成全方位、全过程、全覆盖的预算绩效管理体系。截至 2019 年 5

① http：//www. gov. cn/zhengce/content/2019/05/08/content_5389670. htm.

② 《重大行政决策尤需善听批评意见》，《北京青年报》，2019 年 5 月 10 日社论；沙雪良：《〈重大行政决策程序暂行条例〉发布，以程序规范决策》，http：//www. bjnews. com. cn/news/2019/05/09/577154. html。

③ 黄晓芳：《不必为土地出让金下降担忧》，《经济日报》，2019 年 4 月 29 日。

④ 《减税需要政府过紧日子配合》，《第一财经日报》，2019 年 6 月 19 日社论。

⑤ 周潇枭：《政府的紧日子才开始：上半年全国减税规模超万亿》，《21 世纪经济报道》，2019 年 7 月 24 日。

月，绝大多数省份已发布（省级层面）全面实施预算绩效管理的实施意见，这将有助于落实“花钱必问效、无效必问责”的行政理念，[①] 进一步改进行政部门现行的预算管理体系。[②]

第三，改革和重构行政体制。通过职能调整和机构改革提高行政效能、构建人民满意的服务型政府，仍然是当前中国行政体制改革的核心。2019 年 7 月，习近平在深化党和国家机构改革总结会议上指出，深化党和国家机构改革是对党和国家组织结构和管理体制的一次系统性、整体性重构，要以推进党和国家机构职能优化协同高效为着力点，把机构职责调整优化同健全完善制度机制有机统一起来、把加强党的长期执政能力建设同提高国家治理水平有机统一起来。[③] 从实践来看，机构改革逐渐向基层传递，继省级机构改革方案获得中央批准之后，市县机构改革也提上议事日程。各地机构设置体现了“优化协同高效”的改革原则，比如雄安新区只设置党政办公室、党群工作部等 7 个内设机构；多地在机构设置和职能配置上因地制宜，如辽宁组建省营商环境建设局，山东设立省海洋发展委员会等，[④] 体现了地方改革发展的鲜明特色。

2019 年 6 月，国务院总理李克强在全国深化“放管服”改革优化营商环境电视电话会议上指出，“简政放权、放管结合、优化服务是处理好政府与市场关系的重大改革之举”，深化“放管服”改革、优化营商环境，要坚持市场化法治化国际化原则；政府管理和服务要行“简约”之道。[⑤] 8 月，国办印发《全国深化“放管服”改革优化营商环境电视电话会议重点任务分工方案》，[⑥] 高度强调“放管服”改革要“放出活力”“管出公平”“服出便利”，并在任务分工基础上提出了一系列具体改革措施及其时间表，这些改革措施的落

① 董碧娟：《“花钱必问”加速落地》，《经济日报》，2019 年 5 月 27 日。
② 《更好地发挥减税降费的作用》，《北京青年报》，2019 年 10 月 18 日社评。
③ http：//www. gov. cn/xinwen/2019/07/05/content_5406606. htm.
④ 沈彬：《机构改革，种好地方“试验田”》，《人民日报》，2019 年 1 月 10 日。
⑤ http：//www. gov. cn/xinwen/2019/06/25/content_5403115. htm.
⑥ http：//www. gov. cn/zhengce/content/2019/08/12/content_5420694. htm？ trs = 1.

地将重塑政府、市场、社会关系。按照既定时间表，2019 年 9 月，国务院印发《关于加强和规范事中事后监管的指导意见》，提出“加快构建权责明确、公平公正、公开透明、简约高效的事中事后监管体系，形成市场自律、政府监管、社会监督互为支撑的协同监管格局”的总体要求；[①] 12 月，国办印发《关于建立政务服务“好差评”制度提高政府服务水平的意见》，提出到 2020 年底前全面建成政务服务“好差评”制度体系，建成全国一体化在线政务服务平台“好差评”管理体系的目标要求。[②] 在近年来的政务服务改革中，浙江台州、四川成都、湖北武汉、福建福州等地推广的政府服务“不打烊”，体现了政府服务观念的深刻转变。[③]

政府职能转变继续深入。以政府科技管理职能转变为例，从中可以透视当前中国政府职能转变的一般趋向。深化科技体制机制改革，转变政府科技管理职能，更好地发挥市场机制作用，形成科技创新、经济发展新动能与创新型国家建设之间良性互动关系，是当前中国行政改革的重要内容之一。2019 年两办印发的《关于进一步弘扬科学家精神加强作风和学风建设的意见》，提出要深化科研领域政府职能转变和“放管服”改革，“减少对科研活动的微观管理和直接干预，切实把工作重点转到制定政策、创造环境、为科研人员和企业提供优质高效服务上”。[④] 12 月召开的国各院常务会议通过《国家科学技术奖励条例（修订草案）》，从完善科技管理规则和机制出发，将近年来科技奖励制度改革和实践中的有效做法上升为法规。[⑤]

第四，激活和夯实基层治理。基层治理是国家治理体系的根基，行政改革是否创造了良好的治理效果特别是良好的基层治理效果，

---

① http：//www. gov. cn/zhengce/content/2019/09/12/content_5429462. htm.

② http：//www. gov. cn/zhengce/content/2019/12/17/content_5461829. htm.

③ 练洪洋：《政务服务“不打烊”凸显用户意识》，《广州日报》，2019 年 2 月 15 日。

④ http：//www. gov. cn/zhengce/2019/06/11/content_5399239. htm.

⑤ 《科技奖励制度改革重在完善规则和机制》，《21 世纪经济报道》，2019 年 12 月 20 日社论。

是检验行政改革成效最重要的指标之一。中共十九届四中全会《决定》提出，要“健全党组织领导的自治、法治、德治相结合的城乡基层治理体系”“实现政府治理与社会调节、居民自治良性互动”。

2019 年两办印发的《关于加强和改进乡村治理的指导意见》[①]提出“到 2020 年，现代乡村治理的制度框架和政策体系基本形成”的总体目标；两办转发的《中央农办、农业农村部、国家发展改革委关于深入学习浙江“千村示范、万村整治”工程经验扎实推进农村人居环境整治工作的报告》，要求各地在美丽乡村建设和农村人居环境整治中“坚持强化政府主导作用，调动农民主体和市场主体力量，形成全社会共同参与推动的大格局”。[②] 根据农业农村部 2019 年 12 月发布的信息，经中央农办、农业农村部、中央组织部等 6 部门联合认定，首批批复 115 个县级试点单位，探索乡村治理的新模式新路径，推进乡村治理体系和治理能力现代化。

现代乡村治理的制度框架和政策体系的建构，需要包括中央政府、地方和基层政府在内的各级政府的共同参与，对各级政府的制度供给、发展战略供给和政策供给能力，特别是平衡制度稳定与制度创新，实现发展战略与精准施策有效配合的能力提出了很高要求。2019 年公布的《中共中央、国务院关于保持土地承包关系稳定并长久不变的意见》明确“保持土地集体所有、家庭承包经营的基本制度长久不变”，将为农村长治久安奠定更为坚实基础，“展现持久制度活力”。[③] 制度稳定与制度创新并不矛盾，上海市闵行试验区 1993 年率先启动农村集体经济组织的产权制度改革，2011 年、2014 年相继完成了两轮农村集体经济组织的产权制度改革和股份权能改革，探索形成了有限责任公司、社区股份合作社等 4 种村级改革模式。[④]

乡村经济发展是乡村治理的前提和基础，乡村发展有赖于正确

---

① http：//www. gov. cn/zhengce/2019/06/23/content_5402625. htm.

② http：//www. gov. cn/zhengce/2019/03/06/content_5371291. htm.

③ http：//www. gov. cn/zhengce/2019/11/26/content_5455882. htm.

④ 李傲：《上海闵行区：30 万农民变成了股民》，http：//www. bjnews. com. cn/feature/2019/05/27/583874. html。

的国家战略与有效的国家规划加以引导。2019 年两办印发的《数字乡村发展战略纲要》,[①] 明确“数字乡村”是一种“内生的农业农村现代化发展和转型进程”，“既是乡村振兴的战略方向，也是建设数字中国的重要内容”，提出了数字乡村建设在 2020 年、2025 年、2035 年和本世纪中叶的发展目标。6 月，国务院发布《关于促进乡村产业振兴的指导意见》,[②] 明确产业振兴是“乡村振兴的重要基础，是解决农村一切问题的前提”，提出“在县域内统筹考虑城乡产业发展，合理规划乡村产业布局，形成县城、中心镇（乡）、中心村层级分工明显、功能有机衔接的格局”，这将考验各级政府特别是基层政府的治理能力和政策水平。

经济发展并不能自发实现乡村治理，通过优化政府治理特别是基层政府治理体系和能力，撬动整个乡村治理体系和能力的现代化是当前中国乡村治理的现实途径。当下中国的乡村社会正处于一个大变革的时代，基层政府必须高度重视农村社会结构变化，更为关注乡村社会中的“中坚农民”群体和“利益在村”农民,[③] 从城乡关系、基层组织、村民自治、权益配置等制度层面解决乡村治理问题。当前，中国乡村社会治理客观上面临着基层治理“空转”[④]“灰色治理”[⑤]“涉黑涉恶”[⑥]“负荷过重与权责失衡”[⑦]“命令主义”与形式主义[⑧]等现象和问题；解决这些问题当然有赖于基层政府提高治理能力和政策水平，但基层政府治理的优化绝非基层政府所能独力完成的。

随着城市化和城镇化进程的推进，城市政府和城市治理越来越

---

① http：//www. gov. cn/zhengce/2019/05/16/content_5392269. htm.

② http：//www. gov. cn/zhengce/content/2019/06/28/content_5404170. htm.

③ 桂华：《乡村治理需摸清“谁是农民”》，《环球时报》，2019 年 12 月 19 日；桂华：《关注“中坚农民”群体》，《环球时报》，2019 年 4 月 27 日。

④ 周楠、梁建强：《“文来文去”循环 基层治理“空转”》，《半月谈》，2019 年第 6 期。

⑤ 梁建强等：《基层“灰色治理”易踩政策红线》，《半月谈》，2019 年第 23 期。

⑥ 《借“扫黑除恶”之势，清除作恶土壤》，《新京报》，2019 年 6 月 25 日社论。

⑦ 赵阳：《认领 42 份责任书 一多半是“甩锅”》，《半月谈》，2019 年第 14 期。

⑧ 张玉胜：《别让“命令主义”催生新形式主义》，《检察日报》，2019 年 8 月 13 日。

成为中国政府治理的普遍形式。2019 年 11 月，习近平深入上海杨浦滨江、古北社区，就城市公共空间规划、社区治理和服务等进行调研，强调“要统筹规划、建设、管理和生产、生活、生态等各方面，发挥好政府、社会、市民等各方力量”，提高社会主义现代化国际大都市治理能力和水平，并提出“要推动城市治理的重心和配套资源向街道社区下沉”。[①] 城市治理的根基在于基层治理，“精细化”是城市治理特别是城市基层治理的发展方向。[②] 近年来，北京、上海、天津等多地在城市管理和社区治理中加强对便民小修摊的规范，[③] 2019 年北京出台街巷环境卫生等多项标准，[④] 都是城市基层治理走向精细化的表现。

（四）党内法规与政党能力：全面从严治党的政治逻辑

2019 年 10 月，中共十九届四中全会通过的《决定》聚焦当代中国国家治理的制度基础构建，对中国共产党自身的制度建设作出明确规定，分别从使命、组织、全面（全面领导制度）、为民、提质（提高执政能力和领导水平）、自我（从严治党和自我革命）等方面对深化新时代党的建设制度改革进行了全面布局，成为新时代指导中国共产党建设和中国现代国家建设的纲领性文件。

第一，强化组织与使命。中国共产党首先是一个现代政党，在本质上属于马克思主义政党。政党在本质上是一种特殊的政治组织，因此，中国共产党就是一种特殊类型的特殊政治组织（政党）。这种特殊性与其作为现代政党的政治属性并不矛盾，毋宁说，中国共产党是通过其特殊性来表达其现代性的政党组织。从这个意义上说，失去了这种特殊性，党就失去了生命力。中国共产党严密的组织性、

---

① 《习近平在上海考察》，《人民日报》（海外版），2019 年 11 月 4 日。

② 桂从路：《城市治理，下足“绣花”功夫》，《 人民日报 》，2019 年 10 月 31 日。

③ 王俊岭、张洁凡：《便民小修摊，不说“再见”》，《人民日报》（海外版），2019 年 3 月 6 日。

④ 张楠：《路面尘土残存量首入标准》，《北京日报》，2019 年 11 月 7 日。

坚定的信仰是这种特殊性的重要表现。加强组织建设，恪守党的使命，是中国共产党存在和发展的前提，是党的建设的基础工程。

自2018年底以来发布的一系列党内法规和中央文件，对新时代党的组织工作全覆盖做出了新的规定：中共中央印发新修订的《中国共产党农村基层组织工作条例》，对新时代党的农村基层工作做出全面规范；2019年3月，中共中央印发修订后的《党政领导干部选拔任用工作条例》，为干部选拔任用工作制度化、规范化、科学化提供基本遵循；11月，中共中央政治局会议审议通过《中国共产党党和国家机关基层组织工作条例》和《中国共产党国有企业基层组织工作条例（试行）》，对新时代党和国家机关基层党组织工作和国有企业党组织工作做出全面规范。

根据中组部最新党内统计数据，截至2018年底，中国共产党党员总数为9059.4万名，突破9000万。如何教育全党，使这一超大党员群体组织为一个具有坚定信仰、使命和奋斗精神的现代政党，成为现时代党的建设一个首当其冲的重大命题。中共十九大决定，以县处级以上领导干部为重点，在全党开展“不忘初心、牢记使命”主题教育；2019年5月，“不忘初心、牢记使命”主题教育工作会议在京召开；9月，中央“不忘初心、牢记使命”主题教育领导小组印发《关于开展第二批“不忘初心、牢记使命”主题教育的指导意见》。在这次主题教育中，中央明确“为中国人民谋幸福，为中华民族谋复兴，是中国共产党人的初心和使命”，并明确提出把握“守初心、担使命，找差距、抓落实”的总要求和“坚持学思用贯通、知信行统一”的原则。[①] 2019年，习近平在对张富清同志先进事迹的批示中强调，“要积极弘扬奉献精神”；在对黄文秀同志先进事迹的批示中强调，广大干部和青年同志要“勇于担当、甘于奉献”；在对“记者再走长征路”主题采访活动的批示中强调，要牢记党的初心和使命，牢记党的性质和宗旨，走好新时代的长征路；在视察中

① 习近平：《在“不忘初心、牢记使命”主题教育工作会议上的讲话》，《求是》，2019年第13期。

共中央北京香山革命纪念地时强调，要"继续把新中国巩固好、发展好"。2019 年 1 月，习近平在中央党校省部级主要领导干部专题研讨班开班式上强调，要坚持底线思维，着力防范重大风险；9 月，习近平在中央党校（国家行政学院）中青年干部培训班开班式上强调，要"发扬斗争精神，增强斗争本领"。这些号召和要求针对党员中的重点群体而发，同时对全党有着普遍和深刻的警示意义。

第二，完善党规与党纪。通过党规与党纪的建设，增强中国共产党作为一个现代政党的组织效能和政治功能，这是全面从严治党和全面依规治党的政治逻辑。党内法规的密集出台是 2019 年中国共产党全面从严治党的一个突出特征。这些新出台或者新修订的党内法规，大致可以分为两类：一类指向强化和严肃党内治理，一类指向党领导国家和执政理国的常规性工作。

为了推进全面从严治党向纵深发展，2019 年中共中央先后印发《中共中央关于加强党的政治建设的意见》《中国共产党重大事项请示报告条例》《关于加强和改进中央和国家机关党的建设的意见》《中国共产党党员教育管理工作条例》《中国共产党党校（行政学院）工作条例》《中国共产党问责条例》，中办印发《中国共产党纪律检查机关监督执纪工作规则》《干部选拔任用工作监督检查和责任追究办法》《党政领导干部考核工作条例》。为了加强和优化党的全面领导，中共中央先后印发《中国共产党政法工作条例》《中国共产党党组工作条例》《中国共产党宣传工作条例》《中国共产党农村工作条例》《中国共产党机构编制工作条例》等党内法规。为了进一步规范党内法规制定、审查和执行工作，中共中央专门印发新修订的《中国共产党党内法规制定条例》《中国共产党党内法规和规范性文件备案审查规定》和新制定的《中国共产党党内法规执行责任制规定（试行）》3 部党内法规。这些党内法规的密集出台，无论是从顶层设计的主观意图还是从客观效果来看，都具有多方面的重大意义：一是澄清党内法规和规范性文件的上下位阶关系、根据与延伸关系；二是确立了全面从严治党领域一些重大理论判断和价值判断，形成关于党与国家之间关系的重大共识；三是有效衔接全面依规治党与全面依法治国，促进党的领导与执政规范化、制度化、法治化。

第三，加强党对全面改革的全面领导。加强、巩固、优化、完善党对改革开放的全面领导，在新时代促成改革开放“再出发”，是当前加强党的建设和全面从严治党的归宿所在。全面从严治党旨在导向一个强大政党，强大政党如何领导和引导当代中国国家建设以导向一个强大的国家与社会，关键在于全面从严治党是否能够有效增强党对全面深化改革的全面领导能力，而全面领导能力的关键又在于构建全面领导的制度体系。当前，中国共产党治国理政的体制机制已经较为成熟且不断完善。党的总书记、政治局常委会、政治局会议、党的专门委员会会议（如深改委、中财委、中央依法治国委员会等）、党中央召开的全国性工作会议（如中央经济工作会议）、党的代表大会各司其职、相互配合，已形成为党领导国家的一个具有稳定性、严密性、协同性、发展性和制度化的流程和体系。

中国共产党对全面深化改革的领导体制逐渐定型，领导能力不断提升。2019 年 1 月召开的中央全面深化改革委员会第六次会议强调，要对标到 2020 年在重要领域和关键环节改革上取得决定性成果，继续打硬仗，啃硬骨头；3 月召开的深改委第七次会议强调，通过改革有效解决困扰基层的形式主义问题，坚定不移推动落实重大改革举措；5 月召开的深改委第八次会议强调，要因势利导、统筹谋划、精准施策，在防范化解重大矛盾和突出问题上出实招硬招；7 月召开的深改委第九次会议强调，要着力补短板、强弱项、激活力、抓落实，坚定不移破除利益固化的藩篱、破除妨碍发展的体制机制弊端；9 月召开的深改委第十次会议强调，现在要把着力点放到加强系统集成、协同高效上来，巩固和深化这些年来我们在解决体制性障碍、机制性梗阻、政策性创新方面取得的改革成果，推动各方面制度更加成熟更加定型；11 月召开的深改委第十一次会议强调，要以坚持和完善中国特色社会主义制度、推进国家治理体系和治理能力现代化为主轴，增强以改革推进国家制度和国家治理体系建设的自觉性，突出制度建设这条主线，继续全面深化改革。

新时代改革开放也在党的统一领导、统一决策和统一规划下“再出发”。2019 年 8 月正式发布的《中共中央、国务院关于支持深圳建设中国特色社会主义先行示范区的意见》要求深圳“朝着建设中国特色社会主义先行示范区的方向前行，努力创建社会主义现代化强国的城市范例”，《意见》明确提出“中国特色社会主义进入新时代，支持深圳高举新时代改革开放旗帜、建设中国特色社会主义先行示范区，有利于在更高起点、更高层次、更高目标上推进改革开放，形成全面深化改革、全面扩大开放新格局”。① 在当前中国改革开放的系统谋划中，志在打造“新时代全国改革开放和创新发展的标杆”“全面深化改革的探路尖兵”“全方位开放的前沿窗口”的上海浦东新区，其新一轮改革开放的“再出发”也被赋予特殊的定位和意义。②

中共中央政治局集体学习是中国共产党全面领导和执政体系的重要制度构成，集体学习议题是反映当下中国改革开放布局、重点和趋向的一面镜子。2019 年 1 月举行的中共中央政治局第十二次集体学习，主题是全媒体时代和媒体融合发展；2 月举行的第十三次集体学习，主题是完善金融服务、防范金融风险；4 月举行的第十四次集体学习，主题是五四运动的历史意义和时代价值；6 月举行的十五次集体学习，主题是“牢记初心使命，推进自我革命”；7 月举行的第十六次集体学习，主题是推进军事政策制度改革；9 月举行的第十七次集体学习，主题是“新中国国家制度和法律制度的形成和发展”；10 月举行的第十八次集体学习，主题是区块链技术发展现状和趋势；11 月举行的第十九次集体学习，主题是中国应急管理体系和能力建设。由此可见政治局集体学习制度，已经成为执政党治国理政的重要环节，成为国家治理制度的重要内容，成为当下中国政治议题设置和政策制定的重要先导。

---

① http：//www. gov. cn/zhengce/2019/08/18/content_5422183. htm.

② 卢常乐：《上海 20 条举措再推浦东改革 打造芯片等六大硬核产业》，《21 世纪经济报道》，2019 年 6 月 26 日。

“总揽全局、协调各方”的制度和机制是中国共产党对全面深化改革的全面领导力的关键，也是中国共产党在当代中国政治结构和政治过程中无可替代的政治功能的关键。这就要求中国共产党在其治国理政之中组织、协调、汇聚各种政治主体和政治力量，谋划、整合经济、政治、社会、文化、生态等各个领域协同发展，正是在这个意义上，“党是领导一切的”。在新时代中国，党的全面领导的一个越来越重要的方面就是对意识形态建设的领导。2019 年，习近平在学校思想政治理论课教师座谈会上强调，用新时代中国特色社会主义思想铸魂育人；在中国文联、中国作协成立 70 周年之际，习近平致信强调，中国文联、中国作协要团结带领广大文艺工作者记录、书写、讴歌新时代；在对全国道德模范表彰活动的指示中，习近平强调要“深化群众性精神文明创建活动，着力培养担当民族复兴大任的时代新人”；2019 年中共中央、国务院印发的《新时代公民道德建设实施纲要》，对新时代公民道德建设作出全面部署，明确提出“始终保持公民道德建设的社会主义方向”。[①]

第四，持续推进反腐倡廉建设。反腐策略总是与腐败现象的存在特征及其趋势密切相关，近年来，针对黑恶势力与腐败现象的结合，针对塌方式、家族式、系统性腐败形式，[②] 针对典型性的公权力腐败与非典型性的蝇贪、形形色色的不正之风和灰色地带，针对金融领域、国企、房地产领域的腐败现象，中央部署为期 3 年的扫黑除恶专项斗争，深入整治民生领域的“微腐败”、包庇黑恶势力的“保护伞”、妨碍惠民政策落实的“绊脚石”，坚持反腐无禁区、全覆盖原则，坚持“老虎”“苍蝇”一起打战略策略，深化金融领域反腐败工作，加大国企反腐、地产反腐力度，[③] 一体推进不敢腐、不能腐、不想腐体制机制和制度建设，以人民为中心的反腐工作成就斐然。

① http://www.gov.cn/zhengce/2019/10/27/content_5445556.htm.

② 邹太平、宁奎、向建华：《以系统思维开展审查调查工作》，《中国纪检监察报》，2019 年 12 月 22 日。

③ 胡巍：《地产巨头内部掀“反腐风暴”》，《中国经济周刊》，2019 年第 20 期。

2019 年，全国纪检监察机关共立案 61.9 万件，处分 58.7 万人（其中党纪处分 50.2 万人）。处分省部级干部 41 人，厅局级干部 0.4 万人，县处级干部 2.4 万人，乡科级干部 8.5 万人，一般干部 9.8 万人，农村、企业等其他人员 37.7 万人。[①] 2019 年正风反腐工作呈现出鲜明的年度特征，对此新华社记者有较为全面的总结：一是高压反腐态势形成强有力的震慑，多名涉腐党员干部主动投案。党的十九大以来，全国已有 2.7 万余名党员干部主动交代违纪违法问题，共有 5000 余名党员干部主动投案，[②] 2019 年以来主动投案的案例包括中共云南省委原书记秦光荣、证监会原主席刘士余等原省部级一把手。二是打击黑恶势力“保护伞”、深挖金融“硕鼠”、扶贫领域反腐、作风问题专项治理等重点领域反腐成效卓著。三是集中整治形式主义、官僚主义，为基层减负效果明显。以山东为例，2019 年 1 月至 11 月，山东省各级共查处形式主义、官僚主义问题 6050 起，处理 9460 人，党纪政务处分 4475 人。四是密织“天网”，海外追逃追赃实现新突破。2019 年 1 月至 10 月，全国共追回外逃人员 1634 名，其中党员和国家工作人员 741 人，包括“百名红通人员”4 人，追赃金额约 29.54 亿元人民币。追回外逃人数同比增长 69%，追回党员和国家工作人员人数同比增长 201%，追赃金额同比增长 288%。五是综合运用监督执纪“四种形态”，一体推进不敢腐、不想腐、不能腐体制机制。[③] 2019 年，全国纪检监察机关坚持反腐关口前移，运用“四种形态”批评教育帮助和处理共 184.9 万人次，其中运用第一种形态批评教育帮助 124.6 万人次，占总人次的 67.4%；运用第二种形态处理 46.3 万人次，占 25%；运用第三种形态处理 7.2 万人次，占 3.9%；运用第四种形态处理 6.8 万人次，占 3.7%。[④]

---

① http://www.ccdi.gov.cn/toutiao/202001/t20200117_207914.html.

② 凌河：《两组反腐数据的震撼》，《解放日报》，2019 年 9 月 16 日。

③ 翟永冠、闫祥岭、朱基钗：《2019，正风反腐的新态势和新突破》，《新华每日电讯》，2019 年 12 月 19 日。

④ http://www.ccdi.gov.cn/toutiao/202001/t20200117_207914.html.

2019 年正风反腐的实践也透露出当前中国反腐倡廉建设的一些较为长期的趋势性特征，比如技术要素在反腐中的功能、反腐全覆盖原则的实化、法治要素的介入、廉政文化的形塑等等。随着大数据、人工智能、区块链等信息技术在纪检监察领域的深入应用，大数据和数据治理技术正在成为“反腐利器”[①]。纪检监察体制改革继续推进，国家监委首次向各大央企派驻“监察专员”，监察全覆盖进一步落实。2019 年最高法发布《最高人民法院关于办理减刑、假释案件具体应用法律的补充规定》，[②] 明确了从严减刑的具体标准和尺度，并明确提出“对本规定所指贪污贿赂罪犯适用假释时，应当从严掌握”。中共十八大之后，已有近 30 名省部级官员因为违纪受到“断崖式”降级处分。[③] 各级纪检监察机关除了抓“大案”“要案”之外，对“百元级”违纪干部的查处也逐渐增多。[④]

基于中国共产党在当代中国政治结构与政治过程中的地位与功能，中国的反腐倡廉建设必然是以执政党正风反腐为枢纽和引擎的，这就决定了党风、政风建设在当前中国廉政建设中的战略地位，也决定了对以党员干部为主体的干部群体行为、精神塑造不能不成为当前中国廉政建设的重要聚焦。为了全面整治形式主义、官僚主义等不正之风，推进党风政风和政治生态建设，2019 年中央纪委国家监委公布了包括“比划型”干部、“说唱型”干部、“梗阻型”干部、“两面型”干部等 10 种干部作风典型问题。[⑤] 十九届中纪委四次全会提出，要深刻把握党风廉政建设规律，监督、执法、执纪既要把“严”的主基调长期坚持下去，又要善于做到“三个区分开来”；既要合乎民心民意，又要激励干部担当作为。2019 年 1 月至 7

---

① 陆琦：《大数据成为“反腐利器”》，http：//news. sciencenet. cn/htmlnews/2019/1/422018. shtm。

② http：//www. court. gov. cn/fabu – xiangqing – 161482. html.

③ 张笛杨：《高官“断崖”生活》，《南方周末》，2019 年 5 月 2 日。

④ 王井怀：《“百元违纪”也不放过，不是“小题大做”》，《新华每日电讯》，2019 年 6 月 14 日。

⑤ 扶婧颖：《中纪委最新公布的十种作风问题有哪些？这些案例告诉你》，http：//fanfu. people. com. cn/n1/2019/0509/c64371 – 31074983. html。

月，天津共查处不作为不担当问题 865 起，处理 1368 人，其中市管干部 26 人；查处形式主义、官僚主义问题 666 起，处理 1036 人。[①] 浙江省一年多来共“下”了 1082 名省、市、县管干部，其中省管干部 35 名，同时浙江省市县三级纪监委为 1039 名受到不实举报的党员干部澄清正名，其中省委组织部为 314 名党员干部“平反”。[②] 新疆、贵州、浙江、吉林、黑龙江等 10 个省（自治区、直辖市）一级出台为被错告诬告党员干部澄清正名、处置诬告陷害行为的相关规范。[③]

（五）国家制度建设持续推进，国家制度体系更加成熟定型

2019 年是中华人民共和国成立 70 周年。特殊的时间节点、仪式和庆祝活动会刺激国民和公众对国家历史的记忆、反思和对未来国家建设的展望，从而唤起对国家作为一个整体的认知、情感与评价，以及对构成这一整体的国家要素——比如国家制度、国家精神、国家安全、国家外交、国防政策等——的总结、分析与梳理。新中国 70 年历史可以分为改革开放前 30 年与后 40 年，这两个阶段前后相续，从整体上来说，前一阶段为后一阶段做了理论基础、物质基础和制度基础三个方面的准备。[④] 这里所说的制度准备，就是指人民民主专政政体、人民代表大会政治制度、民族区域自治制度等基本政治制度架构的确立。改革开放后，以人大制度、政协制度、民族区域自治制度为主体架构的国家制度不断发展，特别是进入新时代以来，中国政治过程、政府过程对人大、政协等国家制度的内在需求不断上升，人大、政协与政府施政之间的制度性、机制性联系不断强化，国家制度建设进入一个快速发展时期。

---

① 李建彬：《天津治庸治懒治无为》，《中国纪检监察报》，2019 年 8 月 23 日。

② 凌河：《从“千吏罢官”说到“千官正名”》，《解放日报》，2019 年 7 月 29 日。

③ 陈磊：《向诬告陷害者勇敢亮剑》，《法制日报》，2019 年 9 月 2 日。

④ 张蔚然、黄钰钦：《专访中央党校原副校长：以大历史观为钥，方能恰如其分评价 70 周年》，http：//www. chinanews. com/gn/2019/09/11/8953863. shtml。

第一，围绕功能提升，全面推进人大制度建设。根据《南方都市报》对2013年全国两会以来历次国务院常务会议的梳理，听取全国两会建议提案办理工作汇报已成为每年国务院常务会议的必备议题，通常在全国两会前一个月内进行；因此，国务院常务会议听取办理工作汇报，已成为召开全国两会的“前奏”。[①] 2019年2月11日召开的国务院常务会议，听取2018年全国两会建议提案办理工作汇报，推进提升政府施政水平；会议强调“要继续高度重视建议提案办理，创新方式，提高办理质量，认真研究吸纳意见建议，促进科学民主决策，更好为人民办实事”。[②] 2020年4月28日召开的国务院常务会议，听取2019年全国两会建议提案办理情况汇报，以促进科学民主决策、提升政府治理效能；会议指出，办理人大代表建议和政协委员提案，是政府按照全面依法治国要求依法履职、自觉接受人民监督的重要体现，也是汇聚众智众力科学民主施政、推动工作的重要途径。2019年国务院部门牵头办理全国人大代表建议7162件、全国政协委员提案3281件，分别占建议、提案总数的87.8%和85%。相关部门认真研究采纳代表和委员们提出的意见建议，在此基础上出台1500余项政策措施，有力推动了打好脱贫攻坚战、增强创新能力、深化“放管服”改革、支持中小微企业发展等工作开展。[③]

人大制度、政协制度是中国共产党执政理国制度体系的重要构成，是构造当代中国政党与国家关系的主要制度设置。中共中央政治局常委参加全国人大多个代表团审议及会议，通常针对不同代表团提出的特定议题，如2019年全国两会期间习近平提出脱贫攻坚（甘肃代表团）、乡村振兴与乡村治理（河南）等议题，实际上具有议程设置的制度性功能。各级人民代表大会本质上是当代中国政治结构与政治过程中最为重要的权力机关、立法机关和监督机构。人

① 宋承翰：《2020全国两会前奏：国常会听取去年全国两会建议提案办理情况》，http://www.oeeee.com/mp/a/BAAFRD000020200428312107.html。

② http://www.gov.cn/premier/2019/02/11/content_5364822.htm.

③ http://www.gov.cn/premier/2020-04/28/content_5507096.htm.

民代表大会审议表决政府工作报告、最高检和最高法工作报告、上一年度国民经济和社会发展计划执行情况与下一年度国民经济和社会发展计划、上一年度中央和地方预算执行情况与下一年度中央和地方预算，已经成为成熟、定型的制度规范。2019 年全国人大及其常委会立法、修法成效卓著。[①] 2019 年 6 月，全国人大常委会高等教育法执法检查组启动自高等教育法实施以来首次执法检查，检查组分为 4 个小组，除亲赴山西、辽宁、黑龙江、新疆 4 个省、自治区开展检查外，同时委托北京、上海、浙江、安徽等 10 个省（区、市）人大常委会对本行政区域内高等教育法的实施情况进行检查。[②] 继 2018 年国务院首次就国有资产管理情况向全国人大常委会做综合报告和专项报告的基础上，2019 年 10 月，十三届人大常委会第十四次会议审议国务院关于 2018 年度国有资产管理情况的综合报告以及财政部部长受国务院委托做的关于 2018 年度全国行政事业性国有资产管理情况的专项报告。[③]

2019 年是地方人大设立常委会 40 周年，[④] 习近平在地方人大及其常委会工作的指示中强调，县级以上地方人大设立常委会，是发展和完善人民代表大会制度的一个重要举措；地方人大及其常委会要“结合地方实际，创造性地做好立法、监督等工作，更好助力经济社会发展和改革攻坚任务”，要“接地气、察民情、聚民智，用法治保障人民权益、增进民生福祉”。[⑤] 遵循此一思路，地方人大及其常委会在地方政治生活中，将发挥越来越重要的作用，呈现日益活跃的状态。随着 2015 年立法法修改赋予所有设区市的地方立法权，

① 详见本章“全面依法治国”部分的梳理。

② 柴葳：《全国人大常委会启动高等教育法首次执法检查》，《中国教育报》，2019 年 6 月 20 日。

③ http：//www. npc. gov. cn/npc/c30834/201911/4e43fa6b53074e88aa9b32500c7dbcde. shtml.

④ 张春生、杜茂林：《回望地方人大设立常委会 40 周年：地方人大许多创新写入国家法律》；杜茂林、谭畅、全思凝：《地方人大设立常委会这 40 年：“四权”进退》，《南方周末》，2019 年 8 月 29 日。

⑤ 王比学：《结合地方实际创造性做好立法监督等工作 更好助力经济社会发展和改革攻坚任务》，《人民日报》，2019 年 7 月 19 日。

地方立法数量可能“井喷”，北京市人大常委会正在探索推进的“小切口”立法模式，这将有助于解决地方立法中重复、特色不明显和针对性不强的种种问题。[①] 同时，地方立法越来越深度介入地方政治、经济、社会建设和民生发展之中。2019 年 9 月，浙江省第十三届人大常委会第十四次会议通过《浙江省精神卫生条例》,[②] 将公民心理健康促进和精神障碍预防、诊断、治疗、康复等活动纳入法治轨道。10 月，广州市人大常委会表决通过《广州市母乳喂养促进条例》，这是全国首部促进母乳喂养的地方性法规。[③] 2019 年 12 月，北京市人大常委会表决通过的《北京市街道办事处条例》[④] 正式公布，明确规定了街道办事处职责清单和职权清单，将党建引领“街乡吹哨、部门报到”和“接诉即办”机制等地方经验纳入国家治理体系和基层治理体系，助推基层公共服务、城市管理和社会治理体制的优化。[⑤] 2020 年 1 月，上海市第十五届人民代表大会第三次会议表决通过《上海市推进科技创新中心建设条例》，这是国内首部关于科创中心建设的地方法规。

一方面，各级人大作为一种政治机构，以及各级人民大表大会作为一种政治制度的政治功能逐渐提升；另一方面，人大制度本身必须在现实政治运作中不断完善，特别是基层人大运作机制必须不断完善。中共十九届四中全会《决定》提出“适当增加基层人大代表数量”，就是完善人大制度的一个重要举措和战略方向。基层人大是人大制度的末梢，基层人大代表具有联系群众、了解民情、反映民意、集中民智的独特优势，因此增加基层人大代表数量有利于充分体现人民当家作主的国家政权性质。[⑥]

---

① 《“小切口”立法，让地方立法条款“准而精”》，《新京报》，2019 年 1 月 18 日社论。

② http：//www. zjrd. gov. cn/dflf/fggg/201909/t20190927_87840. html.

③ 《广州制定全国首部母乳喂养促进条例》，http：//www. rd. gz. cn/xwdt/content/post _ 88808. html。

④ http：//www. gov. cn/xinwen/2019/12/17/content_5461763. htm.

⑤ 金雨红：《赋权明责是街道提升治理能力的核心》；威利：《“接诉即办”入选年度新词 社会治理展现新气象》，《北京青年报》，2019 年 12 月 18 日。

⑥ 张勇：《为何要适当增加基层人大代表数量》，《学习时报》，2019 年 12 月 13 日。

第二，聚焦中心任务，推动人民政协制度更加成熟定型。2019年3月，全国政协主席汪洋在全国政协十三届二次会议上所做的《工作报告》中，从“强化创新理论武装，夯实共同思想政治基础；突出专门协商机构特色，彰显双向发力优势作用；聚焦中心任务，紧扣打好三大攻坚战和实现高质量发展协商议政；坚持履职为民，助推民生改善和社会发展；坚持大团结大联合，广泛凝心聚力”等7个方面全面总结人民政协2018年工作。《工作报告》同时指出2019年人民政协工作要“锚定使命任务，坚持团结和民主两大主题”“认真履行政治协商、民主监督、参政议政职能，提高建言资政和凝聚共识双向发力工作的质量”，“要把推动人民政协制度更加成熟更加定型、发挥好专门协商机构的作用，作为新时代的新方位新使命”“要把加强思想政治引领、广泛凝聚共识作为人民政协履职工作的中心环节”。①

2019年9月，习近平在中央政协工作会议暨庆祝中国人民政治协商会议成立70周年大会上强调，“人民政协是中国共产党把马克思列宁主义统一战线理论、政党理论、民主政治理论同中国实际相结合的伟大成果，是中国共产党领导各民主党派、无党派人士、人民团体和各族各界人士在政治制度上进行的伟大创造”。② 从人民政协性质定位来说，“人民政协作为统一战线的组织、多党合作和政治协商的机构、人民民主的重要实现形式，是社会主义协商民主的重要渠道和专门协商机构，是国家治理体系的重要组成部分，是具有中国特色的制度安排”。习近平强调，在当前和今后一个时期，要发挥人民政协专门协商机构作用，坚持党委会同政府、政协制定年度协商计划制度；各级党委要把人民政协工作纳入重要议事日程，坚持党委常委会会议定期听取政协党组工作、政协常委会工作情况汇报制度。

作为当代中国基本政治制度，不仅全国人大、全国政协的政治

① 《在全国政协十三届二次会议上汪洋作的政协常委会工作报告（摘登）》，《光明日报》，2019年03月4日，http：//www. china. com. cn/zhibo/content_74523592. htm。

② 习近平：《在中央政协工作会议暨庆祝中国人民政治协商会议成立70周年大会上的讲话》，http：//www. gov. cn/xinwen/2019/09/20/content_5431750. htm。

功能随着制度完善和体制机制建设而不断增强，同时，随着地方人大及其常委会、地方政协对地方政治生活和经济社会发展的深度参与，以及人大、政协与人民群众之间互动的增强，地方两会特别是省级两会日益成为观察地方政治、经济与社会发展的重要窗口，沟通政党、政府与社会的重要平台，影响和塑造公共议题与公共政策的重要场域。①

第三，结合国家发展战略，不断完善区域政治制度建设。地方与中央、区域与整体之间的结构性、制度性关系，是一个国家政治制度的重要方面。民族区域自治制度是当代中国基本政治制度之一，是当代中国区域政治制度的重要构成，是处理现代中国民族关系的最重要制度规范。2019 年 7 月由国新办发布的《新疆的若干历史问题》白皮书②指出，“正确认识国家、历史、民族、文化、宗教等问题，科学回答新疆若干历史问题，关系中华民族的凝聚力、向心力，关系中国的统一和国家长治久安，关系地区安全、稳定和发展”“坚守中华文化立场，传承中华文化基因，构建各民族共有精神家园，是包括新疆各族人民在内的全中国人民的共同责任和追求”。2019 年是西藏民主改革 60 周年、澳门回归祖国 20 周年，无论是民族地区、特区或者其他区域，在中国特色社会主义新时代都面临共同的发展主题，都需要立足区域条件、发挥区位优势，最终融入中国作为一个整体的大发展之中。在已为历史所检验的民族区域自治制度等行之有效的区域政治制度以及近年来加速构建的区域协调发展体制机制的支撑下，当前中国的区域发展已形成为若干重大国家战略——京津冀协同发展、长江经济带发展、长江三角洲区域一体化发展、粤港澳大湾区建设、黄河流域生态保护和高质量发展、推进海南全面深化改革开放、“一带一路”与民族地区发展等，国家制度建设与国家发展战略之间的互动正日益加强。

① 冷昊阳：《2020 省级两会时间确定 多地邀民众献策政府工作报告》，http://www.chinanews.com/gn/2019/12/24/9041352.shtml。

② http://www.scio.gov.cn/ztk/dtzt/39912/41087/41089/Document/1660017/1660017.htm.

（六）全面依法治国一体推进，法治的政治功能更加彰显

当代中国对法治建设与政治建设之间关系的认知和定位，一直在不断发展和深化之中。2019 年 2 月召开的中央全面依法治国委员会第二次会议审议通过了《中央全面依法治国委员会 2018 年工作总结报告》《中央全面依法治国委员会 2019 年工作要点》《2019 年中央党内法规制定计划》《全国人大常委会 2019 年立法工作计划》《国务院 2019 年立法工作计划》《关于开展法治政府建设示范创建活动的意见》等文件。会议指出："法治建设规划，事关全面依法治国工作全局"，要"发挥法治固根本、稳预期、利长远的保障作用"；要"提高立法质量和效率，不断完善以宪法为核心的中国特色社会主义法律体系，推动形成比较完善的党内法规制度体系""以立法高质量发展保障和促进经济持续健康发展"；法治政府建设"对法治国家、法治社会建设具有示范带动作用"；法治是最好的营商环境，要用法治来规范政府和市场的边界。①

第一，厘清法治与政治基本关系，实现法治与政治的有机统一。厘清法治与政治基本关系是国家治理现代化的重要命题和内在要求。随着全面依法治国的深入推进，法治与中国经济社会发展各领域之间的互动越来越密切。从根本上来说，法治与经济、社会之间的关系在本质上也是法治与政治间的关系，或者说，法治与政治间的关系决定了在当代中国，法治在经济、社会发展中应当扮演的角色和应当发挥的功能，也决定着法治在经济、社会发展中实际扮演的角色和实际发挥的功能。

为了坚持和加强党对政法工作的统一领导，2019 年初中共中央印发《中国共产党政法工作条例》②，以党内法规形式对"中央和县级以上地方党委、党委政法委员会、政法单位党组（党委）领导和

---

① http：//www. gov. cn/xinwen/2019/02/25/content_5368422. htm.

② http：//www. gov. cn/zhengce/2019/01/18/content_5359135. htm.

组织开展政法工作”做出基本规范。习近平在2019年1月召开中央政法工作会议上强调，政法工作要“履行好维护国家政治安全、确保社会大局稳定、促进社会公平正义、保障人民安居乐业的职责任务”，各级党组织要“支持司法机关依法独立公正行使职权”“各级党委政法委要把工作着力点放在把握政治方向、协调各方职能、统筹政法工作、建设政法队伍、督促依法履职、创造公正司法环境上”。在2020年1月召开的中央政法工作会议首次明确提出全国政法机关要“围绕全面建成小康社会目标任务”“坚持和完善中国特色社会主义政法工作体系”“把维护国家政治安全放在第一位，以统筹推进全局性、战略性、基础性工作为立足点，以防控化解各类风险源为着力点，以扫黑除恶专项斗争、市域社会治理现代化试点、政法领域全面深化改革、政法队伍教育整顿为切入点，全面提升政法工作现代化水平”。[①]

优良的法治是市场经济最好的护航。2019年1月，“为依法惩治非法集资犯罪活动，维护国家金融管理秩序”，最高检、最高法、公安部联合制定的《关于办理非法集资刑事案件若干问题的意见》[②] 公布实施；10月，“为依法惩治非法放贷犯罪活动，切实维护国家金融市场秩序与社会和谐稳定”，由最高法、最高检、公安部、司法部联合制定的《关于办理非法放贷刑事案件若干问题的意见》公布并实施。2011年5月《刑法修正案（八）》将拒不支付劳动报酬入刑，2013年1月，最高法院发布《关于审理拒不支付劳动报酬刑事案件适用法律若干问题的解释》，截至2019年9月，各级法院共受理拒不支付劳动报酬刑事案件10651件，对7674名被告人判处有期徒刑或者拘役，对116名被告人判处3年以上有期徒刑[③]。

一系列法制案例彰显了当代中国全面依法治国的进程、领域和

---

① http://www.chinapeace.gov.cn/chinapeace/c54219/2020/01/18/content_12316944.shtml.

② http://www.court.gov.cn/fabu-xiangqing-141312.html.

③《最高法：截至9月116人因拒不支付劳动报酬获刑3年以上》，http://www.chinanews.com/gn/2019/10-30/8993234.shtml。

导向，彰显了法治与政治、经济和社会的互动。2019 年 1 月，天津权健公司 16 名犯罪嫌疑人因涉嫌组织、领导传销活动等罪被依法批准逮捕。4 月，最高法对顾雏军等人虚报注册资本，违规披露、不披露重要信息，挪用资金再审一案进行公开宣判，判决撤销原判对顾雏军的部分罪名量刑，部分原审被告人被宣告无罪。12 月，云南省高级法院对孙小果再审一案依法公开宣判，决定对孙小果执行死刑；云南省多家法院分别对涉孙小果案公职人员和重要关系人职务犯罪案公开宣判，19 名被告人分别被判二年至二十年不等有期徒刑。12 月，广东省“基因编辑婴儿”案一审公开宣判，贺建奎等 3 名被告人因共同非法实施以生殖为目的的人类胚胎基因编辑和生殖医疗活动，构成非法行医罪，分别被依法追究刑事责任。最高法就张扣扣故意杀人死刑复核案依法裁定核准其死刑。[①] 上海市高院受理“国内未婚生育申领生育保险金第一案”再审申请，[②] 鲜言背信损害上市公司利益、操纵证券市场案由上海市一中院一审判决，[③] 全国首例互联网众筹平台（水滴筹）诉大病筹款受助者案在北京朝阳法院一审宣判，[④] 湖南首例“同命同价”机动车事故责任纠纷案在湖南郴州市永兴县人民法院一审判决，[⑤] 一批涉产权典型标志性案件的审结及其善后，记录着当代中国全面依法治国的用力方向、点滴进展和价值取向。

随着全面依法治国的推进，国家和政府也被纳入法治的全面约束之中。根据 2019 年 2 月最高人民法院发布的《中国法院的司法改革（2013—2018）》白皮书，人民法院通过审判监督程序纠正聂树斌案、呼格吉勒图案、张氏叔侄案等重大刑事冤假错案 46 起，涉及

---

① 欧阳晨雨：《张扣扣被执行死刑 让司法正义消除人间戾气》，《中国青年报》，2019 年 7 月 18 日。

② 徐明轩：《“未婚妈妈申领生育险案”，上海再审释放积极信号》，《新京报》，2019 年 9 月 3 日。

③ 程丹：《5 年牢狱罚款超千万！“老赖”鲜言终领刑罚》，《证券时报》，2019 年 9 月 18 日。

④ 刘洋：《隐瞒财产筹钱治病 受助者被判还善款》，《新京报》，2019 年 11 月 7 日。

⑤ 朱炎皇、何伦波、李果：《湖南首例“同命同价”机动车事故案宣判》，https://www.icswb.com/h/150/20191212/632885.html。

94 人；2014 年至 2018 年，各级人民法院共依法宣告 4868 名被告人无罪。根据最高法赔偿办数据，2014—2018 年 5 年间，全国法院依法审结各类国家赔偿案件 83315 件，其中司法赔偿案件 22954 件；2019 年 1 月至 8 月，全国法院审结司法赔偿案件 3303 件。① 根据司法部数据，2018 年全国各级行政复议机关依法办结 22.4 万件，司法部办结国务院行政复议案件 2536 件；全国各级行政复议机关办结的受理案件中，作出撤销、变更、确认违法和责令履行等纠错决定的约 3 万件，纠错率达 15.1%，司法部办理的国务院行政复议裁决案件纠错率达 18.7%②。

作为政府依法行政的重要依据，行政法规和规范性文件的清理、修改与合法性审查也是法治政府建设的重要内容。2019 年年内，国务院多次公布《国务院关于修改部分行政法规的决定》，对涉及机构改革、政府职能转变和“放管服”改革涉及的有关行政法规进行清理，对多部行政法规的部分条款予以修改。中办、国办印发《法治政府建设与责任落实督查工作规定》，③ 以“加强党对法治政府建设的集中统一领导，充分发挥督察工作对法治政府建设与责任落实的督促推动作用”。2018 年 12 月，国办印发《关于全面推行行政规范性文件合法性审核机制的指导意见》；2019 年 7 月，司法部在山东召开全面推行行政规范性文件合法性审核机制工作推进会，要求在 2019 年年底前，各地区、各部门实现行政规范性文件合法性审核机制全覆盖。④

将包含政府换届、行政决策、行政执法在内的行政过程纳入统一的法治过程和有效的法治约束，优化行政执法与司法的协作与衔接，有利于规范行政行为、形成稳定预期、提高政府公信力，是高

① 张晨：《全国法院近 5 年审结各类国家赔偿案件 8 万余件》，《法制日报》，2019 年 9 月 18 日。

② http://www.chinanews.com/gn/2019/03/26/8790885.shtml.

③ http://www.gov.cn/zhengce/2019/05/06/content_5389149.htm.

④ 刘嫚：《杜绝“一言堂”“拍脑袋”行政规范性文件要经集体审议决策》，《南方都市报》，2019 年 7 月 27 日；《让规范性文件更规范，内外监督当形成合力》，《南方都市报》，2019 年 7 月 28 日社论。

法治政府建设水平的题中之义。2019 年由应急管理部、公安部、最高法、最高检联合制定印发的《安全生产行政执法与刑事司法衔接工作办法》规定，“各级应急管理部门、公安机关、人民检察院、人民法院应当加强协作，统一法律适用，不断完善案件移送、案情通报、信息共享等工作机制”“建立安全生产行政执法与刑事司法衔接长效工作机制”。[①] 北京市印发的《北京市大力营造企业家创新创业环境充分激发和弘扬优秀企业家精神若干措施》[②] 明确提出“认真履行依法作出的政策承诺和签订的各类合同，不得以政府换届、相关责任人更替等理由改变政策承诺或毁约”“开展政务服务失信专项治理”。

第二，立法与修法深度融入改革进程，社会主义法制体系更加巩固。2019 年全国人大及其常委会通过的一系列新法或修法，如外商投资法、疫苗管理法、新修订的药品管理法、资源税法等等，涉及国计民生和当下中国经济社会发展的热点、痛点、堵点、难点问题。以 2019 年 3 月十三届全国人大二次会议表决通过的《中华人民共和国外商投资法》为例，该法自 2020 年 1 月 1 日起施行，取代“外资三法”（《中华人民共和国中外合资经营企业法》《中华人民共和国外资企业法》《中华人民共和国中外合作经营企业法》）成为中国最新的外商投资法律制度，对“规范外商投资管理，推动形成全面开放新格局，促进社会主义市场经济健康发展”具有重大意义。[③] 作为当代中国法律体系的重要构成，2019 年制定公布的一系列行政规章，直接回应着当下中国经济社会发展所急需的制度性诉求。比如 10 月国务院常务会议审议通过的《优化营商环境条例》明确规定“坚持市场化、法治化、国际化原则”，以政府立法形式“为各类市场主体投资兴业营造稳定、公平、透明、可预期的良好环境”。[④]

---

① http：//www. gov. cn/zhengce/zhengceku/2019/10/22/content_5443623. htm.

② http：//www. beijing. gov. cn/zhengce/zhengcefagui/201908/t20190812_103315. html.

③ 贺斌：《〈外商投资法〉呼之欲出》，《中国新闻周刊》，2019 年第 6 期。

④ http：//www. gov. cn/zhengce/content/2019/10/23/content_5443963. htm.

总的来说，2019 年国家立法与修法工作呈现三大特征：

一是查漏补缺，补足短板，立改废释并举，进一步调整、巩固和完善社会主义法律体系。近年来，全国多地出台女职工劳动保护办法或规定；[①] 2019 年 10 月，十三届全国人大常委会第十四次会议分组审议未成年人保护法修订草案、预防未成年人犯罪法修订草案。2019 年 12 月，十三届全国人大常委会第十五次会议表决通过了基本医疗卫生与健康促进法，作为卫生与健康领域第一部基础性、综合性的法律，这部新法律填补了国家法制体系的一大短板。[②] 2019 年 5 月，司法部就《城市公共交通管理条例（征求意见稿）》公开征求意见；2020 年 3 月，北京市第十五届人大常委会第二十次会议通过《北京市物业管理条例》。从全国层面立法到地方立法，从法律法规到政府规章，从涉及经济、社会、政治发展的重大公共事务立法到关系人民生活的具体而微的“小切口”立法，中国法律体系不断充实、巩固、发展。同时，“两高”司法解释的制定、清理事实上承担着衔接立法与司法、沟通国家与社会、完善法律与调整法律的重要政治功能。2019 年 5 月印发的新修订的《最高人民检察院司法解释工作规定》[③] 第九条明确，最高人民检察院制定司法解释立项来源的主体除了检委会、检察长、法律政策研究室、各检察厅、省级人民检察院以及全国人大代表、全国政协委员之外，有关机关、社会团体或者其他组织以及公民均可以提出制定司法解释的建议。“为适应形势发展变化，保证国家法律统一正确适用”，2019 年 7 月，最高法公布《最高人民法院关于废止部分司法解释（第十三批）的决定》[④]，确立了诸如“依法平等全面保护产权和民营企业合法权益”等重大司法原则和法治

---

① 李一凡、曹梦怡：《“更年期可申请调岗”山东新规引争议》，http：//www. bjnews. com. cn/news/2019/03/01/551670. html.

② 阿计：《2019 年十大立法脉络》，《民主与法治周刊》，2019 年第 48 期。http：//emzy-fz. com/mag/paper_34592_17893. html。

③ https：//www. spp. gov. cn/xwfbh/wsfbt/201905/t20190513_417914. shtml#2.

④ http：//www. court. gov. cn/fabu - xiangqing - 171602. html.

价值。此次司法解释清理是最高法继2011年之后的又一次全面清理，是探索构建常态、定期的司法解释清理工作机制的重要行动。[①]

二是跟进配套，即根据全面深化改革的进展和需求，以立法和修法的形式介入改革进程、巩固改革成果，政策导向和立法修法的衔接更为紧密。2019年2月发布的《中共中央、国务院关于坚持农业农村优先发展做好“三农”工作的若干意见》[②] 提出“进一步深化农村土地制度改革”“在修改相关法律的基础上，完善配套制度，全面推开农村土地征收制度改革和农村集体经营性建设用地入市改革”；8月，第十三届全国人大常委会第十二次会议通过关于修改《中华人民共和国土地管理法》《中华人民共和国城市房地产管理法》的决定，保障和助推农村土地征收、集体经营性建设用地入市、宅基地管理制度等改革在全国范围内实行。2019年1月1日起实施的新《农村土地承包法》分别设置“土地承包经营权”和“土地经营权”，对土地承包经营权转让、互换和土地经营权流转做出明确区分；据此，2019年9月农业农村部发布《农村土地经营权流转管理办法（修订草案征求意见稿）》，聚焦对土地经营权流转主体、流转方式、流转合同、流转过程的规范管理。2019年12月，第十三届全国人大常委会第十五次会议第二次修订被视为资本市场“根本大法”的《中华人民共和国证券法》；2019年中国税收立法全面提速，[③] 除《中华人民共和国资源税法》获得通过之外，包括土地增值税法、增值税法、消费税法、契税法和城市维护建设税法在内的多部税法也公布了征求意见稿。

三是从量变到质变，随着立法、修法的累积性发展，中国经济社会发展各个重要领域的基础性法律逐渐形成，社会主义法治

---

① 孟亚旭：《最高法：保护民企权益 废止103件司法解释》，《北京青年报》，2019年7月19日。

② http：//www. gov. cn/zhengce/2019/02/19/content_5366917. htm.

③ 孙韶华：《税收立法攻坚提速 多部税法将有突破性进展》，《经济参考报》，2019年12月20日。

"固根本、稳预期、利长远"效力逐渐呈现。这方面最好的例证是民法典编撰工作的重大进展。2019年12月，由民法总则和民法典各分编草案合并而成的《中华人民共和国民法典（草案）》提交十三届全国人大常委会第十五次会议审议，并将提请十三届全国人大三次会议审议。民法典草案由总则编和6个分编构成。新编纂的民法典草案共7编，依次为总则编、物权编、合同编、人格权编、婚姻家庭编、继承编、侵权责任编，以及附则，共1260条。作为"民事权利的宣言书""社会生活的百科全书"以及"新中国历史上第一部法典化的法律",[①] 民法典是公民私权保护的基本依据，也是国家治理体系与治理能力现代化的重要法制基础。

最后需要提及的是，2019年立法与修法工作直接介入到当前中国政治建设与政治发展之中。2019年4月，十三届全国人大常委会第十次会议表决通过新修订的法官法和检察官法，对法官、检察官的权利、义务、遴选、管理、职业保障等做出明确规定，以法律形式巩固了司法责任制改革、员额制改革、司法人员分类管理等司法体制改革成果。[②] 两官法明文规定，法官审判案件，检察官履行职责，应当以事实为根据，以法律为准绳，秉持客观公正的立场；法官和检察官依法履行职责，受法律保护，不受行政机关、社会团体和个人的干涉。检察官法特别规定，"检察官办理刑事案件，应当严格坚持罪刑法定原则，尊重和保障人权，既要追诉犯罪，也要保障无罪的人不受刑事追究"。两官法对当代中国政治过程中运作司法权力的法官、检察官等重要群体的全过程、全链条规范，必将对当代中国政治权力结构、政治秩序和过程产生深远影响。2019年8月，十三届全国人大常委会第十二次会议首次审议根据《中华人民共和国监察法》制定的《中华人民共和国公职人员政务处分法（草案）》；2020年4月，第十三届全国人

---

① 刘华东：《新中国第一部民法典草案将亮相》，《光明日报》，2019年12月21日；罗沙、白阳：《"合体"后的民法典草案，有四大看点》，《新华每日电讯》，2019年12月24日。

② 罗沙：《法官法、检察官法完成修订 巩固司法责任制等改革成果》，http：//www. xinhuanet. com/2019/04/23/c_1124406488. htm.

大常委会第十七次会议对公职人员政务处分法（草案二次审议稿）进行审议，二审稿明确规定“加强对所有行使公权力的公职人员的监督”。政务处分法的出台，是对国家监察体制改革成果的法制确认和对国家监察制度建设的有力支撑，进而也是对当代中国公共权力监督体系的进一步完善。

第三，司法改革提档加速，改革的制度取向更加明显。“深化司法体制综合配套改革，完善审判制度、检察制度，全面落实司法责任制，完善律师制度，加强对司法活动的监督”“保证行政权、监察权、审判权、检察权得到依法正确行使”，是当前中国司法体制改革的总体要求和基本方向。以法院系统改革为例，2019 年 2 月，最高法发布《最高人民法院关于深化人民法院司法体制综合配套改革的意见——人民法院第五个五年改革纲要（2019—2023）》,[①] 提出构建人民法院坚持党的领导制度体系、人民法院服务和保障大局制度体系、以人民为中心的诉讼服务制度体系、阳光司法制度体系、以司法责任制为核心的审判权力运行体系等十大体系，涉及人民法院工作机制、诉讼程序、队伍建设、科技创新等各个层面。《纲要》将司法改革中的一系列前沿性、瓶颈性问题纳入整体设计，着力推动公正高效权威的中国特色社会主义司法制度更加成熟更加定型。

自 2018 年底自来，最高检启动内设机构改革，按照新的检察权运行和检察职能行使机制重新组建的第一至第十检察厅及相关职能部门，正式确立检察机关“四大检察”法律监督新格局和“十大主要检察业务”（侦监、公诉、执检、自侦、民事、行政、公益诉讼、未检、控告、申诉）板块；2019 年 3 月，刑事、民事、行政、公益诉讼“四大检察”首次明确写进十三届全国人大二次会议《关于最高人民检察院工作报告的决议》；2019 年 4 月 23 日，新修订的检察官法首次在法律上明确“四大检察”职能；2019 年

① http：//www. court. gov. cn/fabu－xiangqing－144202. html.

底，省以下检察机关内设机构改革基本完成[①]。检察系统机构改革成效明显，根据最高检发布的相关数据，2019 年前三季度，全国检察机关在民事检察业务中提出再审检察建议同比上升 100.9%，占审结数的 10.7%，法院裁定再审同比上升 108.1%，占同期提出再审检察建议数的 42.6%。在行政检察业务中，全国检察机关受理行政审判活动监督案件同比上升 80.2%，提出检察建议同比上升 77.9%；受理对行政执行活动监督案件同比上升 92.5%，提出检察建议同比上升 120.8%[②]。

网络信息技术的应用有力推动着司法体制改革创新。2019 年 6 月，杭州市中院与浙江证监局开通浙江证券期货纠纷智能化解平台，这是全国首个证券期货纠纷智能化解平台，股民通过该平台即可完成诉讼、调解、审理等流程。[③] 2019 年 2 月，浙江省宁波市、慈溪市两级检察机关研发设计了“性侵未成年人犯罪预防信息查询数据库”；5 月，广州上线了侵害未成年人违法犯罪信息库；9 月，由成都市中级人民法院牵头建立的成都侵害未成年人利益违法犯罪人员数据库正式投入使用。[④] 在 2019 年“双 12”期间，全国多地法院开展的司法网拍直播，成为助推阳光公司法、规范执行的新尝试。[⑤] 2019 年 12 月最高人民法院发布的《中国法院的互联网司法》白皮书指出，自 2013 年以来，中国法院积极推进审判流程、庭审公开、裁判文书、执行信息等四大平台的建设，先后建立了中国审判流程信息公开网、中国裁判文书网、中国庭审公开网、中国执行信息公开网，中国互联网司法正处于蓬勃发展的历史时期。[⑥]

---

① 戴佳：《内设机构改革一年间：“四大检察”齐头并进　检察生产力充分释放》，《检察日报》，2020 年 4 月 14 日。

② 《2019 年 1 至 9 月全国检察机关主要办案数据》，https：//www. spp. gov. cn/spp/xwfbh/wsfbt/201910/t20191030_436761. shtml#2。

③ 郑舜、钟法：《杭州有了全国首个证券期货纠纷智能化解平台》，《青年时报》，2019 年 6 月 6 日。

④ 赵瑜：《求职者有无犯罪前科 用人单位可申请查询》，《成都商报》，2019 年 9 月 22 日。

⑤ 王天琪：《司法网拍直播 法官 1 小时“带货”1 亿》，《北京青年报》，2019 年 12 月 15 日。

⑥ 孟亚旭：《最高法将在全国推广“移动微法院”》，《北京青年报》，2019 年 12 月 5 日。

四、2019 年中国政治建设的核心命题

（一）从传统国家到现代国家：历史政治学视野中的发展与治理问题

实现中国的现代化或者说建设一个现代化的中国，是中国自近代以来政治发展与政治建设的持久主题。虽然我们反对传统与现代的简单二元划分，但要理解现代中国或者中国的现代化方案，仍然必须从古典中国或者传统中国出发。因为，传统中国不仅构成现代中国在国家形态上的一个鲜明参照，而且在实践和经验意义上构成中国现代国家建设的历史起点和逻辑起点。从传统国家到现代国家，呈现出两个面相：一方面，一些政治议题、政治现象、政治困局从属于传统中国，而另一些政治议题、政治现象与政治困局则从属于现代中国，这构成现代中国与传统中国之根本区别；另一方面，一些根本性的政治主题跨越时空和历史而传承下来，以相似或变异的形式继续存在，这构成传统中国与现代中国之延续与关联。

不同学者对中国传统国家有不同的认知和理论概括。艾森斯塔德将中华帝国作为“文化性”取向社会的典型代表，指出传统“中国的执政精英的政策，一般就是以创置—聚敛性和调节性政策为特点的，促进型政策却非常之少”，“这些社会对特定目标与价值的强调，会造成其对某些特殊类型的事变的敏感，并且造成应付这些事变的特殊困难”。[①] 这一认识已经敏感地触及到了中华帝国在帝国政治体系谱系中的独特取向。若从古今之变的视角来看，传统中国或者古典中国在国家形态上呈现为一个典型意义上的“治理型国家”，

---

① ［以色列］S. N. 艾森斯塔德：《帝国的政治体系》，阎步克译，贵阳：贵州人民出版社，1992 年版，第 235 页，第 230 – 231、241 – 242 页。

即“传统治理型国家”。这种国家形态有若干基本特征：第一，在政治系统的目标追求上，不以经济发展为主要目标，而以“长治久安”的政治秩序的维持为首要目标；第二，经济结构—社会结构—政治结构之间相互支撑、高度耦合，特别是在作为政治统治之社会基础的社会结构方面，政治系统致力于维持社会结构的平衡与秩序，并保持社会阶层之间以及社会精英向政治体系的流动性，同时在政治统治中预留了某种程度上的社会自治空间；第三，存在一个作为社会共识，并在相当大程度上为国家、社会及个体所共享的意识形态，并且这种意识形态具有价值恒定特征；第四，在合法性认同方面，为政之道，高度重视民心、民情和社会主要阶层的情感取向，其施政之方以获取社会主要阶层的情感支持为优势性考量；第五，在国家治理结构与体系中，存在一个枢纽性的政治组织，或者政治力量，或者政治角色，作为政治权力和政治权威的来源；第六，在政治思维上，权变、互动、辨证、中庸思维在政治设计和政策运用中占有重要地位；第七，在支撑传统政治形态的政治制度中，存在着存之久远的若干支柱性制度，比如科举制度、监察制度等等。①

对于中国传统国家治理的属性与特征，历来有许多相互歧义的认知和判断。中国传统国家治理是属于“人治”还是“法治”或“礼治”，就是其中一个长期以来聚讼不已的学术命题。事实上，视古典中国为“人治”或者“专制”社会的主张者，与视古典中国为“法治”或者“礼治”社会的主张者，各自固有卓见，但亦各有未见。中国古典政治是一个复杂的、具有多重面相的政治形态，与其以“人治”或“法治”叩其一端，不如以政治主体与政治制度之间的相互关系来审视中国传统国家治理——政治制度在何种意义何种程度上支持或限制了政治主体的选择、意愿、行动，同时在何种范围内支持或限制了其能动性？此一主体与制度的关系横亘古今中国政治，但在中国传统政治与现代政治中各有其特殊表现形式。

---

①　张树平：《从政党能力到国家能力：转型中国国家能力的一种建构路径》，《复旦政治学评论》，2018 年第 1 期。

围绕着政治主体与政治制度之关系，中国传统国家治理在平陂往复的历史循环和王朝兴替中展开传统国家治理的实践历程，这种实践既为中国现代国家建设和国家治理留下了若干经验和启示，又留下了若干重要的治理困局需要现代政治加以彻底解决。这些经验和启示集中到一点，那就是：在国家治理结构中，既不能单独仰赖于人的因素或者主体性因素，也不能独任制度或者礼法因素；既需要发挥与政治主体相关的能动性，也需要以制度或者礼法因素约束之、平衡之。中国传统政治思想和政治实践中“垂衣裳而天下治”“帝力于我何有哉”①“萧规曹随”“祖宗之法”，以及对于君主和官僚集团之兴作与妄动的防范与警戒，都给现代政治组织的活动范围、现代国家力量的指向和运用留下了深刻启示。传统中国政治亦留下了三大治理难题，这些难题往往最终演变为治理困局：一是“法愈密而国愈乱”，或者说“法愈密而天下之乱即生于法之中”，这是“法”（“礼”“制”）与“治”之间的关系；二是改革与“祖宗之法”之间的关系，王朝改革往往困于祖宗不变之成法而不获彻底之成功，最终并祖宗之法亦不能保守；三是“有为”与“无为”之关系，当有为处不能为，当无为处而扰动天下，“有为”沦为妄动，“无为”沦为“无能为”。传统中国国家治理无法彻底解决这三大困境，因而无法实现历代思想家、政治家“长治久安”的治国理想。概言之，作为“传统治理型国家”，中国传统国家治理留给后世最大的警示在于，“以治理求治理终不得治理”，仅仅局限在政治领域欲求解决政治问题，是不能跳出“王朝周期率”的。欲彻底解决上述三大困局，必须引入传统政治不能容纳的新因素亦即现代政治因素。

自近代（作为时间概念）以降，随着时间和历史观念的彻底变革以及民族国家构成的世界体系和现代国家作为“他者”形象的出现，中国开启了现代国家建设的历史征程，从此发展问题被纳入现代中国国家建设之中，成为与治理问题同等重要的国家议题。发展

① 沈德潜：《先秦汉魏晋南北朝隋诗歌别裁集（古诗源）》，沈德潜等编选：《中国历代诗歌别裁集》，济南：山东文艺出版社，1995 年版，第 7 页。

与治理这两大问题之间的关系及其演绎，深刻影响了中国现代国家建设的政治逻辑。自晚清以来，近代中国的历次改革与革命运动，其最深层次的原因皆在于中国传统国家不能容纳和实现中国发展，因而必须从总体上实现国家形态的革故鼎新。“中国历代的农民”处于“封建的经济剥削和封建的政治压迫之下”，农民被束缚于“封建的经济关系和封建的政治制度”之下，这“就是中国社会几千年在经济上和社会生活上停滞不前的基本原因”，[①] 这是马克思主义政治经济学的逻辑。

从政治学的逻辑来看，孔飞力在《中国现代国家的起源》一书中认为，自晚清以来，中国现代国家建设起源于对三个根本性质的政治议程的回应：政治参与合法性问题、政治竞争与公共利益问题、央地（财政）关系与政治控制问题；[②] 直到中国进入改革开放时期，关于现代国家的建制议程的讨论“依然包括着如何确定政治参与的边际、如何界定公共和私人利益之间的恰当关系、如何协调中央政府和地方社会之间的需求这些老问题”。传统的国家形式无法解决这三个关乎现代国家建设的根本问题，于是就形成了近代中国所面临的“总体危机”，[③] 特别是形成了现代化研究范式所揭示的晚清以来中国国家建设所面临的两大政治危机——权威危机与权力危机；面对这两大危机，中国必须构建新的国家形式，而欲构建新的国家形式，就必须向传统国家与传统制度寻求突破与解放。从现代国家建设的意义上说，这种解放具有多重含义：其一，民族解放与民族国家建构。民族解放既对外又对内，对外是指中华民族自求解放；对内是指国内各被压迫民族反抗、推翻满清部族政权。其二，民权从传统政治制度下获得解放，制度革命是政治革命的题中之义，否则政治革命只能沦为改朝换代。其三，国民或人民登上政治舞台的中心，平民阶级和劳动阶级翻身做主，这是政治价值领域的解放。其

① 毛泽东：《中国革命和中国共产党》，《毛泽东选集》第二卷，北京：人民出版社，1991年版，第624－625页。

② ［美］孔飞力：《中国现代国家的起源》，陈兼、陈之宏译，北京：三联书店，2013年版。

③ 邹谠：《二十世纪中国政治》，香港：牛津大学出版社，1994年版，第69－72页。

四，国民和人民作为一个整体，必须经由政党的组织化整合，这是从传统政治组织形式到现代组织形式的重大突破。

因此，发展问题的介入，彻底改变了传统治理型国家的运转轨迹，开启了中国现代国家建设的历程。包括中国在内的一切现代国家建设方案，归根结底是以制度为表征的现代国家治理与以经济发展为核心的现代国家发展之间的互动问题。自近代中国以来，正是这种互动产生了中国的现代性诉求，现代性诉求产生了解放诉求，解放诉求产生了革命诉求。至此，中国现代国家建设的第一个政治逻辑开始发生，这就是“向解放寻求现代”。在传统中国向现代中国转变的历史进程中，所谓“向解放寻求现代”，至少包括三层含义：第一，个体解放，亦即个体从家族、社区共同体、行帮、乡土、编户齐民、里甲制度等传统的、旧式的社会组织方式中解放出来，成为独立的个体；第二，社会解放，即社会从传统国家的裹挟下解放出来，成为相对于国家而独立的主体；第三，制度解放，政治制度的本质是对权利的分配，因此制度解放的实质在于权利关系的重新分配，从这个意义上说，个体解放与社会解放必然带来制度解放的内在要求，在近代中国语境中，制度解放的内涵在于国家与社会之间双向沟通机制的重新建构，换言之，在新国家与新社会之间重建制度性通道。

解放必须由革命行动来完成，自近代中国以来，革命浪潮此起彼伏、新旧交替，种种不同的革命主张和革命行动分化合流，逐渐汇集为两种主要的革命：那就是中国国民党所主张的以“民国”为目标的民主革命与中国共产党所主张的以“人民共和国”为目标的民主革命。[①] 历史将这种前后相续的革命运动区分为旧民主主义革命和新民主主义革命。从两种革命的关联来讲，如果说旧民主主义革命是不断前进，逐步在失败中逼近新民主主义革命的若干主张；那么新民主主义革命就其在近代中国的现实形态而言，毋宁说是科学

① 毛泽东在评论孙中山所谓“国民党之民权主义”时指出，“只许为一般平民所共有、不许为资产阶级所私有的国家制度，如果加上工人阶级的领导，就是人民民主专政的国家制度了”。

社会主义主张凌空而降，不断寻找其革命条件、革命基础的现实化的过程。社会主义的价值规定性决定了新民主主义革命始终将“解放”放在革命的首要位置，并且确立了从政治解放到社会解放和劳动解放的类型发展，确立了从民族解放、阶级解放到个体解放的过程发展。中华人民共和国正是在“向解放寻求现代”的政治逻辑中诞生的。

（二）从发展与治理到规划与制度

2019 年是中华人民共和国成立 70 周年，70 年来，在中华人民共和国围绕着发展与治理这两大主题展开的现代国家建设后先相继地形成了“向解放寻求现代”“向发展寻求解放”“向治理寻求发展”的政治逻辑。在现代国家框架内，由发展主题衍生出国家的规划体系建设，由治理主题衍生出国家的制度体系建设两大战略任务。70 年来在中国国家建设历程中所形成的不同政治形态，深刻规定着这两大战略的实施形态及其相互关系。

第一，解放型政治形态下的“全能型计划”与第一波国家制度建设。1949 年中华人民共和国的成立无疑是现代中国历史上具有划时代意义的历史事件，但却绝非是截断历史众流的产物。新国家形态是前后相续的革命产物。就革命指向的新国家形态而言，则以“解放型政治”为基本特征。新中国前 30 年可以视为“解放型政治形态”的延续，其基本逻辑是中国共产党通过其所领导的民族革命、民主革命和社会革命，对外求得国家与民族之独立，对内求得被压迫阶级之解放，由此建立新型的政治国家；通过新国家来改造和创建新的社会基础与新的经济基础，通过上层建筑与生产关系的变革，来达到解放生产力之目的，是以建立新的国家制度、新的经济制度与新的社会制度。在整个建国过程中，政党—国家—社会的逻辑非常清晰。建国之后总体上进入和平时代，解放型国家在相当大程度上仍然沿用了解放型政治的逻辑，来推动经济与社会发展，虽然在一定意义上适应了解放初期的政治、经济与社会环境，初步构建了中国现代化初期的工业基础和产业体系，构筑了现代中国作为社会主义国家的制度基础，从而巩固了新生的国家政权，其所创造的党对国家的一元化领导、经济上的公有制、社会管理体制上的单位制构成了“解放型政治形态”的基本特征。但是时移世易，随着中国社会政治经济状况的变化，旧有的治国方式因循未改，在现代化建设中重政策而轻制度建设、重政治动员而轻常态管理，比如人民代表大会制度就未能得到很好的履行，因为轻制度建设而忽视长期法治建设，因而经济发展缺乏足够的持续性的动力，社会成长在泛政治化环境中也缺乏活力，这些问题终于演化成政治形态的病变。

此阶段中国挟立国之势，满怀信心地推进了其规模宏大的发展计划。中国从 1953 年开始实行第一个五年计划，不过从实践来看，改革开放之前编制的 5 个五年计划中除了“一五计划”编制程序比较规范、实施效果比较好之外，“其他 4 个五年计划均未经全国人大正式审定，也基本没执行”。[①] 但是，我们却不应否定这一时期中国建设和发展所取得的伟大成就。从我们所关注的国家规划体系建设的角度来说，这一时期的国家发展规划无论是其不足还是其成就，都是由其在特定政治形态下的规划特征所决定的。“解放型政治形态”下的国家既然呈现为一种“全能主义”国家，“解放型政治形态”下的国家规划就不能不呈现为一种“全能型计划”。国家规划首先以“计划”形态出现具有历史必然性，正如计划经济形态先于社会主义商品经济和市场经济形态出现一样。“全能型计划”并非意味着国家在事实上全能，而是说国家可以集中有限资源，选择其计划干预的时间、领域、范围和强度。正因为如此，此一阶段的国家计划一方面可以在资源贫薄条件下完成难以想象的重大生产力布局和项目建设，另一方面也因为“全能型计划”过于浓重的政治色彩不能不受到政治运动的条件和气候转移的影响而削弱其计划的连贯性。

① 黄征学：《国家规划体系演进的逻辑》，《中国发展观察》，2019 年第 14 期。

国家制度体系建设在此阶段完成了新中国成立以来制度建设的第一波——即立国制度的建设。“解放型政治形态”下的国家制度建设，重在确立新生国家之规模与大体。现代中国国体、政体和国家性质的确立，都依赖于立国制度建设。我们后来称之为“基本政治制度”的人大制度、政协制度和民族区域自治制度，都是这一波制度建设的成果；作为基本经济制度之奠基的社会主义公有制，也是这一时期的社会主义改造的制度成果。此外，诸如党领导中国全面建设的若干体制机制性探索，也为改革开放后的制度建设提供了宝贵经验。不过，从制度与规划的关系来说，此一时期制度建设与规划建设呈现一种较为疏离的状态。

第二，发展型政治形态下的“中心规划”与第二波国家制度建设。改革前中国政治形态的病变是改革开放启动的重要原因。改革开放既是当时中国现实政治、经济、社会发展中解决应时性问题的现实之策，更是中国现代国家建设在新历史阶段和历史条件下的内在要求。改革开放盘活了现代中国国家建设的基本逻辑，打通了现代中国政治发展逻辑中滞碍的关节点，既接续了革命和解放的传统，又将这种传统导向一个广阔的发展空间。作为决定当代中国命运之转折的关键一招，改革开放开始于对改革前30年发展方式的深刻反思，而成功于“向发展寻求解放”这一政治逻辑的生成。发展是现代中国最为重要的政治经济学议题，同时也是中国现代国家建设中最为根本的议程。广义的发展囊括国家政治、经济、文化、社会各领域之发展，狭义的发展即指向作为国家整体发展之根基的经济发展。从这个意义上说，发展的本质是经济解放，“向发展寻求解放”，亦即向经济解放寻求政治解放，或者说将政治解放建立在经济解放的基础之上，由此形成中国“发展型国家”政治形态。

改革开放以来，中国政治、经济与社会进入一个新的发展时期。改革开放时代的中国政治形态，是否可以归入“发展型国家”基本类型，学界颇有争议。[①] 但是，如果从“发展主义意识形态、经济国家主义、地方政商合作、国家合作主义”等基本特征来说，改革开放以来，中国确实逐渐形成了一种新形态的发展型国家。[②] 在这一历史阶段，中国实现了执政党和国家工作重心向以经济建设为中心的转移，并由此带来了一系列具有重要意义的政治、经济和社会领域的方向性转变。在政治领域，国家重启民主与法治的进程；在经济领域，最终形成了社会主义市场经济体制改革目标；在社会领域，“放权让利”的改革激发了社会活力，重启了社会自主成长之路。在这一时期，中国国家建设对于制度与法制问题的重视，成为鲜明的时代特征；同时，国家权力和公共权力仍然在客观上主导着以“分权”为核心的改革过程，这种分权改革释放了经济动力与社会活力，并为下一阶段的国家建设埋下了伏笔。从政治逻辑来看，这一时期仍然沿袭着“政党—国家—社会”权力运作的顺序，但与前一个阶段不同的是，从重新整顿政党开始的“党和国家领导制度改革”，将经济发展作为时代的中心任务，将政治体制改革作为经济、社会发展的最大红利。

在改革开放的历史进程中，“发展型政治形态”的出现及其走向再一次呈现出历史辩证法的形态。改革开放以来，中国共产党经历了一个从以革命方法治理国家的政党转型为一个以行政方法治理国家的政党的历史过程，[③] 这种转型是通过组织（技术官僚制度或专家治国制度的崛起）、意识形态重建和领导人更替方式的制度化等多方

① 郁建兴、石德金：《超越发展型国家与中国的国家转型》，《学术月刊》，2008 年第 4 期；另可参阅［英］马克·比森：《东亚的发展型国家：日本经验与中国经验的比较》，刘明、王晓娟译，《国外理论动态》，2013 年第 5 期；张汉：《在变动中寻求国家、市场与社会的结构性契合与协同——发展型国家理论及中国模式的比较研究》，《经济社会体制比较》，2014 年第 3 期。

② 文一在解释中国工业革命成就时指出，正确的发展策略（遵循正确的工业化顺序）、“干中学”和“实践中创新”的技术进步机制以及有为的重商主义政府（市场创造者）是此一阶段中国经济崛起的三个重要原因。参见文一：《伟大的中国革命：“发展政治经济学”一般原理批判纲要》，北京：清华大学出版社，2016 年版。

③ 郑永年称这一过程为中国共产党的第一次转型，第二次转型是中国共产党从行政政党向用政治方法治理国家的政党转变。参见郑永年：《中国模式：经验与困局》，杭州：浙江人民出版社，2010 年版，第 66 – 84 页。

面努力达成的。郑永年指出，“学者们经常用发展型国家来形容那些致力于推动经济发展的政府，实际上，我们完全可以把现在的中国共产党称之为发展型政党”。但是发展型国家与发展型政党终归只是一个过渡阶段，因为经济发展正产生出越来越多的并非发展型国家所能解决的政治问题。持续关注改革开放以来中国内地乡村社会和乡村政权的曹锦清指出，自20世纪80年代以来，在河南等地的乡村社会，“各级地方政权存在着日益脱离社会，且凌驾于社会之上的强大趋势”“一个对发展地方经济，保持社会稳定，增进社会福利负有重大责任的地方政府，完全有可能走向它的反面”。[①] 文一也指出：一方面，中国用短短35年完成了典型西方国家至少250—300年才完成的工业成就，因此必然快速积累了250—300年间西方国家遇到的问题和障碍。这些问题包括但不限于腐败、环境污染、传统价值观解体、高离婚率、商业欺诈、市场上的劣质产品、资产泡沫、不断扩大的收入差距与阶级歧视、工业事故、有组织犯罪，以及失业和产能过剩。[②] 解决这种种问题的内在要求是超越“发展型国家”形态，实现现代中国国家形态的进一步演化。

这一时期的国家规划体系发生了若干具有重要意义的变化：从“六五”计划（1981—1985年）开始，经济计划变成经济社会发展计划；“十一五”规划（2006—2010年），首次将“计划”改为“规划”，同时把经济社会发展的主要指标分成预期性指标和约束性指标。随着各级各类规划在改革与发展中的地位和作用的不断提升，规划被理解为“第四种权力”。[③] 在“发展型政治”形态下，国家规划体现为一种“中心规划”的形式——即以经济建设为中心布局规划，从国家层面到地方和各部门的各级各类规划服务于经济建设这个中心。这并非是说从中央到地方的国家规划只重视经济建设，因为我们不能无视一个事实——从改革总体设计来看，以经济建设为

---

① 曹锦清：《黄河边的中国》，上海：上海文艺出版社，2009年版，第767、770页。

② 文一：《伟大的中国革命：“发展政治经济学”一般原理批判纲要》，北京：清华大学出版社，2016年版，第132页。

③ 黄征学：《国家规划体系演进的逻辑》，《中国发展观察》，2019年第14期。

中心的背后是一系列“两点论”“两手抓”的战略思维。毋宁说，此一时期的国家规划，其出发点是以经济建设为中心，并以此来布局与之相关的行政体制、政治体制、社会体制改革；经济建设是触发点，行政体制、政治体制、社会体制改革服务于经济建设这个中心。客观地来说，“中心规划”有力地促成了中国经济的腾飞；但另一方面，这种规划形态不得不造成事实上的“多中心化”——从地方发展规划到部门专项规划各自为政、“自我循环”的现象，[①] 最终这将损害国家的整体规划能力。自进入 21 世纪以来，随着中国政治形态的进一步演化，特别是经由“和谐社会”“科学发展观”等重大理论和实践命题的提出，“发展型政治”形态得到一定的修正和调整；与之相应的是，国家规划体制改革开始提上议事日程，在“全面协调可持续”和“统筹兼顾”的科学发展观指导下，“中心规划”形态也得到一定的对冲和优化，国家规划“体系化”的色彩越来越明显。2001 年全国“十五”计划编制总结会首次提出规划体制改革的命题；2002 年，国家发改委起草了《关于规划体制改革若干问题的意见》，提出将“城乡、土地、水利、交通、环境、公共服务以及其他确需政府规划的领域纳入统一规划中，形成经济社会发展与空间布局融为一体的规划”；2003 年，“多规合一”试点在苏州、宁波等 6 个城市试点；2005 年国务院发布的《关于加强国民经济和社会发展规划编制工作的若干意见》，[②] 明确提出“建立三级三类规划管理体系”；2008 年起，上海、广东、厦门等部分特大城市开始自行探索“多规合一”改革；[③] 中共十七大报告提出要“完善国家规划体系”“发挥国家发展规划、计划、产业政策”的导向作用。

此一时期在国家制度建设史上具有极为重要的意义。邓小平在 1978 年中央工作会议闭幕会上的讲话《解放思想、实事求是，团结

① 黄征学：《国家规划体系的演进历程与融合对策》，《改革》，2020 年第 4 期。

② “三级三类”的涵义是：国民经济和社会发展规划按行政层级分为国家级规划、省（区、市）级规划、市县级规划；按对象和功能类别分为总体规划、专项规划、区域规划。http：//www. gov. cn/zhengce/content/2008/03/28/content_2039. htm.

③ 张克：《“多规合一”背景下地方规划体制改革探析》，《行政管理改革》，2017 年第 5 期。

一致向前看》、1980 年中共中央政治局扩大会议上的讲话《党和国家领导制度的改革》和 1992 年邓小平南方谈话等文献，已经成为指导现代中国国家制度建设的不朽篇章。邓小平指出，“制度好可以使坏人无法任意横行，制度不好可以使好人无法充分做好事，甚至会走向反面”“领导制度、组织制度问题更带有根本性、全局性、稳定性和长期性”[①]“必须使民主制度化、法律化，使这种制度和法律不因领导人的改变而改变，不因领导人的看法和注意力的改变而改变”“国要有国法，党要有党规党法”[②]“现在经济体制改革每前进一步，都深深感到政治体制改革的必要性。不改革政治体制，就不能保障经济体制改革的成果，不能使经济体制改革继续前进，就会阻碍生产力的发展，阻碍四个现代化的实现”[③]。正是在这样制度建设战略的指导下，现代中国进行了第二波国家制度建设。这一波制度建设与第一波立国制度建设既有关联又有区别，既继承了立国制度的基本制度框架，又通过了中国经济、社会、政治发展领域大量的制度和法律建设、体制机制改革，通过在制度建设中引入主体行为动机考量，特别是通过容纳经济、社会、政治主体的利益取向而将制度的有效运行建筑于人性的现实基础之上。通过第二波制度建设，第一波立国制度也逐渐被盘活。从此一轮制度建设的重点来说，前期聚焦于经济体制改革的相关领域以及与此相关的行政体制改革和政治体制改革；随着 21 世纪“和谐社会”建设的推进，社会管理体制改革也逐渐加速。最后需要提及的是，在“向发展寻求解放”的政治逻辑规定下，国家规划服务于以经济建设为中心的国家发展，国家制度建设服务于国家规划能力建设，因此，此一时期规划体系建设与制度体系建设的关系侧重于以制度体系建设支撑规划体系建设。

第三，“基于发展的治理型国家”形态下的“全面规划”与第

① 《邓小平文选》第二卷，北京：人民出版社，1994 年版，第 333 页。
② 《邓小平文选》第二卷，北京：人民出版社，1994 年版，第 146 页。
③ 《邓小平文选》第三卷，北京：人民出版社，1993 年版，第 176 页。

三波国家制度建设。对于“发展型国家”形态的自觉的、主动的、系统的全面超越，发生于中共十八大之后，不过我们不能据此截断历史连续性。事实上在此之前，大致从 2002 年以来，基于问题导向，现代中国国家建设已经在其发展中开始了对于“发展型国家”的调整修正和局部超越，其主要的优化方式是通过服务型政府建设、政府与市场关系调整、公民社会的培育和法治的健全来最终达到重构国家、市场与社会间关系的目的。[①] 自 2002 年中共十六大提出“全面建设小康社会”以来，中国的发展逻辑开始有所变化，此后科学发展观、和谐社会、社会管理创新、包容性发展、“共享改革成果”等一系列导向性思想和行动实践的推出，成为超越“发展型”国家的具体部署。中共十八大之后，中国国家建设进入一个新的发展时代，迅速形成了“向治理寻求发展”的国家建设逻辑。由于内外环境的变化以及国家顶层战略谋划的推动，执政党迅速形成包括“全面建成小康社会、全面深化改革、全面依法治国、全面从严治党”的“四个全面”战略布局和“五大发展理念”，中国改革的协同性、系统性、关联性极大增强，中国超越“发展型国家”的未来之路呼之欲出：那就是——超越“发展型国家”，走向“基于发展的新治理型国家”。从大历史的角度看，这种“新治理型国家”在某种程度上同时呈现出一种“复归”和超越的双重取向，亦即同时存在对传统治理型国家的某种借鉴与对传统国家的现代超越。

当前中国在政治发展进程中超越“发展型国家”的政治建构，在演进的意义上呈现为一种向“治理型国家”回归的态势。这绝非是说当代中国政治建设有任何复古的倾向。毋宁说，如果我们抛开价值判断和意识形态因素，从长波段的角度来看，针对当下中国具体问题的政治建构行动，可能将中国政治发展导向一个新的治理型国家，这个新的治理型国家与中国传统治理型国家在结构上有若干可比性，在经验上可以有若干借鉴性。这也是当前中国在推进国家治理现代化过程中可以吸纳中国传统治国理政之经验与智慧的重要

---

① 郁建兴、石德金：《超越发展型国家与中国的国家转型》，《学术月刊》，2008 年第 4 期。

依据。但另一方面，远比这种新旧“治理型国家”之间形式上的相似性更为重要的是，这种新治理型国家在某种意义上超越了传统治理型国家。从传统中国到现代中国之变的意义上来说，在当代中国，“发展”依然是最为夺目的时代主题，问题只是在于如何发展而已。因此，当代中国超越“发展型国家”，回归“治理型国家”的历程，并不是也不能否定发展，而是基于发展。换言之，新的治理型国家形态，首先是一种现代国家形态，是一种“基于发展的治理型国家”形态。这种“基于发展的治理型国家”，至少在以下十个方面与传统治理型国家判然不同：第一，发展，确定地说，以经济社会全面发展和人的发展为国家治理之基础，发展是国家目标；第二，民主，民主是传统政治与现代政治的分界线；第三，法治，法治取代人治和礼治成为治国第一方略；第四，数字治理或者数据治理，基于数字或者数据的科学治理日益成为现代国家治理的基本特征；第五，政党，政党是现代政治文明的产物，尤其是中国共产党作为一种特殊类型的政党，在现代中国国家治理结构与体系中具有无可替代的功能；第六，市场，市场经济成为现代中国国家建设的经济基础，市场机制成为国家治理中的重要机制；第七，社会，尤其是公民社会与公共领域的成长正在重组现代中国的政治结构；第八，以政府治理优化为国家治理优化之抓手；第九，以“建设型反腐”为政治发展战略之重要组成部分；第十，以社会全面发展和人的发展为政治发展之目的。

在“向治理寻求发展”的政治逻辑下，包括人的发展在内的国家全面发展成为经济高质量发展的前提，国家治理体系成为国家全面发展的持久动力。在“向治理寻求发展”的政治逻辑下生成的“基于发展的新治理型国家”形态，决定了国家规划形态必须是“全面规划”，国家制度形态必须是“全面制度”建设，这也就决定了这一时期国家规划必须实现从“中心规划”向“全面规划”的形态演进，国家制度建设必须实现从“重点”或“相关”制度建设向全面制度建设的战略演进。

中共十八大以来，特别是十八届三中全会以来，包括“多规合一”改革在内的国家规划体制改革进入顶层设计和国家推动期。在2013年中央城镇化工作会议上，习近平首次提出探索经济社会发展、城乡、土地利用规划的“三规合一”或“多规合一”，形成“一个县（市）一本规划一张蓝图”；2014年，国家发改委、原国土资源部、原环境保护部、住房和城乡建设部四部委联合印发《关于开展市县“多规合一”试点工作的通知》，提出在全国28个市县开展“多规合一”试点；2016年，福建、贵州、广西、云南、海南、宁夏等省区以省级空间规划试点为契机，积极开展市县“多规合一”试点；[①] 2018年，中共中央印发的《深化党和国家机构改革方案》明确，“将国土资源部的职责，国家发展和改革委员会的组织编制主体功能区规划职责，住房和城乡建设部的城乡规划管理职责”整合，组建自然资源部以解决空间规划重叠等问题。此一时期国家规划体制改革的目的聚焦于发挥国家规划特别是国家发展规划的战略导向作用：十八届三中全会明确指出，“政府要加强发展战略、规划、政策、标准等制定和实施”，中央政府要“健全以国家发展战略和规划为导向、以财政政策和货币政策为主要手段的宏观调控体系”；中共十九大报告提出“创新和完善宏观调控，发挥国家发展规划的战略导向作用，健全财政、货币、产业、区域等经济政策协调机制”。

从国家制度建设来说，中华人民共和国成立以来的“第三波”制度建设发生于此一时期，并呈现为“全面制度”建设形态。“向治理寻求发展”的政治逻辑决定了“第三波”制度建设的战略、重点和特征：此一轮制度建设重在实现新时代的国家治理，制度建设走向绵密化和体系化，“制度间性”成为与制度创新同等重要的考量，制度建设的主动性、自主性、系统性不断增强。除经济制度建设外，制度建设遍及政治、文化、社会、生态、军事、外交、党的建设制度、党的领导制度等国家治理的全领域。出于国家治理和制度体系建设本身的现实需要，全面依法治国加速推进，制度与法律

① 黄征学：《国家规划体系演进的逻辑》，《中国发展观察》，2019年第14期；张克：《“多规合一”背景下地方规划体制改革探析》，《行政管理改革》，2017年第5期。

之间的互动关系进一步厘清。[①] 我们以社会主义基本经济制度为例，第一波制度建设确立了社会主义公有制和按照分配制度原则，第二波制度建设形成了“公有制为主体、多种所有制经济共同发展，按劳分配为主体、多种分配方式并存”的所有制和分配制度，并确立了社会主义市场经济体制的改革目标；随着社会主义市场经济体制被确认为社会主义基本经济制度，第三波制度建设将社会主义市场经济体制析分为所有制度、市场经济基础性制度、要素市场化配置体制机制、与政府和管理服务相关的宏观经济治理体制、民生保障制度、高水平开放型经济新体制、社会主义市场经济法律制度、党领导经济工作制度等涉及市场经济运行全域全程的制度条目，并且在每一制度条目下比如市场经济基础性制度又有产权制度、市场准入负面清单制度、公平竞争审查制度等详细析分。[②]

此一时期国家规划与国家制度之间的关系亦发生了深刻调整，二者之间呈现一种相互支持同时相互约束的双重双向关系——国家规划作为一种政治行为逐步被纳入程序化、制度化、规范化、法治化的轨道，相关制度和法律对于国家规划行为既是一种支撑，也是一种约束；同时，经济、政治、文化、社会、生态领域的全面深化改革与发展被纳入绵密的规划网络之中，其中包括各领域制度与法治建设也是通过国家规划的方式得以推进，这是中国作为后发国家建设和迈向现代化强国的必然选择。

（三）规划中国、制度中国与真实中国

发展和治理是现代中国国家建设的两大主题，由此决定了国家规划行动与国家制度建设贯穿整个中华人民共和国的全部历史。70年来中国国家建设政治逻辑的转换，决定了中国现代国家政治形态

① 制度向法律的转化，法治对制度的支撑。

② 详见2020年5月发布的《中共中央 国务院关于新时代加快完善社会主义市场经济体制的意见》，http：//www. gov. cn/zhengce/2020 - 05/18/content_5512696. htm。

的演转，因而也决定了不同政治形态下国家规划形态和国家制度建设形态的演转。从“全能型计划”到“中心规划”再到“全面规划”的三种国家规划形态，从“立国制度”到“关联性制度”再到“全面制度”建设的三波国家制度建设形态，时至今日，无论是国家规划还是国家制度都烙上了与“五位一体”“四个全面”相关的“全面”建设的时代印记，“全面”意味着全覆盖、全领域、全链条、全流程。因此，在当下中国国家规划行动与国家制度建设对中国发展与治理的影响不再是局域的，而是全方位的。正是在这个意义上，我们提出“规划中国”与“制度中国”的概念以表达由国家规划和国家制度建设的形态转化所引起的“国家特征”。

由于国家规划和国家制度对当下中国的影响同时拓展至全域全程，因此“规划中国”与“制度中国”不能不在理论和现实上发生紧密关联。从理论上来说，国家规划首先是一种政治行动，这种政治行动依托于同时也作用于政治结构、政治过程和政治制度。从实践上来看，70 年来特别是改革开放 40 多年来，中国国家规划本身已经发生若干具有重大意义的变化，[①] 这些变化增强了国家规划与政治结构、政治过程和政治制度之间的关联；由于现代国家政治过程与政治结构无不处于国家制度体系的约束之下，因此从本质上来说是增强了国家规划与国家制度之间的互动关系。

如何理解规划中国与制度中国之间的这种互动关系？从国家能力的视角看，国家的规划能力与制度能力同属于国家能力的重要构成。在政治结构上，当代中国的国家规划能力涉及到党—政、中央—地方、国家—社会、政府—市场关系，上述政治结构决定着国家规划能力的强弱和国家规划体系的有效性；在政治过程中，当代中国的国家规划能力涉及到“交叉指向”的国家议题设置—“审慎平

---

① 杨伟民指出，改革开放后中国规划的内容已经发生根本性变化，实现了“清晰界定政府与市场作用”等“六大转变”。参见杨伟民：《改革规划体制 更好发挥规划战略导向作用》，《中国行政管理》，2019 年第 8 期。

衡”的公共政策制定[1]和“具有反思能力”的规划与政策执行等不同的政治环节，这些政治环节同样影响着国家规划能力的强弱和国家规划体系的有效性。必须强调指出的是，中国共产党是国家规划能力建构的最为关键的制度设置，在上述政治结构和政治过程中，党的组织网络和组织力直接决定着国家规划的有效性、连贯性、协同性和执行力。由上述分析可知，在“基于发展的新治理型国家”形态下，国家规划能力是国家制度水平的函数。

“制度中国”建设就是要解决国家制度水平的问题。我们一再指出，现代中国国家制度建设是为了因应现代中国的治理问题。“基于发展的新治理型国家”必须要回应的是如何在发展基础上解决中国传统国家无法彻底实现国家“长治久安”的问题，具体来说就是要超越传统中国国家治理中的三个治理困境——法制困境（法愈密而国愈乱）、改革困境（改革与祖宗之法）、有为无为困境（主体边界困境）。对于现代政治来说，这三大治理困境实际上分别涉及到制度与法律内部问题、规划与制度关系问题、规划的边界问题；对于当代中国来说，实质上就是制度创新与法律立改废释、规划与制度的双重双向关系建构、使命型政党—有为政府与公共权力约束体系建构问题。这些是当下和未来中国国家制度建设的战略重点和基本方向。

由此可见，“规划中国”与“制度中国”的深度交织与密切互动，已经成为当下中国国家建设的一个现实。二者的交织与互动，共同提出了一个新的现实问题，那就是“真实中国”建设的时代命题。何以言之？国家规划是否有效、如何评估、如何改进，首先依赖于真实信息的获取、整合和加工；国家制度是否有效、如何评价、如何完善，首先依赖于制度绩效的真实呈现和反馈。从这个意义上说，“真实中国”已经成为“规划中国”与“制度中国”深入发展的内在需求，成为“规划中国”与“制度中国”建设的前提。所谓

① 张树平：《国家、议题与政策的互动：转型中国的国家能力建构》，《探索》，2020 年第 1 期。

“真实中国”，既包括信息真实，这是最基本的层次，也包括逻辑的真实，比如中国全面发展的政治逻辑，也是一种需要理解、构建和展示的真实。只有在真实信息和真实逻辑基础上才能形成中国发展与治理的认知共识，也只有这种认知共识才是真实的，不是虚幻的，才是持续的和颠簸不破的，才能为国家规划与国家制度建设提供真实的数据基础和逻辑基础。

党和国家如何发现和建构“真实中国”，并将“规划中国”和“制度中国”建筑于“真实中国”的基础之上，其关键就在于确保国家（特别是作为国家之领导者与执政者的中国共产党）能够发现和理解有关中国发展与治理的真实信息和真实逻辑。中国共产党对这个问题的探索由来已久。早在 1930 年毛泽东在《反对本本主义》一文中即开宗明义地提出“没有调查，就没有发言权”的著名论断；在 1941 年《〈农村调查〉的序言和跋》中又指出“要了解情况，唯一的方法是向社会做调查”“第一是眼睛向下，不要只是昂首望天”。[①] 从“真实中国”建构的角度来看，我们就能理解为什么中国共产党在长期的革命年代和社会主义建设年代，都要持续进行党风建设。党风是现代政党作为一种特殊政治组织之品格属性，这种作为政党本质之外在表现的品格属性直接关系到政党政治功能之实现。中国共产党党风建设历史上著名的“三正三反”——“三正”即毛泽东在中共七大政治报告中提出的理论联系实际、密切联系群众、批评与自我批评三大作风；“三反”即延安整风时期提出的反对主观主义、宗派主义和党八股——之所以意义重大，正因为其直接影响着党理解、把握“真实中国”之能力。邓小平多次指出，“毛泽东同志倡导的作风，群众路线和实事求是是最根本的东西”“实事求是，是毛泽东思想的出发点、根本点”“马克思主义的活的灵魂，就是具体地分析具体情况”，由此将“解放思想，实事求是”确立为改革开放的思想路线、“无产阶级世界观的基础”和“马克思主义

① 《毛泽东选集》第三卷，北京：人民出版社，1991 年版，第 789 页。

的思想基础”。[①] 改革开放以来直至今日，中国共产党持之以恒地推进反对主观主义、官僚主义、形式主义的党风建设和民主集中制的组织建设，推进党风建设的制度化、（党内）法规化——比如党内民主、群众路线的制度化发展，都可以从“真实中国”建构逻辑中得到理解。

有效的国家规划与国家制度建设以“真实中国”建构为前提，而“真实中国”的建构既需要国家规划能力和国家规划行动的支撑，也需要国家制度与法治建设的支撑，这就是“规划中国”“制度中国”与“真实中国”的辩证法。所谓“规划中国”对“真实中国”的支撑，有两层含义：一方面当下中国需要以国家行动推进“真实中国”建设，“真实中国”建设作为一个国家工程被纳入由总体规划、专项规划、详细规划等不同规划形式所构成的国家规划体系之中；另一方面是指在“规划中国”以“真实中国”作为政治前提的另一面，“真实中国”建设也依赖于国家规划能力，特别是依赖于中国共产党作为当代中国最为重要的政治主体和政治组织的规划能力。因为，“真实中国”不仅有自我呈现的一面，还有政治建构的一面，而中国共产党理论联系实际、密切联系群众、批评与自我批评的优良作风与组织优势，构成了中国共产党规划能力的组织保证，进而构成当代中国国家规划能力的组织保证，同时也构成了“真实中国”呈现与建构的组织保证。

进而，所谓“真实中国”的制度与法治支撑，是在这样的意义下展开的：从党政一体通盘考虑，党内纪检制度与国家监察制度，审计制度与统计制度，包括调查研究制度、决策制度和咨询制度在内的国家规划制度，党的群众路线制度化与国家政治参与制度，包括协商民主制度化在内的党内民主与人民民主制度建设，党的代表大会制度与人民代表大会制度，党务公开和政务公开等一系列国家制度和法治建设，都旨在解决现代中国国家与社会、政府与市场、中央与地方、国内与国际等上下、内外的沟通与对话，也就是解决

① 《邓小平文选》第二卷，北京：人民出版社，1994 年版，第 45、114、118、143 页。

“真实中国”的呈现与建构问题。从这个意义上说，“真实中国”最终是现代中国国家制度体系建构的结果，是国家治理过程和治理效能的体现。

概言之，在“向治理寻求发展”的政治逻辑和“基于发展的新治理型国家”形态下，国家规划形态和国家制度建设形态的更进一步发展使得“真实中国”建构的重要性和紧迫性前所未有地上升，这不仅关乎国家规划的有效性，而且关乎国家制度的有效性与合法性，因而关乎新时代中国发展与治理的有效性。而“真实中国”的呈现与建构，同样依托于国家与政党作为政治主体之规划体系与规划能力的现代化，依托于中国国家制度与法治体系的进一步完善。不能有效读取和有效建构“真实中国”的规划体系，与不能完整、有效呈现和塑造“真实中国”的国家制度，将使中国的发展与治理丧失真实的基础，因而没有未来。

五、结语：通往未来之路

2013 年，中共十八届三中全会将中国全面深化改革的总目标设定为“完善和发展中国特色社会主义制度，推进国家治理体系和治理能力现代化”；2014 年十八届四中全会以“全面以法治国”为主题；2018 年，十九届三中全会通过《中共中央关于深化党和国家机构改革的决定》《深化党和国家机构改革方案》，中共中央、国务院印发《关于统一规划体系更好发挥国家发展规划战略导向作用的意见》；2019 年，中共十九届四中全会通过《中共中央关于坚持和完善中国特色社会主义制度 推进国家治理体系和治理能力现代化若干重大问题的决定》。这些并非偶然的历史事件的出现表明：基于中国现代国家建设政治逻辑和在这些逻辑下生成的政治形态，中国已经进入一个“全面规划”和“全面制度建设”的新时代，这是人类政治理性和制度智慧的集中表现和伟大进展。因为，现代中国正在进行的社会主义现代化是一个没有先行者的伟大事业，不能不依托于人的政治理性行动和国家制度体系的伟大创造。那么，今日中国又通往未来何方呢？

通往未来之路蕴藏于当下中国的政治逻辑——“向治理寻求发展”之中，因为这一逻辑从“向解放寻求现代”“向发展寻求解放”的政治逻辑而来，本身又孕育着另一个重要的政治逻辑——“向民主寻求治理”。从“解放型政治”到“发展型政治”，再到“新治理型政治”，期间既有重要的转变，又具有深刻的逻辑关联。此种对中华人民共和国70年政治建设的宏观把握，目的并不在于截断中华人民共和国政治发展史上的若干阶段，或者是否定某一历史阶段，而是想着重指出：向发展去求解放、向治理去求发展，已经成为改革开放以来中国政治建设中最为重要的基本经验和历史启示。如果我们再将历史视野拓宽一点，那么我们就不应该遗忘现代中国政治起源于“向解放寻求现代”的政治逻辑；如果我们秉持一贯的历史意识，那么我们就不应该将“新治理型政治”做一狭隘和固化的理解。民主既是“新治理型政治”应有的题中之义，未来中国政治的发展很可能在“新治理型国家”建设中，逐渐凸显“向民主寻求治理”的政治逻辑，亦即在民主的治理效应与治理的民主动力之间实现民主与治理的协同。此一政治逻辑与“向解放寻求现代”的政治逻辑之间，显然遥相呼应，而这才是当代中国政治发展逻辑在历史中的完整呈现。

现代中国国家建设在历史中次第呈现的“四个逻辑”，既基本于中国现代国家成长的时间与历史，又超越于这种具体的时间与历史而呈现为一种抽象的规定性或者“规律”。这种抽象的规定性或者“规律”，孕育于现代中国现代国家成长自身历史与传统之中，不是一种外在规定，而是一种自我规定；同时，这种从具体历史实践中升华和超越出来的有关于中国现代国家建构的自我规定，又相对超越具体历史条件的限制而一再重复作用于中国现代国家建构本身。因此，中国现代国家建构中的四大逻辑，不是一次性的，而是螺旋上升式的重复出现。比如，现代中国国家建构的第一个逻辑——向解放寻求现代，作为其关键词的“解放”，在中国民主革命、社会主义革命和社会主义建设初期，集中体现为一种“阶级解放”，虽然这种“阶级解放”建立于并包含着“个体解放”的理论空间，但在特定历史条件下并未实现这种理论上的“个体解放”——这种个体真正意义上的解放，要直到改革开放释放了个体成长与发展的经济、社会空间之后才逐步实现。因此，作为现代中国国家建构第一逻辑，“向解放寻求现代”就不是一次完成的，而是在不断发展的历史条件下螺旋式跃升的。与之相应，现代中国国家建构的其他三个逻辑——向发展寻求解放、向治理寻求发展、向民主寻求治理，也随之在不同历史条件形成的不同位阶上次第展开。

“制度中国”“规划中国”向“真实中国”的拓展，既是“向治理寻求发展”政治逻辑的后果，又同“向民主寻求治理”政治逻辑具有内在一致性。当下“真实中国”的建构有两个重要的动力：一是包括信息技术在内的现代科技手段的应用；[①] 二是广泛、多层、制度化的民主发展。技术与民主的发展使得“真实中国”的呈现变得更为可能，使得现代中国国家发展与国家治理有可能真正建立在数字、数据所呈现的“真实中国”基础之上。“向民主寻求治理”政治逻辑客观上要求在国家治理过程中有效利用技术手段的优势，同时更为重要的是，它使得这种技术治理从属于民主发展的政治逻辑，从而防止技术治理滑向“技治主义”的倾向，进而防止“治理中心主义”对民主逻辑的可能替代。[②]

总的来说，“向民主寻求治理”政治逻辑向“制度中国”“规划中国”“真实中国”的进一步演化提出了若干方向性要求：第一，在“全面规划”和“全面制度建设”中更为重视参与式规划与参与

---

① 2019 年 10 月，中共中央政治局就区块链技术发展现状和趋势进行第十八次集体学习。简言之，区块链是一个分布式的共享账本和数据库，具有去中心化、不可篡改、全程留痕、可以追溯、集体维护、公开透明等特点。这些特点保证了区块链的“诚实”与“透明”，为区块链创造信任奠定基础。李拯：《区块链，换道超车的突破口》，《人民日报》，2019 年 11 月 4 日。

② 张明军指出，治理实践不能取代民主政治建设的基本功能，治理理论不能替代民主政治理论的指导作用，从这个意义上说，要重点关注和警惕“对治理中心主义的青睐”。详见张明军：《在新时代的实践中创新民主政治理论》，《政治学研究》，2018 年第 2 期。

政治参与制度建设。在国家规划行动中，将参与程序、制度、法治的完善与有内容的、实质性的公民参与结合起来，防止技术主义和形式主义损害参与有效性；将政治参与制度建设作为重点纳入全面制度建设的整体之中，并在制度体系之中形成有效的制度连接，生成整体的制度效能。第二，实现“全面规划”“全面制度”与现代政治价值的有机结合。“全面规划”必须直面中国经济—社会—政治发展的所有问题，直面人民对“民主、法治、公平、正义、安全、环境等方面的要求”；“全面制度建设”必须将中国国家制度体系的有效性、优越性与对制度与法律背后的现代政治价值的维护、追求与呈现结合起来。由于中国国家规划能力在相当大程度上取决于中国共产党的组织能力，因此“全面规划”“全面制度”与现代价值的结合，本质上就是组织、制度与价值在中国现代国家发展与国家治理中的有机结合，就是组织理性行动、制度理性设计与现代政治价值演进的有机结合。第三，“全面规划”“全面制度”的“博而返约”。前文指出，我们正在努力建设的社会主义现代化强国，在国家形态上体现为一种“基于发展的新治理型国家”，这种新治理型国家既继承了中国古典治理型国家的若干政治传统，又必须完成对古典治理型国家的彻底超越，其中就包括对古典治理型国家难以摆脱的三大治理困境的超越。要超越这三大困境——法制困境、改革困境、有为无为困境，就必须确立现代中国国家区别于中国古典国家的新治理精神和新政治逻辑，并在这种新治理精神与政治逻辑的指引下，始终对当下中国的发展与治理、规划与制度建设保持一种持续性的反思能力，时时观照中国共产党作为一个奠基于现代政党逻辑的马克思主义政党、中华人民共和国作为一个奠基于现代政治逻辑的现代国家的初心和立意。这种反思体现为一种“由博返约”的状态：“全面规划”必须要解决规划的“边界问题”以克服“有为无为困境”，“全面制度建设”必须要解决制度的治理效能问题以克服“法制困境”，二者结合起来才能克服“改革困境”并取得全面改革的最终成功。这就要求“全面规划”必须不仅在组织和行动上，而且在制度和法律中为社会成长与社会自治预留政治空间；“全面制度建设”必须凸显中国现代国家的政治逻辑与政治精神，即在全面制度建设中实现“法意”与“法网”“制度逻辑”与“制度密度”的有机融合。

这将是一个新的时代，这将创造一个新的时代。在这个时代中，“向治理寻求发展”的政治逻辑孕育着“向民主寻求治理”的政治逻辑。这绝非是说，民主的主题现在才出现，正如我们将“向发展寻求解放”的政治逻辑，绝不意味着改革开放之前的中国没有发展计划一样。毋宁说，“向治理寻求发展”的政治逻辑和政治实践，将使得当下中国在国家治理现代化过程中凸显较为集中的民主建构面向，这种较为集中的民主建构与中国现代国家建设史上的民主探索不可分割。我们不能截断历史的脉络，回望历史，我们才能不断前行。事实上早在 1945 年，毛泽东在回答黄炎培关于历史周期率之问时，就将中国现代国家超越传统国家和传统政治的关键聚焦于民主。[①] 因此，“向民主寻求治理”是现代中国国家建设逻辑发展的必然，这一逻辑发展将引领当下和未来“规划中国”“制度中国”与“真实中国”建设，以真正实现中国现代国家治理在发展基础上对传统国家治理形态和治理困境的完全超越。

① 毛泽东的回答是：“我们已经找到新路，我们能跳出这周期率。这条新路，就是民主。只有让人民来监督政府，政府才不敢松懈。只有人人起来负责，才不会人亡政息。”黄炎培与毛泽东的经典问对已经成为中国现代国家建设历史上最具有宣誓意义的对话之一。黄炎培：《八十年来》，北京：文史资料出版社，1982 年版，第 148 页。

第二章　全面从严治党，推动中国特色社会主义制度体系更加定型

2019 年，中共中央采取一系列重大举措，大力推进全面从严治党，党的建设进一步加强。党的十九届四中全会系统总结了党的十九届三中全会以来党和国家各项事业取得的新的重大进展，阐述了坚持和完善中国特色社会主义制度、推进国家治理体系和治理能力现代化的一系列重大问题。这一年，中共在全党开展“不忘初心、牢记使命”主题教育、把党的政治建设摆在首位、努力提升各领域基层党建工作水平，加强党风党纪建设，加强执纪问责，构筑全面的党内监督体系。

一、十九届四中全会召开

2019 年 10 月 28 日至 31 日，中国共产党第十九届中央委员会第四次全体会议在北京举行。全会系统总结了党的十九届三中全会以来，党中央团结带领全党全国各族人民，推动党和国家各项事业取得的新的重大进展，深刻阐述了坚持和完善中国特色社会主义制度、推进国家治理体系和治理能力现代化的一系列重大问题。会议的主要议程，是审议通过了《中共中央关于坚持和完善中国特色社会主义制度 推进国家治理体系和治理能力现代化若干重大问题的决定》

（下文简称《决定》），《决定》的主要内容包括：

第一，中国特色社会主义制度是在实践探索中形成的科学制度体系。中国特色社会主义制度是党和人民在长期实践探索中形成的科学制度体系，中国国家治理一切工作和活动都依照中国特色社会主义制度展开，中国共产党领导的国家治理体系和治理能力是中国特色社会主义制度及其执行能力的集中体现。中国特色社会主义制度是坚定中国特色社会主义道路自信、理论自信、制度自信、文化自信的基本依据。

第二，概括了中国特色社会主义制度体系具有的显著优势。从党和国家事业发展的全局和长远出发，进一步明确了中国特色社会主义制度体系和国家治理体系应该“坚持和巩固什么、完善和发展什么”这个重大政治问题，在理论上概括社会主义制度所包括的党和国家的重大制度架构。总结概括了制度中的十三个方面的显著优势：坚持党的集中统一领导，坚持党的科学理论，保持政治稳定，确保国家始终沿着社会主义方向前进的显著优势；坚持人民当家作主，发展人民民主，密切联系群众，紧紧依靠人民推动国家发展的显著优势；坚持全面依法治国，建设社会主义法治国家，切实保障社会公平正义和人民权利的显著优势；坚持全国一盘棋，调动各方面积极性，集中力量办大事的显著优势；坚持各民族一律平等，铸牢中华民族共同体意识，实现共同团结奋斗、共同繁荣发展的显著优势；坚持公有制为主体、多种所有制经济共同发展和按劳分配为主体、多种分配方式并存，把社会主义制度和市场经济有机结合起来，不断解放和发展社会生产力的显著优势；坚持共同的理想信念、价值理念、道德观念，弘扬中华优秀传统文化、革命文化、社会主义先进文化，促进全体人民在思想上、精神上紧紧团结在一起的显著优势；坚持以人民为中心的发展思想，不断保障和改善民生、增进人民福祉，走共同富裕道路的显著优势；坚持改革创新、与时俱进，善于自我完善、自我发展，使社会充满生机活力的显著优势；坚持德才兼备、选贤任能，聚天下英才而用之，培养造就更多更优秀人才的显著优势；坚持党指挥枪，确保人民军队绝对忠诚于党和人民，有力保障国家主权、安全、发展利益的显著优势；坚持“一国两制”，保持香港、澳门长期繁荣稳定，促进祖国和平统一的显著优势；坚持独立自主和对外开放相统一，积极参与全球治理，为构建人类命运共同体不断做出贡献的显著优势。

第三，提出了坚持和完善中国特色社会主义制度、推进国家治理体系和治理能力现代化的总体目标。《决定》提出了坚持和完善中国特色社会主义制度、推进国家治理体系和治理能力现代化的总体目标。总体目标是到我们党成立100年时，在各方面制度更加成熟更加定型上取得明显成效；到2035年，各方面制度更加完善，基本实现国家治理体系和治理能力现代化；到新中国成立100年时，全面实现国家治理体系和治理能力现代化，使中国特色社会主义制度更加巩固、优越性充分展现。总体目标在三个重要的时间节点上提出了不同的任务。从党的十九大提出的新两步走的发展战略来看，坚持和完善中国特色社会主义制度、推进国家治理体系和治理能力现代化的总体目标与十九大报告相呼应，进一步细化和拓展了党的十九大提出的战略目标。

第四，坚持和完善党的领导制度体系，提高党科学执政、民主执政、依法执政水平。中国共产党领导是中国特色社会主义最本质的特征，是中国特色社会主义制度的最大优势，党是最高政治领导力量。必须坚持党政军民学、东西南北中，党是领导一切的，坚决维护党中央权威，健全总揽全局、协调各方的党的领导制度体系，把党的领导落实到国家治理各领域各方面各环节。《决定》提出了6个重要的加强党的建设的制度内容：一是建立不忘初心、牢记使命的制度；二是完善坚定维护党中央权威和集中统一领导的各项制度；三是健全党的全面领导制度。完善党领导人大、政府、政协、监察机关、审判机关、检察机关、武装力量、人民团体、企事业单位、基层群众自治组织、社会组织等制度，健全各级党委（党组）工作制度，确保党在各种组织中发挥领导作用；四是健全为人民执政、靠人民执政各项制度。五是健全提高党的执政能力和领导水平制度；六是完善全面从严治党制度。坚持党要管党、全面从严治党、增强忧患意识，不断推进党的自我革命，永葆党的先进性和纯洁性。

第五，坚持和完善人民当家作主制度体系，发展社会主义民主政治。《决定》概括了坚持和完善人民当家作主制度体系，发展社会主义民主政治的五个重要制度建设内容：一是坚持和完善人民代表大会制度这一根本政治制度；二是坚持和完善中国共产党领导的多党合作和政治协商制度；三是巩固和发展最广泛的爱国统一战线；四是坚持和完善民族区域自治制度；五是健全充满活力的基层群众自治制度。

第六，坚持和完善中国特色社会主义法治体系，提高党依法治国、依法执政能力。完善法制体系建设是坚持有法可依，有法必依、执法必严、违法必究的前提条件，适应社会主义市场经济发展、社会全面进步的新形势，加强立法工作，提高立法质量，形成以宪法为核心的中国特色社会主义法律体系，是依法治国的保障。为此，一是健全保证宪法全面实施的体制机制。依法治国首先要坚持依宪治国，依法执政首先要坚持依宪执政；二是完善立法体制机制。坚持科学立法、民主立法、依法立法，完善党委领导、人大主导、政府依托、各方参与的立法工作格局，立改废释并举，不断提高立法质量和效率；三是健全社会公平正义法治保障制度。深化司法体制综合配套改革，完善审判制度、检察制度，全面落实司法责任制，完善律师制度，加强对司法活动的监督；四是加强对法律实施的监督。

第七，坚持和完善党和国家监督体系，强化对权力运行的制约和监督。现代化的国家治理体系，既需要高效有力的领导制度和行政体制，也离不开对权力运行的有效制约监督体系。《决定》提出党和国家监督体系是党在长期执政条件下实现自我净化、自我完善、自我革新、自我提高的重要制度保障。必须健全党统一领导、全面覆盖、权威高效的监督体系，增强监督严肃性、协同性、有效性，形成决策科学、执行坚决、监督有力的权力运行机制，确保党和人民赋予的权力始终用来为人民谋幸福。为此，一是健全党和国家监督制度，完善党内监督体系，重点是强调落实各级党组织监督责任，保障党员监督权利，强化政治监督，深化纪检监察体制改革，完善派驻监督体制机制等监督制度；二是完善权力配置和运行制约机制；三是构建一体推进不敢腐、不能腐、不想腐的体制机制。

第八，加强包括社会主义行政体制、社会主义基本经济制度、社会主义文化制度、民生保障制度、社会治理制度、生态文明制度、党对人民军队的绝对领导制度、一国两制制度、和平外交政策等一系列关系党和国家建设、发展的原则和制度。

《决定》全面总结了中国共产党在国家制度建设和国家治理方面取得的成就、积累的经验、形成的原则。政治制度是政治文明的主要载体，制度问题带有根本性、全局性、稳定性和长期性。国家政治制度的不同，使得政治文明显示出不同的属性和类型。政治制度是一定社会反映一定阶级意志的国家政权的组织形式和管理方式，国家结构形式，它规定了公民在国家生活中的地位，是政治文明的制度形态。一个国家的政治制度通常是由这个国家的法律特别是宪法来确认和反映，并受到法律的强制力的保护。政治制度具体化为国家机器运转所采取的组织形式、权限划分、工作方式等具体制度和规范的政治体制，如领导体制、政党制度、选举制度、行政制度、司法制度、监督制度、人事制度、军队制度、外交政策与制度等。十九届四中全会通过总结概括党和国家制度的十三个方面的显著优势，这些制度优势也是中国坚定中国特色社会主义道路自信、理论自信、制度自信、文化自信的基本依据。

制度化建设的体系化、完善化程度与国家制度的发展阶段和成熟程度有关。加强国家的制度化建设是中国共产党追求的目标。“制度化”的概念和政策要求，起源于十一届三中全会公报。该公报指出：为了保障人民民主，必须加强社会主义法制，使民主制度化、法律化，使这种制度和法律具有稳定性、连续性和极大的权威，做到有法可依，有法必依，执法必严，违法必究。邓小平在《党和国家领导制度的改革》一文中曾经对党内民主长期没有得到“制度化”的原因做了深刻的分析。回顾党的历史，他指出从遵义会议到社会主义改造时期，党一直比较重视实行集体领导，党内民主生活比较正常。但这些好的传统没有坚持下来，也没有形成严格的完善的制度。他认为进行政治体制改革的目的，就是要消除官僚主义，发展社会主义民主。“要通过改革，处理好法治和人治的关系，处理好党和政府的关系。”[①] 十四大报告进一步提出，为了实现小康水平的第二步发展目标，通过 20 年的努力，到 2021 年中国共产党成立 100 周年时，“将在各方面形成一整套更加成熟更加定型的制度。”十五大报告又重申了十四大报告的要求，提出经过 10 年的努力，到 2021 年，使得“各项制度更加完善”。十六大报告从理论创新的角度提出了“推动制度创新”的要求。党的十七大报告则宣告，到“2020 年”将把我国建设成为“各方面制度”更加完善、社会更加充满活力而又安定团结的国家。十八大报告强调必须“构建系统完备、科学规范、运行有效的制度体系，使各方面制度更加成熟更加定型”。十九大报告对中国特色社会主义制度建设更加突出了“制度体系”建设的特征，注重从整体上和宏观上来建立和健全中国特色社会主义制度。十九届四中全会则重点阐述了坚持和完善支撑中国特色社会主义制度的根本制度、基本制度、重要制度，部署需要深化的重大体制机制改革、需要推进的重点工作任务，这是坚持和完善中国特色社会主义制度、推进国家治理体系和治理能力现代化的政治宣言和行动纲领，对推动各方面制度更加成熟更加定型、把中国的制度优势更好转化为国家治理效能产生重大而深远的影响。

二、构筑全面的党内监督体系

在党风廉政建设方面，中国共产党继续将反对腐败、建设廉洁政治，保持党与人民群众的密切联系视为重大政治问题，通过完善

① 邓小平：《关于政治体制改革问题》，《邓小平文选》第三卷，人民出版社，1993 年版，第 177 页。

党内监督体系，落实各级党组织监督责任，保障党员监督权利，通过完善巡视制度和派驻制度、加大执纪问责范围和力度、“打虎”“猎狐”、反对文山会海的官僚主义作风等一系列措施来保持党组织的纯洁和党风的改善。

（一）十九届中央纪律检查委员会第三次全体会议

中国共产党第十九届中央纪律检查委员会第三次全体会议规划了2019年全面从严治党的主要工作：

一是深入贯彻落实党的十九大精神，不断强化思想武装。坚持用新时代中国特色社会主义思想武装头脑，经常对表对标，及时校准偏差。各级党组织要旗帜鲜明地坚持和加强党的全面领导，坚持党中央重大决策部署到哪里，监督检查就跟进到哪里，确保党中央令行禁止。

二是加强党的政治建设，保证全党集中统一、令行禁止。要贯彻落实新形势下党内政治生活若干准则，发展积极健康的党内政治文化。要把力戒形式主义、官僚主义作为重要任务。各地区各部门党委（党组）要履行主体责任，紧盯形式主义、官僚主义新动向新表现，拿出有效管用的整治措施。

三是弘扬优良作风，同心协力实现小康。要把刹住“四风”作为巩固党心民心的重要途径，对享乐主义、奢靡之风等歪风陋习要露头就打，对“四风”隐形变异的新动向要时刻防范。

四是坚决惩治腐败，巩固发展压倒性胜利。要坚持靶向治疗、精确惩治，聚焦党的十八大以来着力查处的重点对象，紧盯事关发展全局和国家安全的重大工程、重点领域、关键岗位，加大金融领域反腐力度，对存在腐败问题的，发现一起坚决查处一起。要深化标本兼治，夯实治本基础，一体推进不敢腐、不能腐、不想腐的体制机制。

五是强化主体责任，完善监督体系。要深化国家监察体制改革，高质量推进巡视巡察全覆盖，发挥派驻机构职能作用。各级党委

（党组）特别是书记要强化政治担当、履行主体责任，把每条战线、每个领域、每个环节的党建工作抓具体、抓深入。

六是向群众身边不正之风和腐败问题亮剑，维护群众切身利益。要做深做实做细市县巡察和纪委监委日常监督，在实践中拓展整治群众身边腐败和作风问题工作，从具体人、具体事着手，将问题一个一个解决。

（二）高压反腐，力度不减

2019 年，中国共产党努力做到力度决不减弱、态度决不动摇，以永远在路上的坚韧和执着切断腐败分子后路、绝其幻想，确保党中央决策部署落地见效。

2019 年“打虎”成绩显著，20 余名中管干部被查，30 名高官受审或获刑；“猎狐”又添新战果，“百名红通人员”归案数量增至 60 人。

2019 年，全国纪检监察机关共接受信访举报 329.4 万件次，处置问题线索 170.5 万件，谈话函询 37.7 万件次，立案 61.9 万件，处分 58.7 万人（其中党纪处分 50.2 万人）。处分省部级干部 41 人，厅局级干部 0.4 万人，县处级干部 2.4 万人，乡科级干部 8.5 万人，一般干部 9.8 万人，农村、企业等其他人员 37.7 万人。2019 年，全国纪检监察机关运用“四种形态”批评教育帮助和处理共 184.9 万人次。运用第一种形态批评教育帮助 124.6 万人次，占总人次的 67.4%；运用第二种形态处理 46.3 万人次，占 25%；运用第三种形态处理 7.2 万人次，占 3.9%；运用第四种形态处理 6.8 万人次，占 3.7%。[①]

纪委监察机关加大了对漠视群众利益问题的查处力度。全国纪检监察机关公布专项整治漠视侵害群众利益问题受理群众监督举报和反映问题方式，受理群众信访举报 7.21 万件。查处漠视侵害群众

---

① 《中央纪委国家监委通报 2019 年全国纪检监察机关监督检查、审查调查情况》，《中国纪检监察报》，2020 年 1 月 17 日。

利益问题9.80万起，处理13.01万人，31个省（区、市）和新疆生产建设兵团以本级纪委监委名义公开曝光87批359起漠视侵害群众利益问题典型案例。[1] 通过集中攻坚，有效解决了一批漠视群众利益的问题，专项整治取得阶段性工作成果。

（三）启动“天网2019”，推进追逃防逃追赃一体化建设

1月28日，中央反腐败协调小组国际追逃追赃工作办公室召开会议，研究部署2019年反腐败国际追逃追赃工作，启动“天网2019”行动。“天网2019”行动，紧盯重点国家、重点个案，加大挂牌督办力度，有力削减外逃存量、有效遏制外逃增量。其中，国家监察委员会牵头开展职务犯罪国际追逃追赃专项行动，最高人民法院牵头开展适用违法所得没收程序追赃专项行动，公安部牵头开展“猎狐”专项行动，人民银行会同公安部开展预防、打击利用离岸公司和地下钱庄向境外转移赃款专项行动，中央组织部会同公安部开展违规办理和持有因私出国（境）证照治理工作。深化司法协助和国际执法协作，扎实推进个案攻坚，完善防逃制度机制，斩断赃款跨境转移渠道，推进追逃防逃追赃一体化建设。

（四）强化上级纪委对下级纪委的领导和指导

中央纪委三次全会工作报告指出，强化上级纪委对下级纪委的领导和指导，在坚持各级纪委书记、副书记的提名和考察以上级纪委会同组织部门为主的基础上，重点围绕线索管理、审查调查、处分处置等环节，建立健全查办腐败案件以上级纪委领导为主的工作机制。2019年以来，各级纪检监察机关认真落实全会要求，建立健全制度机制，强化上级纪委对下级纪委的领导和指导。

---

① 《中央纪委国家监委公布专项整治漠视侵害群众利益问题阶段性工作成果》，《中国纪检监察报》，2020年1月6日。

云南省纪委监委充分用好之前会同省委组织部制定的《州（市）纪委书记、副书记提名考察办法（试行）》等 4 个提名考察办法，坚持各级纪委书记、副书记的提名和考察以上级纪委会同组织部门为主。

海南省纪委监委建立了线索管理和案件查办的分级处理机制。对涉及扶贫、环保、金融三个领域突出问题以及民生热点等方面的线索，上提一级由上级纪委直接办理，加强对重点案件的集中突破；对下级纪委查办难度大、阻力大的，由上级纪委统筹指导、下级纪委办理，上级纪委通过全程跟踪督办，确保问题查清楚、处理到位；对一般违纪违法问题，下级纪委根据有关规定予以办理，定期将线索处置、案件查办等情况报告上级纪委。截至 2019 年 6 月，海南全省各级纪检监察机关报送线索处置、案件办理等各环节数据共计 6030 条。[①]

青海省纪委监委指导各市州纪委监委探索建立办案协作区，推行县乡纪委联办、乡镇协作办案等工作机制，整合县纪委监委机关和乡镇纪委力量。

（五）加大核查力度 增强函询实效

7 月 23 日，中央纪委国家监委通报了 2019 年上半年全国纪检监察机关监督检查、审查调查情况。上半年，全国纪检监察机关共接受信访举报 160. 9 万件次，处置问题线索 81. 9 万件，谈话函询 16. 8 万件次。注重谈话和函询相结合，加大对函询结果抽查核实力度，对如实说明的予以采信，对欺瞒组织的严肃处理。各级纪检监察机关坚持惩前毖后、治病救人的方针，把纪律和监督挺在前面，切实提高函询工作的针对性、实效性。为增强函询实效，在审核函询回复时，针对函询回复中存在的遮遮掩掩、说不清楚等情形，以及函

---

① 《落实中央纪委三次全会部署 · 年中看进展 5：强化上级纪委对下级纪委的领导和指导》，《中国纪检监察报》，2019 年 7 月 16 日。

询回复承认、但情节较轻的情形，广东省纪委监委在必要时采取“函询＋谈话”的方法，函询后再及时进行谈话提醒。安徽省加大对谈话函询情况的审查把关力度，通过查询资料、与相关知情人谈话等方式进一步核实了解，抽查核实率为30%左右。[1]

（六）修订、颁布《中国共产党问责条例》

根据新的形势、任务和要求，中共中央对2016年制定的《中国共产党问责条例》予以修订。2019年9月修订的《中国共产党问责条例》，全面贯彻习近平新时代中国特色社会主义思想和党的十九大精神，要以党章为根本遵循，把坚决维护习近平总书记党中央的核心、全党的核心地位，坚决维护党中央权威和集中统一领导作为根本原则和首要任务，聚焦管党治党政治责任，坚持严字当头，针对实践中出现的问责不力、泛化简单化等问题，着力提高党的问责工作的政治性、精准性、实效性。

第一，新修订《条例》将问责主体职责及问责对象进行了扩充和细化。除了党组织、党的领导干部，重点是党委（党组）之外，党的工作机关及其领导成员，纪委、纪委派驻（派出）机构及其领导成员被列为问责对象。《条例》提出，纪委应当履行监督专责，协助同级党委开展问责工作。纪委派驻（派出）机构按照职责权限开展问责工作。党的工作机关应当依据职能履行监督职责，实施本机关本系统本领域的问责工作。

第二，扩充问责情形，问责覆盖面更广、更具体。新修订的《条例》细化问责情形，将原有的6大类问责情形修改为11类，党的政治建设、组织建设、思想建设、严重事件、重点领域和群众关心的领域的失职作为新内容充实到问责条例中。

第三，权责一致，进一步分清问责责任。新《条例》明确提出问责应当分清责任。增加了“对党组织问责的，应当同时对该党组

---

① 《加大核查力度增强函询实效》，《中国纪检监察报》，2019年7月29日。

织中富有责任的领导班子成员进行问责”。“党组织和党的领导干部应当坚持把自己摆进去、把职责摆进去、把工作摆进去，注重从自身找问题、查原因，勇于担当、敢于负责，不得向下级党组织和干部推卸责任。”

第四，规范问责流程，防止问责的泛化、简单化。新修订《条例》大幅增加了问责的程序部分。从启动、调查、调查报告、整改措施等各个环节对问责进行全面规范。《条例》指出，需要进行问责调查的，有管理权限的党委（党组）、纪委、党的工作机关应当经主要负责人审批，及时启动问责调查程序。其中，纪委、党的工作机关对同级党委直接领导的党组织及其主要负责人启动问责调查，应当报同级党委主要负责人批准。启动问责调查后，应当组成调查组，依规依纪依法开展调查。查明调查对象失职失责问题后，调查组应当撰写事实材料。调查工作结束后，调查组应当集体讨论，形成调查报告。

第五，对免责、从轻、从重的问责情况进行明确的规定。《条例》规定在推进改革中因缺乏经验、先行先试出现的失误；在集体决策中对错误决策提出明确反对意见或者保留意见的；在决策实施中已经履职尽责，但因不可抗力、难以预见等因素造成损失的将不予或免于问责。对党中央、上级党组织三令五申的指示要求，不执行或者执行不力或在接受问责调查和处理中，不如实报告情况，推卸责任，或者唆使、默许有关部门和人员弄虚作假，阻扰问责工作的将被从重或加重问责。对减除不良影响、积极配合调查的从轻问责。

第六，终身问责，影响期满的被问责干部仍有机会得到正常任用。《条例》第十六条明确提出实行终身问责，对失职失责性质恶劣、后果严重的，不论其责任人是否调离转岗、提拔或者退休等，都应当严肃问责。值得注意的是，《条例》第二十二条指出，将正确对待被问责干部，对影响期满、表现好的干部，符合条件的，按照干部选拔任用有关规定正常使用。

第七，规定了党的问责条例应坚持六项原则。《条例》规定依规依纪、实事求是；失责必问、问责必严；权责一致、错责相当；严管和厚爱结合、激励和约束并重；惩前毖后、治病救人；集体决定、分清责任。

《中国共产党问责条例》贯彻党章，坚持问题导向，紧紧围绕坚持党的领导、加强党的建设、全面从严治党、维护党的纪律、推进党风廉政建设和反腐败工作开展问责。《条例》通过责任落实解决没有人负责的问题，规范问责的程序，问责的轻重、问责的形式等诸方面进行更为全面细致、有针对性、可操作性的制度规范，将会进一步推动管党、治党走向全面从严、从紧、从硬的状态。

（七）着力解决文山会海反弹回潮的问题

文牍主义是官僚主义的一种形式，表现为以繁冗的会风、浮华的文风，在领导工作中，主要表现为发号施令，不注重调查研究。通过坐机关、发公文、会议进行工作，难以有效解决工作中的实际问题。

2019 年，中共从中央层面做起，层层大幅度精简文件和会议，确保发给县级以下的文件、召开的会议减少 30%—50%。发扬“短实新”文风，坚决压缩篇幅，防止穿靴戴帽、冗长空洞，中央印发的政策性文件原则上不超过 10 页，地方和部门也要按此从严掌握。地方各级、基层单位贯彻落实中央和上级文件，可结合实际制定务实管用的举措，除有明确规定外，不再制定贯彻落实意见和实施细则。上级会议原则上只开到下一级，经批准直接开到县级的会议，不再层层开会。提倡合并开会、多采用电视电话、网络视频会议等形式。各地落实精简文件与会议精神，整治文山会海。如福建省人社厅，2019 年相关公文数量减少 30% 以上，会议数量减少 30% 以上。同时减少考评检查，优化方式方法，未经批准的一律不得开展；并严格控制“一票否决”事项，不再与设区市级人社部门签订责任状，一改过去这种变相向基层部门推卸责任的做法。

鉴于各种流于表面、层层加码的形式主义占用基层干部大量时间、耗费大量精力，中共中央办公厅也印发了《关于解决形式主义突出问题为基层减负的通知》。党的十八大以来，习近平总书记就加强党的作风建设，力戒形式主义、官僚主义作出一系列重要指示。近期，习近平总书记专门作出重要批示，强调 2019 年要解决一些困扰基层的形式主义问题，切实为基层减负。为贯彻落实习近平总书记重要指示批示精神，更好为基层干部松绑减负，激励广大干部担当作为、不懈奋斗，经中央领导同志同意，决定将 2019 年作为“基层减负年”。

（八）加强巡视工作，更加重视政治巡视

巡视是全面从严治党的利剑，是党内监督的战略性制度安排。2019 年是巡视工作深化发展的关键一年。3 月，召开党的十八大以来首次全国巡视工作会议。十九届中央第三轮巡视同步启动，对 42 家中管企业及 3 家相关行业主管部门开展常规巡视；6 月，《关于中央部委、中央国家机关部门党组（党委）开展巡视工作的指导意见（试行）》印发，为中央和国家机关内部巡视提供了制度指引；9 月，十九届中央第四轮巡视集中对 37 个中央和国家机关单位党组织开展常规巡视；12 月，对中央脱贫攻坚专项巡视的 26 个地方和单位全部开展“回头看”，15 个中央巡视组集中进驻被巡视地区单位开展工作，召开了与党委（党组）领导班子见面沟通会，通报了“回头看”有关工作安排。巡视组主要通过听取汇报、个别谈话、座谈交流、受理信访、下沉调研等方式，了解情况、发现问题，巡视期间主要受理反映脱贫攻坚专项巡视整改方面问题的信访举报。

在巡视中更加重视政治巡视。巡视过程中更加注重和体现政治定位，查找政治偏差，发挥政治监督和政治导向作用。各地各部门明确要求，贯彻党章和巡视工作条例，深化政治巡视，全面审视被巡视党组织工作，围绕党的政治建设、思想建设、组织建设、作风建设、纪律建设及上一轮巡视整改等情况，着力发现落实党的路线方针政策和党中央重大决策部署方面存在的责任问题、腐败问题、作风问题。

（九）执法机关和司法机关向纪检监察机关移送问题线索

2019年12月，《执法机关和司法机关向纪检监察机关移送问题线索工作办法》印发施行。该办法共18条，对执法机关和司法机关向纪检监察机关移送问题线索的范围、移送程序、时限和工作要求等作出具体规定。制定该办法，有利于纪检监察机关及时、全面掌握党员、监察对象涉嫌违纪、职务违法和职务犯罪问题线索并依规依纪依法进行处置，有利于纪检监察机关高质量开展监督检查、审查调查工作。依据该办法，最高人民法院、最高人民检察院、公安部、审计署等中央国家机关在工作中发现的问题线索，按照线索所涉人员的管理权限向相应纪检监察机关移送。地方执法机关、司法机关在工作中发现的问题线索，原则上向本地区同级纪委监委移送。垂直管理单位在工作中发现的问题线索，原则上向本地区相当于同级的纪委监委移送。必要时，地方执法机关、司法机关以及垂直管理单位的下级机关可以报请其上级机关向相应纪检监察机关移送。[①]

该办法是适应纪检监察体制改革新形势新要求的一项重要党内法规，是纪检监察机关与执法机关、司法机关开展协作配合的重要制度依据。

三、加强党的政治建设

政治建设是中国共产党的优良传统和政党特征。政治建设始终伴随在党领导人民进行革命、建设、改革以及党自身建设的历史进程之中，形成党的显著特征。新民主主义革命时期，中国共产党就

---

① 《执法机关和司法机关向纪检监察机关移送问题线索工作办法》，《中国纪检监察报》，2019年12月10日。

把政治工作放在党的建设的首要位置，强调要用政治来引导革命、使革命服务于党的政治目标。中华人民共和国成立以来，毛泽东提出了“政治工作是一切经济工作的生命线”[①] 的著名论断。他深刻阐述了思想政治和经济技术的内在关系，强调“思想工作和政治工作，是完成经济工作和技术工作的保证，它们是为经济基础服务的。思想和政治又是统帅，是灵魂”[②]。

十八大以来，中共中央坚持把讲政治放在首位，坚定不移推进全面从严治党，从制定和落实八项规定入手，相继开展党的群众路线教育实践活动、“三严三实”专题教育、“两学一做”学习教育，加强和规范党内政治生活。党的十九大报告再次强调，中国特色社会主义进入新时代，我们要坚定不移全面从严治党，其中一个新的亮点就是把党的政治建设摆在首位，“党的政治建设是党的根本性建设，决定党的建设方向和效果”。

2019 年，中共在加强政治建设方面采取了诸多重要举措：

（一）《关于加强党的政治建设的意见》

2019 年 2 月，中共中央印发了《关于加强党的政治建设的意见》。主要有 4 个特点：

一是突出政治性。《意见》要求深入贯彻习近平新时代中国特色社会主义思想，特别是习近平总书记关于加强党的政治建设重要指示精神，坚持和加强党的全面领导，坚持党要管党、全面从严治党，坚决维护以习近平同志为核心的党中央权威和集中统一领导的要求。

二是突出系统性。《意见》遵循党的政治建设规律和内在逻辑，整合党章、准则等党内法规制度有关规定，明确了加强党的政治建设的总体要求和主要任务，对加强党的政治建设各方面任务进行系统设计、统筹推进，实现各要素衔接联动、同频共振，全面提高党

① 《毛泽东文集》（第六卷），北京：人民出版社，1999 年版，第 449 页。
② 《毛泽东文集》（第七卷），北京：人民出版社，1999 年版，第 351 页。

的政治建设水平。

三是突出统领性。《意见》强调党的政治建设对党的各项建设的统领作用，注重统分结合、纲举目张，把政治标准和政治要求贯穿于党的各项建设之中，以政治上的加强推动全面从严治党向纵深发展。

四是突出针对性。《意见》立足新时代党的政治建设新要求，聚焦当前存在的突出问题和薄弱环节，有针对性地作出制度安排，有的放矢、务求实效。同时，注重强调原则要求、明确标准底线，不过多涉及党的建设其他方面的具体问题。

根据《意见》部署，各级党委（党组）把思想和行动统一到党中央的决策部署上来，深刻领会加强党的政治建设的意义、目的、任务、要求，进一步强化责任，切实承担好本地区本部门党的政治建设主体责任，把加强党的政治建设各方面工作抓紧抓实抓好。同时，加大监督问责力度，对落实党的政治建设责任不到位、推进党的政治建设工作不力，以及违反党的政治纪律和政治规矩的行为严肃问责追责，在全党上下提高讲政治的能力，形成讲政治的氛围。

一是政治能力建设首先要保障全党服从中央，坚持和维护党中央的权威和集中统一领导。政治能力建设，是党的政治领导的首要能力。保证全党服从中央，坚持党中央权威和集中统一领导，是党的政治建设的首要任务。《意见》通篇贯彻和体现“两个维护”这一根本要求，将其作为加强党的政治建设的首要任务，强调坚持和加强党的全面领导，最重要的是坚决维护以习近平同志为核心的党中央权威和集中统一领导，着力提高党的政治建设的政治性、时代性、针对性，推动各级党组织和党员、干部始终在政治立场、政治方向、政治原则、政治道路上同党中央保持高度一致。

二是政治能力建设需要有坚定的政党信仰。中国共产党的政党信仰体现于党员干部对马克思主义的信服、尊重、向往与追求的一种整体性精神状态，并以之作为实际行动的理论纲领和行动指南。各级各类党组织引导党员以辩证唯物主义和历史唯物主义理论为基础，努力掌握马克思主义立场、观点和方法，将之作为理性、实践、发展的指导思想、科学理论、精神旗帜来真心信仰、倾心追随。

三是政治能力建设需要讲政治规矩，按照政治规矩办事。政党规矩是中国共产党为了维持自身的存在与秩序，规定党员应该共同遵守的内部规范、行为准则及不可触碰的底线。政党规矩具有强制性，包含政治纪律、组织纪律、廉洁纪律、群众纪律、工作纪律、生活纪律等内容，政治纪律是最为核心的内容。各级各类党组织严格要求党员，全体党员必须自觉维护党中央权威与党的团结，坚决贯彻中央决策部署，严守党章党纪党规，遵循党的优良传统和工作惯例。

（二）《中国共产党重大事项请示报告条例》

重大事项向上级请示报告这一工作制度，不仅是中国共产党一直坚持的优良传统，更是稳定党内秩序、净化党内政治生态的有力支柱。党的十八大以来，党中央高度重视加强请示报告工作。习近平总书记反复强调严格执行请示报告制度的重要性，明确要求全党必须严格执行重大问题请示报告制度，研究涉及全局的重大事项或作出重大决定要及时向党中央请示报告，执行党中央重大决定的情况要专题报告。为了加强和规范重大事项请示报告工作，严明党的政治纪律、组织纪律和工作纪律，保证全党全国服从党中央、政令畅通，根据《中国共产党章程》《关于新形势下党内政治生活的若干准则》等党内法规，于 2 月 28 日，中共中央印发了《中国共产党重大事项请示报告条例》。

一是有很强的政治性。《条例》以党章为根本遵循，以习近平新时代中国特色社会主义思想为指导，坚持正确政治方向，把坚决做到“两个维护”贯穿《条例》始终。请示报告对于加强党的政治建设，维护中央的权威和党的团结、严明党纪有重要作用。

二是突出问题导向。中国共产党作为一个无产阶级政党，有着严明的政治纪律和政治规矩，有着突出的阶级属性和组织纪律性。请示报告制度归根到底就是属于政治纪律工作，很多纪律问题的滋生和蔓延也大都和请示报告工作息息相关。有的党员干部和党组织向上级的请示和报告不到位、不充分，有的甚至出现欺报、瞒报、虚报，严重破坏了党的政治纪律和政治规矩、严重影响了党中央的决策部署、严重损害了党的领导和权威、严重危及了党的建设和发展。针对实践中存在的突出问题，着眼于加强和规范重大事项请示报告工作。《条例》有的放矢、对症下药，确立了请示报告的工作体制，厘清了主体，明确了范围和内容，规范了程序和方式，强化了监督与追责，对请示报告工作作出全面规定。

三是有很强的可操作性。《条例》设专章对党员、领导干部请示报告作出规定。《条例》适用于下级党组织向上级党组织，以及党员、领导干部向党组织请示报告重大事项相关活动。《条例》所称重大事项，是指超出党组织和党员、领导干部自身职权范围，或者虽在自身职权范围内但关乎全局、影响广泛的重要事情和重要情况，包括党组织贯彻执行党中央决策部署和上级党组织决定、领导经济社会发展事务、落实全面从严治党责任，党员履行义务、行使权利，领导干部行使权力、担负责任的重要事情和重要情况。《条例》明确，党员一般应当向所在党组织请示报告重大事项，领导干部一般应当向所属党组织请示报告重要工作。《条例》逐条分项列出了党员请示事项、党员报告事项、领导干部请示事项、领导干部报告事项，并对请示报告的程序和方式作出规定。这些规定让各地区各部门尤其是基层的同志看得懂、记得住、用得好，能够解决实际问题，保证《条例》具有可操作性，在实践中有生命力。

请示报告制度是中共的一项重要政治纪律、组织纪律、工作纪律，是执行民主集中制的有效工作机制。《中国共产党重大事项请示报告条例》的出台有利于提高重大事项请示报告工作制度化、规范化、科学化水平，对于维护党中央权威和集中统一领导，保证全党团结统一和行动一致具有重要意义。

（三）《2019—2023 年全国党政领导班子建设规划纲要》

2019 年 12 月，中共中央办公厅印发了《2019—2023 年全国党政领导班子建设规划纲要》。《规划纲要》提出，要把党的政治建设摆在首位，引导各级领导班子和领导干部增强“四个意识”、坚定“四个自信”、带头做到“两个维护”，提高政治能力，全面加强和规范党内政治生活，严格执行民主集中制。要学懂弄通做实习近平新时代中国特色社会主义思想，深化理论武装，坚持学以致用、知行合一，做习近平新时代中国特色社会主义思想的坚定信仰者、忠实实践者。要优化领导班子配备、增强整体功能，选优配强党政正职，优化年龄结构，改善专业结构，完善来源、经历结构，大力发现培养选拔优秀年轻干部，合理配备女干部、少数民族干部和党外干部。要全面提高领导水平和专业素养，注重实践锻炼，提高领导班子专业化水平，发扬斗争精神、增强斗争本领。要加强管理监督、激励担当作为，严格日常管理，完善考核评价，强化正向激励。要持之以恒改进作风、严肃纪律，密切联系群众，持续推进党风廉政建设，落实全面从严治党政治责任。

（四）“不忘初心、牢记使命”主题教育

2019 年 9 月，中共中央印发《关于巩固深化第一批“不忘初心、牢记使命”主题教育成果的通知》。“不忘初心、牢记使命”主题教育是在全党范围内开展的主题教育活动，是推动全党更加自觉地为实现新时代党的历史使命不懈奋斗的重要内容。

早在 2017 年，习近平总书记在十九大报告中就指出，要在全党开展“不忘初心、牢记使命”主题教育，用党的创新理论武装头脑，推动全党更加自觉地为实现新时代党的历史使命不懈奋斗。2019 年 5 月 13 日，中共中央政治局召开会议，决定从 2019 年 6 月开始，在全党自上而下分两批开展“不忘初心、牢记使命”主题教育。这次

主题教育的总要求是守初心、担使命，找差距、抓落实，根本任务是深入学习贯彻习近平新时代中国特色社会主义思想，锤炼忠诚干净担当的政治品格，团结带领全国各族人民为实现伟大梦想共同奋斗。

8月中央“不忘初心、牢记使命”主题教育领导小组印发《关于巩固深化第一批“不忘初心、牢记使命”主题教育成果的通知》，要求在第二批主题教育期间，第一批单位要注重抓好巩固和深化主题教育成果工作，确保整个主题教育取得最好成效。《通知》指出，要持续推动学习贯彻习近平新时代中国特色社会主义思想往深里走、往心里走、往实里走。要总结运用第一批主题教育学习教育的成功经验，坚持静下心、坐下来，认认真真学原文、读原著、悟原理，把个人自学同党委（党组）理论学习中心组学习结合起来，列出专题学、联系实际学、融会贯通学，在学懂弄通做实上狠下功夫。要继续深入学习《习近平关于“不忘初心、牢记使命”重要论述选编》《习近平新时代中国特色社会主义思想学习纲要》，跟进学习习近平总书记最新重要讲话，学习习近平总书记关于本地区本领域工作的重要讲话和重要指示精神，由点及面，由浅入深，全面系统掌握习近平新时代中国特色社会主义思想的核心要义、精神实质、丰富内涵和实践要求。要学好用好第一批主题教育编印的其他学习资料，认真学习党史和新中国史，注重运用各领域攻坚克难典型案例开展学习，积极探索检验评估学习效果的有效措施。各级党委（党组）领导班子和党员领导干部要带头学习、带头践行，以自己的深入学习带动党员干部的学习。[①]

经过半年多的时间，普遍达到了理论学习有收获、思想政治受洗礼、干事创业敢担当、为民服务解难题、清正廉洁做表率的目标。10月，召开党的十九届四中全会，要求建立“不忘初心、牢记使命”的制度，把“不忘初心、牢记使命”作为加强党的建设的永恒

---

① 《中央印发〈关于巩固深化第一批“不忘初心、牢记使命”主题教育成果的通知〉》，《中国组织人事报》，2019年9月2日。

课题和全体党员、干部的终身课题。

（五）《习近平新时代中国特色社会主义思想学习纲要》

2019 年 6 月，中共中央发出关于印发《习近平新时代中国特色社会主义思想学习纲要》的通知。党的十九大把习近平新时代中国特色社会主义思想确立为党必须长期坚持的指导思想并写入党章以来，十三届全国人大一次会议通过的宪法修正案把习近平新时代中国特色社会主义思想载入宪法，实现了党和国家指导思想的与时俱进。习近平新时代中国特色社会主义思想，是对马克思列宁主义、毛泽东思想、邓小平理论、“三个代表”重要思想、科学发展观的继承和发展，是马克思主义中国化最新成果，是党和人民实践经验和集体智慧的结晶，是中国特色社会主义理论体系的重要组成部分，是全党全国人民为实现中华民族伟大复兴而奋斗的行动指南，必须长期坚持并不断发展。

为把学习贯彻习近平新时代中国特色社会主义思想进一步引向深入，根据党中央要求，中央宣传部组织编写了《习近平新时代中国特色社会主义思想学习纲要》（以下简称《纲要》）。党中央认为，《纲要》对习近平新时代中国特色社会主义思想做了全面系统的阐述，有助于更好地理解把握这一思想的基本精神、基本内容、基本要求。党中央同意印发《纲要》（由中央宣传部统一印发），作为广大干部群众深入学习领会习近平新时代中国特色社会主义思想的重要辅助读物。

（六）《中国共产党农村工作条例》

2019 年 6 月 24 日，中共中央政治局召开会议，审议《中国共产党农村工作条例》。8 月，中共中央印发了《中国共产党农村工作条例》，并发出通知，要求各地区各部门认真遵照执行。

第一，《条例》规定了党的农村工作必须遵循的六项原则：（1）

坚持党对农村工作的全面领导，确保党在农村工作中总揽全局、协调各方，保证农村改革发展沿着正确的方向前进；（2）坚持以人民为中心，尊重农民主体地位和首创精神，切实保障农民物质利益和民主权利，把农民拥护不拥护、支持不支持作为制定党的农村政策的依据；（3）坚持巩固和完善农村基本经营制度，夯实党的农村政策基石；（4）坚持走中国特色社会主义乡村振兴道路，推进乡村产业振兴、人才振兴、文化振兴、生态振兴、组织振兴；（5）坚持教育引导农民听党话、感党恩、跟党走，把农民群众紧紧团结在党的周围，筑牢党在农村的执政基础；（6）坚持一切从实际出发，分类指导、循序渐进，不搞强迫命令、不刮风、不一刀切。

第二，《条例》规定了农村工作的组织领导体制。农村工作实行中央统筹、省负总责、市县乡抓落实的农村工作领导体制。党中央全面领导农村工作，统一制定农村工作大政方针，统一谋划农村发展重大战略，统一部署农村重大改革。党中央定期研究农村工作，每年召开农村工作会议，根据形势任务研究部署农村工作，制定出台指导农村工作的文件。党中央设立中央农村工作领导小组，在中央政治局及其常务委员会的领导下开展工作，对党中央负责，向党中央和总书记请示报告工作。中央农村工作领导小组发挥农村工作牵头抓总、统筹协调等作用，定期分析农村经济社会形势，研究协调“三农”重大问题，督促落实党中央关于农村工作重要决策部署。县级以上地方党委应当设立农村工作领导小组，省市级农村工作领导小组一般由同级党委副书记任组长，县级农村工作领导小组由县委书记任组长，其成员由党委和政府有关负责人以及相关部门主要负责人组成。

第三，《条例》提出了农村建设的任务、人才及保障措施。各级党组织要以实施乡村振兴战略为总抓手，加强党对农村经济建设、社会主义民主政治建设、社会主义精神文明建设、社会建设、生态文明建设的领导，对农村建设的人才队伍、保障措施以及考核做出重要规定。

第四，《条例》提出了加强农村党的建设的规划。要加强农村党的建设，把农村基层党组织建设成为宣传党的主张、贯彻党的决定、领导基层治理、团结动员服务群众、推动改革发展的坚强战斗堡垒，发挥党员先锋模范作用，让基层党组织和基层干部更好服务群众，真正为群众排忧解难。坚持农村基层党组织领导地位不动摇，乡镇党委和村党组织全面领导乡镇、村的各类组织和各项工作。村党组织书记应当通过法定程序担任村民委员会主任和村级集体经济组织、合作经济组织负责人，推行村“两委”班子成员交叉任职。健全村党组织领导下的议事决策机制、监督机制，建立健全村务监督委员会，村级重大事项决策实行“四议两公开”。选优配强村党组织书记，整顿软弱涣散村党组织，健全以财政投入为主的稳定的村级组织运转经费保障制度，持续加强基本队伍、基本活动、基本阵地、基本制度、基本保障建设。

《中国共产党农村工作条例》是继承和发扬中国共产党管农村工作优良传统、加快推进农业农村现代化的重要举措，对于加强党对农村工作的全面领导，巩固党在农村的执政基础，确保新时代农村工作始终保持正确政治方向具有十分重要的意义。

四、提升基层党建工作规范化水平

基层党组织是中国共产党组织体系的基石，是党对各类组织和广大人民群众实施领导的依托，是党开展一切活动和从事一切工作的基础。“基层不稳，地动山摇”这句话形象地说明了党的基层组织的重要性。

2019 年，中共中央先后出台了《中国共产党农村基层组织工作条例》，审议了《中国共产党党和国家机关基层组织工作条例》和《中国共产党国有企业基层组织工作条例（试行）》，进一步规范了党的各级各类组织的产生和职责；印发了《关于加强和改进城市基层党的建设工作的意见》，为新时期城市基层党建创新发展提供了根本遵循。

2019 年 3 月 29 日，中央组织部在北京召开基层党建工作重点任务推进会，对基层党建工作重点任务作出具体安排。会议强调，要精心组织实施“不忘初心、牢记使命”主题教育，推动基层党组织和广大党员深入学习贯彻习近平新时代中国特色社会主义思想。要以开展集中整顿为牵引推进抓党建促脱贫攻坚、促乡村振兴，以深化示范引领行动为抓手提升城市基层党建整体效应。要破解国有企业、高校领域党对基层领导的“中梗阻”问题，提升非公企业和社会组织“两个覆盖”质量，做好发展党员和党员教育管理工作。要从讲政治的高度认识和解决形式主义、官僚主义问题，大幅度精简文件和会议，统筹规范基层党建督查检查，下功夫解决基层党建考核过多、过度留痕等问题，切实为基层减负，推动基层党建工作提质增效。

（一）基层组织的创新实践

1. 抓党建促脱贫攻坚

推进抓党建促脱贫攻坚，贫困地区基层组织得到加强，基层干部通过开展贫困识别、精准帮扶，本领明显提高，巩固了党在农村的执政基础。广大基层干部奋斗在脱贫攻坚的第一线，下沉到最基层，为脱贫攻坚做出了巨大贡献。例如，2016 年以来，河北平泉市委组织部认真贯彻落实习近平总书记关于“要把扶贫开发与基层组织建设有机结合起来”的重要指示精神，以承德市委提出的脱贫攻坚党旗红活动为抓手，积极探索基层党建与脱贫攻坚两手抓、双推进的有效之路，为全市实现率先脱贫、高质量脱贫打下了坚实的组织基础；探索“三在产业链”模式。坚持产业发展到哪里，党组织和党员的作用就发挥到哪里，探索实施了党组织建在产业链上、党员聚在产业链上、农民富在产业链上的“三在产业链”模式。几年来，全市 84 个贫困村共建各类经合组织 135 个，建产业型党组织 97

个，贫困村1478名产业链上党员帮扶带动贫困群众1.8万人。2015年以来，全市累计发展百亩以上园区112个，直接带动7900户、16300名贫困群众脱贫，户均年增收2.7万元。[①] 广东梅州市从市、县、镇三级党政机关、企事业单位中统筹选派349名驻村党建指导员，助力省定贫困村实施乡村振兴战略。[②]

2. 健全基层党建的组织网络

街道党工委通过网格化党建的探索，全力完善理顺了三个层面的关系：一是街道党工委、居民区党总支、基层党支部之间党建领导关系的不断加强和更为紧密。二是街道、居民区、微网格三级管理架构更为严密，织紧了到边到底的管理网。三是完善了党总支领导下的居民区党建工作站、网格工作站"一体两翼"的架构，扩大了党员群众共同参与的可能性、组织性和作用空间。紧紧围绕凸显最小单元基层党支部的作用，强化了居民区党总支书记、基层党支部书记的党建责任，解决了党支部及党员作用发挥载体、平台、资源、通道等支撑不足的问题。居民区微网格与居民区的党支部一一对应，依托基层党支部书记和带块社工力量推动工作。居民区中"一长五大员""两代表一委员"、党员志愿者、行政执法力量、街道网格中心力量、物业管理力量、沿街"四小"单位自治力量、驻区单位共治力量、机关领导和部室结对联络力量等，均纳入网格。针对商圈网格，将入驻企业、物业管理、政府服务企业、专业社会组织等力量在网格内进行统筹。探索实践对纳入网格内的不同类型党员实行分类管理。目前网格党建参与力量中，已有网格报到党员800余名，社区单位党组织报到130余家，在职党员参与网格党建工作260余名。[③]

---

① 《河北省平泉市：筑强堡垒树先锋脱贫攻坚党旗红》，河北省平泉市委组织部，人民网－中国共产党新闻网，2019年8月23日。

② 《广东梅州市：驻村党建指导员助脱贫》，2019年6月13日，通讯员张榆昌、姚雁明。

③ 《上海市静安区静安寺街道：做活党建微网格做实治理在基层》，静安区静安寺街道党工委，人民网－中国共产党新闻网，2018年11月5日。

3. 排查软弱涣散基层党组织

加强基层党组织建设，必须选好配强政治过硬、业务精湛、敢于担当、作风正派的党支部书记。这方面，许多地方都做了积极、有益的探索实践。例如，广东省从2018年开始，启动开展了针对软弱涣散基层党组织的动态排查、整顿，截至2019年10月底，动态排查出软弱涣散村（社区）党组织1880个，撤换调整“四不”村（社区）书记600多名。[①]

四川省泸县认真整顿涣散基层组织。县级领导进村摸排。印发《泸县县级领导班子调研排查软弱涣散村（社区）党组织工作方案》，由县委书记带头、带领其余30名县级领导班子成员，1人包1个镇街，聚焦软弱涣散3个问题、5种类型的具体表现，对全县251个村进行了100%拉网式调研走访，逐一摸清“家底”。一是细绘“路线图”。由联系县领导牵头，召集镇（街道）领导班子成员、县级联系部门负责同志、第一书记（或驻村工作队队员）、村（社区）干部进行了专题研究，县委组织部会同相关部门汇总分析、系统甄别后，提交常委会研究确定了25个村作为软弱涣散集中整治对象，其中，11个村信访矛盾突出、14个村支书不胜任不尽职。二是细分责任人。通过“县委书记带头抓、组织部长盯着抓、乡镇党委书记直接抓”，将软弱涣散集中整治工作纳入“一把手”工程，对每个软弱涣散村，成立由1名县级领导联村、1名镇（街道）领导班子包村、1名第一书记驻村、1个县级部门结对的“四个一”帮扶工作组，逐村指导制定“一村一策”整治方案，落实每个软弱涣散村10万的帮扶工作经费，明确“八个一”工作任务。三是细化时间表。把软弱涣散集中整治工作与第二批主题教育有机结合起来，细化进度时限和工作措施，逐条逐项实行项目化推进，对主题教育期间能够解决的问题立查立改、即知即改；对一时解决不了的，采取“不

---

① 《抓紧抓实基层党组织建设》，《中国纪检监察报》，2019年11月15日。

解决不松劲、解决不彻底不放手、群众不认可不罢休”等“三不”方式，开展持续整治。①

4. 推行“参与型协商”建立“疑难问题清单”

北京市顺义区区政务服务管理局相关负责人说，“今年以来，全区 138 个城市社区和 426 个农村社区全部建立‘社区议事厅’，推行‘参与型协商’民主自治模式。基层干部摸清疑难诉求源头，并将重点、难点问题统一纳入区级‘疑难问题清单’。”“我们按诉求类别，分别从数据、解决率、诉求内容和未解决原因等方面进行深入分析，摸清问题发展规律，提出对策建议。”相关负责人介绍，问题清单强调举一反三，从一件事的办理推动一类问题的解决。针对全区解决率较低的 15 类问题和诉求量较高的 3 类问题，工作专班会每月定期进行专题研究。②

5. 推行“双报到”机制

深入开展驻区单位和在职党员到社区“双报到”活动，145 个党组织和 3500 余名在职党员到社区报到，根据各自职能和优势，主动认领政策宣传、困难救助、志愿服务等 10 类岗位，积极参与社区各类公益宣传、联合党日、主题实践、文明城区创建等活动，仅今年以来就帮助解决各类民生问题 1000 余件。③

6. 选优配强带头人

全面落实村（社区）党组织书记县级党委组织部门备案管理制度，建立村（社区）干部调整县级联审常态化机制。全面推行农村

① 《泸县“四个坚持”持续用力整治软弱涣散村党组织》，人民网－四川频道，2019 年 12 月 24 日。

② 《北京顺义：“疑难问题清单”回应群众诉求》，《北京日报》，2019 年 12 月 17 日。

③ 《天津市北辰区：积极探索共融共建共治统筹推进城市基层党建工作新路径》，天津市北辰区委组织部，人民网－中国共产党新闻网，2018 年 10 月 24 日。

基层党组织书记和村委会主任“一肩挑”。选派机关事业单位干部、退休干部到本村没有合适人选的村担任党组织书记，健全社区工作者职业体系，建立村（社区）“两委”干部后备人才库。强化基本能力建设。

7. 强化党建责任，各级书记抓党建

四川省旺苍县通过搭建书记“1+1”平台，县委书记直接与各级党组织书记集体“会诊”、查找原因、共议对策，打破各自为战的“单元”壁垒，着力推动难点难题得到有效破解。目前，该县已开展红城书记“1+1”24期，35名乡镇党委书记、301名村党支部书记全覆盖参与对话，有力破解脱贫攻坚、扫黑除恶、经济发展、民生改善等方面难题12个，解决村级活动阵地建设不达标、博骏公学项目建设迟缓等突出问题11个，新确定全县26件民生实事、“红城党建示范城”创建、万亩黄茶建设等重点项目10个。[①]

8. 推进社会组织党建的规范化建设

例如上海市徐汇区司法局党委会同区律师行业党委认真梳理党建工作规范化流程，制定工作制度，在党组织关系转接、党员发展、党费收缴、支部换届等方面出台规范化操作标准，于2019年2月发布《徐汇区司法行政系统党建工作标准化建设指南》，从思想上、组织上和制度上不断强化具体措施，指导各律师事务所党组织细化量化党建工作目标任务，确保把思想政治工作落实到支部，确保把从严教育管理党员落实到支部，确保把群众工作落实到支部，推进我区律师事务所党支部标准化建设，使支部真正成为团结群众的核心、教育党员的学校、攻坚克难的堡垒。[②]

---

① 《四川省旺苍县：“135”组合拳筑牢乡村组织堡垒》，中共旺苍县委组织部，人民网－中国共产党新闻网，2019年08月28日。

② 《上海市徐汇区司法局：加强律师行业党建，服务区域创新发展》，上海市徐汇区司法局，人民网－中国共产党新闻网，2019年10月12日。

（二）党的基层组织建设面临的问题

因地制宜设置党的基层组织，是马克思主义政党应当坚持的一条基本原则。中共在成立之初就建立了党的基层组织，发展党员，开展党的活动。“没有支部就没有党内生活的基础，也就没有无产阶级政党的基础。”无论是在革命战争年代，还是在社会主义建设和改革开放时期，中国共产党都十分重视发挥党的基层组织的作用。1927 年毛泽东在江西永新县三湾村领导了“三湾改编”，确立了共产党组织的“支部建在连上”这个建军的根本原则，部队连以上设立党支部，实行党代表制，由党代表担任支部书记，部队军政大事须通过支部讨论决定，党代表在党内有决定权。“支部建在连上”的党建原则对于中国共产党获取革命的成功产生了极为重要的影响。

革命成功后，这样一种高度重视基层党组织建设且带有军队组织属性的党建原则，自然地就转移到了中国共产党重建社会秩序的过程中。中华人民共和国成立后，根据“支部建在连上”的原则，我们党把基层党组织向其他单位延伸，在国有企业、机关、学校、农村、科研院所等建立了基层党组织，实现了对基层社会的有效领导。

城市基层党组织结构建立于单位体制基础上，它通过行政性嵌入单位组织结构，形成“纵向到底、横向到边”的基层党组织体系。随着计划经济方式转变为市场经济模式，国家与社会之间的一元化模式开始逐步转变为国家、市场与社会这样三种力量的发展模式。在这个过程中，传统单位体制的逐渐式微，建立在单位制基础之上的基层党组织体制也遭遇重大挑战。为了适应社会主义市场经济的发展和变化了的社会，党的基层组织建设进行了诸多的探索和创新，除传统的党建模式外，开始在横向开放的社会领域中建党组织，创立了社区党建、楼宇党建、商圈党建、产业链党建等一些列新的党建模式，取得基层党建的重大突破，但基层党组织建设依然存在着诸多的问题。

1. 基层党组织存在角色功能错置，在整合与代表民意方面有待提高

从本质上讲，政党的基层组织属于政治性组织，其本原性的功能就是政治功能。基层党组织与其他经济组织和社会组织相比，具有独特性的优势。作为执政党的中国共产党基层组织具备与上层政治体系的制度化联系，可以将群众的意愿和诉求经过一定的整合直接反馈给上层政治体系。这是使党的领导机构能够听到人民真实意见的重要途径，也是社会民众参与政治生活的重要渠道。正是由于这个原因，基层党组织才能形成对社会民众极大的吸引力和凝聚力。否则将导致基层党组织的权威受损、地位虚化和党员角色的“边缘化”，无法激发社会民众参与政治生活并接受党的领导的主动性与积极性。

2. 基层党组织之间融合度不高，基层党建的整体性建设动力不足

机关单位、社区和“两新”组织等基层党组织在同一社区范围内共存是普遍的现象，但这些基层党组织之间相互独立，各自独立开展党建工作，相互之间交往和融合度不够。基层党组织的设置和作用发挥出现重合、交叉、真空地带等问题，党组织条块分割、资源分散、党员管理服务覆盖面不广、党员发挥作用平台欠缺等问题也不同程度存在，党建工作整体性建设动力不足，因此，党建工作碎片化现象依然十分严重。在一份对广东省的关于基层组织党建碎片化的调研向我们展示了碎片化的状况。有36.4%的调查对象表示广东省各地城市基层党建的条块分割现象很突出；45.2%的调查对象表示广东省各地城市基层党建的条块分割现象比较突出；18.4%的调查对象表示广东省各地城市基层党建的条块分割现象不突出。在访谈中，有25%的访谈者认为当前广东省各地城市基层党建工作的条块分割现象很突出，缺乏系统性和整体性建设，存在碎片化倾向。究其原因，是地方各单位、各行业和各领域封闭运行、各自为政，“各搭各的台、各唱各的戏”。[①]

3. 党建与社区治理之间的有机融入缺乏

城市基层党建的内容无法有效匹配社区治理工作的需要。随着城市经济发展与居民生活水平的提高，以及社区人员构成的异质性和多元化，对社区生活服务的供给提出了新的挑战。目前，基层党建内容与社区治理需要不匹配的矛盾日益凸显，集中体现为居民参与社区建设活动的积极性不高，年轻群体的参与度尤其低。

4. 城市基层党建创新的实效性不足，党员的积极性没有得到充分发挥

部分城市基层党组织不顾党建工作内部各环节的有机联系，没有把创新作为解决一切问题的突破口和动力源，导致创新举措成了脱离实际、失去针对性的“务虚工程”和“示范点”工程。部分城市基层党组织党建创新是为了创新而创新，彰显政绩；部分城市基层党组织党建创新只注重形式，不注重实效；部分城市基层党组织党建创新的影响力和覆盖面不足，缺乏认可度。

5. 党建队伍人员薄弱

人才队伍保障尚显不足，加强城区党建工作与社会治理的深度融合，需要一支熟悉党建和社会治理工作的人才队伍来保障。不少基层党组织囿于成员年龄偏大、学历偏低、人员偏少等原因，党建理念跟不上社区治理要求，仍然习惯于在办公室里搞党建，习惯于用行政命令和社会动员的方式开展工作，服务意识和创新意识不足。

---

① 萧红梅：《新形势下城市基层党建工作探析——基于广东省的调查与研究》，《中共珠海市委党校珠海行政学院学报》，2019 年第 2 期。

6. 基层党组织缺乏民主意识，党员和群众的主体意识不强

受计划经济思维方式的影响，由党组织和党务工作者管理一切，甚至只是党支部书记一个人唱独角戏。没有尊重党员的主体地位，也没有发挥广大党员和群众的积极性、主动性和创造性。在决策过程中，个别城市基层党组织的党员干部过于强调个人意志，忽视群众在决策中的知情权、参与权和建议权，使得党内的“民主”和“集中”失去效力，党内民主集中制无法贯彻执行。

（三）加强新时期的基层组织建设

如何在新的社会结构和社会关系中保持和巩固党的领导核心地位，保证党对社会的有效整合，基层党组织的组织建设和功能发挥着重要的作用。

1. 政党社会化：重新走向社会

政党社会化这个概念与政党行政化相对应，指的是政党在实际运作的过程中，根据社会变化的需要，吸收社会领域的价值理念、沟通方式、组织技巧等内容，从而使政党的运作逻辑更能体现与适应社会的需求，从而能够更好地团结人民，代表社会的意见和利益，从而实现对社会的有效整合。

政党本身来源于社会，是一个社会组织，然而又不同于一般的社会组织，它以控制、参与和影响国家权力为目标，成为连接国家与社会之间的纽带。政党一头连着社会、一头连着国家的双重角色，使它既具有政治性，又具有社会性。因此，政党作为连接国家和社会的组织，一方面政党要与国家相结合，使党的纲领、主张转变为国家的法律和政策，并通过行使公共权力予以贯彻执行。另一方面政党要与社会相结合，使民众的意愿、诉求转变为党的纲领和主张，进而获得民众的授权取得执政合法性。前一方面是政党对国家机器的运用和驾驭能力，表现为政党执掌国家政权的能力，后一方面是政党对社会的渗透和整合能力，表现为政党对社会的组织渗透、组织覆盖能力和利益表达能力。二者之间相互影响，政党的执政能力为政党的社会渗透和调拨能力提供更多的政治空间，而政党的社会渗透和代表能力则是政党执政能力的源头活水。

基层党组织作为政党与社会联系的纽带，是最贴近社会生活的组织结构，因此生产方式、社会结构、交往方式等变化会率先冲击到作为政党同社会领域直接关联的基层党组织。单位体制的解体，新的经济组织、新的社会组织、社区的成长、网络新空间这一系列领域都使得党政合一，依托行政力量的传统党建方式捉襟见肘，面临着基层党组织空白、被弱化、不被认可等问题。因此，来自社会的倒逼机制和来自党内的改革要求，迫使基层党组织在近些年不断调整其领导模式、组织结构和活动方式，以适应社会发展的变化，其中政党基层组织的社会化就成为了党的基层组织改革的方向。

政党的社会化就是政党的基层组织回归政党本来的意义，重新融入社会、代表社会的过程。在民主革命时期，中国共产党为了获得社会的支持以取得革命的胜利，就很好地融入社会，并且代表社会的声音，成为社会的有机部分。在市场经济的条件下，随着国家与社会、市场的分离，如何使基层党组织更加社会化，重建政党与社会之间的链接点，是党的基层组织得以焕发生机的关键。

2. 转变组织功能，更好地服务群众

党组织的功能如何定位是一个十分重要的问题。组织的活力直接取决于组织的结构与功能，而相比结构来说，功能更具有决定性意义，因为，结构是依据功能的要求而形成的。新时期基层党组织功能的转变要着眼于三点：一是增强基层党组织的表达功能。利益表达是现代政党最基本的一个功能，这要求基层党组织必须始终把解决人民最关心、最直接、最现实的利益问题摆在工作首位，畅通、扩充上下沟通渠道，以充分的利益表达和真实的信息知情凝聚民心、实现民利；二是增强基层党组织的服务功能。通过积极主动的服务，增强党组织的向心力和党员的归属感，通过强有力的保障，从精神、利益、生活等方面关怀群众，为基层党组织成员和广大党员更好地发挥作用创造条件。三是增强基层党组织的协调功能。引导公民政治参与，以民主的程序获得群众支持，深入底层协调利益、化解矛盾，有效保证社会稳定发展。

3. 要注重强化系统建设和整体建设

坚持条块结合。打破条块壁垒，积极理顺条块关系，坚持上下联动，条条和块块双向用力，创新共建体制机制，不断凝聚城市基层党建整体合力。完善基层党建运行机制，为有效解决基层党建“建而不联，联而不合”的问题，区域化大党建组织架构之后，区域化党建必须着力完善基层党建运行机制。普遍的做法是通过制度化建设，确保基层党组织之间议事沟通常态化。一系列制度化举措使区域化党建中各党组织之间沟通协商顺畅，主要制度举措有：（1）党建联席会议制度。党建联席会议制度是区域内基层党组织协商议事的常设制度。会议由轮值主席主持，每季度召开一次，轮值主席则由社区大党委委员投票产生。（2）共建事项双向清单制度。区域内各基层党组织以及社区成员单位向轮值主席提交需要解决的问题并在党建联席会议上讨论，形成待办事项清单。（3）事项清单项目化推进制度。由党建联席会议讨论后形成的待办事项清单，由各基层党组织或社区成员单位通过项目化的方式认领，确保实施到位。（4）将党建工作和服务管理紧密结合起来，推动网格精细管理，将原有消防、卫计、城管、安监、创文、治安、义工等诸多网格整合为“全科网格”，充分发挥党组织在城市治理中的领导核心作用。

4. 进一步加强基层党建与社会治理深度融合

一是要转变单打独斗的思想，形成多元共治的思想。以党建引领社区治理，不是党组织的单打独斗，需要党组织利用和发挥自身的政治优势、组织优势、群众优势、价值优势、制度优势与能力优势，坚持党的领导和政府主导，并引导发动其他社会组织、自治组织、经济组织、民间组织以及广大人民群众的广泛参与，形成共建共治共享的社区治理格局。二是以党建引领社区治理创新的制度化、规范化和科学化。（1）完善社区议事决策机制。进一步建立完善社区居民会议和居民协商议事会议制度，健全民情恳谈、社区听证、社区议事、社区评议等对话机制，推进社区民主协商的制度化、规范化、程序化。（2）健全矛盾纠纷调处机制。健全了以基层党组织为主导，引导自治组织、民间组织、中介组织和社会组织广泛参与的社区矛盾调处机制，在尊重法律的前提下，注重发挥市民公约、团体章程、行业规定在化解矛盾和维护秩序中的作用。同时建立党代表、人大代表、政协委员联系社区制度，畅通民意反映渠道。

5. 加强基层党组织建设，提高党组织的组织力

（1）加强基层党组织的党风建设。基层党组织是接触群众的最直接的党组织，也是党的形象的最直接感受组织，因此，基层党组织党风的好坏直接影响着党在群众中的形象和基础。政党认同（Party Identification）理论认为“政党认同是民众对某一政党的归属感和忠诚感，是民众在其社会生活中非理性的对某一政党目标的情感倾向”。[①]《布莱克维尔政治制度百科全书》认为，“它是一种心理认同，即对于某一政党或其它政党的依恋之情，它可以作为衡量某一政党支持率长远倾向的标准”。[②] 政党认同是政党与社会关系的内在反映，“一个政党如果没有获得党员和民众对它的认同，那么它就

① Angus Campbell，*The American Voter*，New York：John Willey &Sons ，1960.

② ［英］韦农·波格丹诺：《布莱克维尔政治制度百科全书》，邓正来译，北京：中国政法大学出版社，2011 年版。

难以保持党员对它的长期追随，也不能保持住民众对它的归属感。”[①] 政党认同主要由政党意识形态、政党组织、政党领袖和政党绩效等因素构成，是衡量某一政党支持率长远倾向的标准。加强基层党组织的党风建设，提高党员的形象认知将会增强对党的认同感。（2）加强基层党组织的干部队伍建设。做好基层组织工作，需要大力培养优秀的党的基层干部。一个有能力、有活力、并且有担当、富于奉献精神的基层干部队伍将会使基层党组织更具有凝聚力，能够更好地联系群众，使党执政的社会基础更加坚实。一是强化素质保障，举办党（工）委书记、社区书记、机关事业单位党支部书记培训班，提高城市基层党组织书记的履职能力。把好“选育用管”四道关，为社区党建与社区治理打造一支高素质、专业化的基层党建队伍。通过社区换届，大胆使用年轻的社区党组织书记、一批挂职锻炼优秀年轻干部、一批返聘的优秀社区老书记。（3）加强基层党组织的体制建设。体制建设是一项系统工程，包括党的组织体制、领导体制、工作体制、监督体制和动员体制等。这些体制的具体价值取向有两个：一是使党的组织、党的管理和党的领导制度化；二是全面提高党的活力，即全面提高党的领导力、影响力、凝聚力和战斗力。（4）加强党内民主制度建设，尊重党员的主体地位。尊重党员主体地位，是基层党组织建设的动力。党员主体地位，意味着党员是党内生活的主体，党内生活应该以党员为中心，发挥党员在党内生活中的主人翁地位。保障党员主体地位，切实落实党员的“四权”，把广大党员发动起来，城市基层党组织在决策过程中为了达成决策共识，要充分发扬党内民主和尊重党员的主体地位，保障党员在决策中的知情权、参与权、建议权和监督权，坚决反对和防止独断专行、各自为政或以党委集体决策名义集体违规。

---

① ［德］尤尔根·哈贝马斯：《重建历史唯物主义》，郭官义译，北京：社会科学文献出版社，2000年版，第264页。

6. 在基层党建实践中，依托互联网等信息技术来打造智慧型党建已成为一种趋势

以强化治理效能为核心的技术化党建从历史发展来看，每一次的科技革命都对人类社会产生了深刻的影响。以互联网为依托的智慧型党建技术的发展，为现代社会治理带来了机遇与治理工具，智慧型党建便是在信息技术发展下产生的新型党建形态。随着互联网的发展，在传统党建领域之外，发展出了一个新的虚拟网络空间。“互联网 + 党建”将给基层党组织建设带来深远影响。基层创新型党组织建设要适应和引领网络发展，把网络民众团结在党组织周围。

第三章 国家制度建设：提升国家治理效能

一个国家的最大优势是国家制度优势，不同国家间的竞争实质是国家制度竞争，国家制度稳了国家才稳。国家制度是国家治理的前提与基础，推进国家治理体系与治理能力现代化、将国家制度优势充分转化为国家治理的效能，关键取决于持续不断的国家制度建设。在中国国家制度框架中，人民代表大会制度是根本政治制度，中国共产党领导的多党合作与政治协商制度是基本政治制度，它们共同构成了国家制度的核心，是人民当家作主的主要制度安排。

一、政策指引与总体态势

近年来，一些国家“逆全球化”、民粹主义、新冷战思维抬头，国家制度面临的意识形态竞争更趋激烈，国内经济放缓、社会风险增多。2019 年国家制度建设，正是在这种国内外复杂背景下前行的，稳固中国国家制度、提升国家治理效能、健全党的全面领导、防范社会各种风险，构成了国家制度建设的时代主题。十九届四中全会通过的《中共中央关于坚持和完善中国特色社会主义制度、推进国家治理体系和治理能力现代化若干重大问题的决定》，更是对国家制度建设提出了政策指引，是指导国家制度建设的纲领性文献。

（一）国家制度建设的政策指引

坚持党的领导是社会主义的本质属性，国家制度建设同样是在党的领导下展开的，党召开的重要会议、形成的重大决议常常成为国家制度建设的先声，决定着国家制度建设的方向与目标。2019 年 10 月召开的十九届四中全会正是这样一个重要会议，它审议通过的《中共中央关于坚持和完善中国特色社会主义制度推进国家治理体系和治理能力现代化若干重大问题的决定》，是指导国家制度建设的纲领性文献。

第一，它提出要坚持和完善中国特色社会主义制度、推进国家治理体系和治理能力现代化的总体目标。《决定》指出，中国特色社会主义制度是党和人民在长期实践探索中形成的科学制度体系，国家治理一切工作和活动都依照中国特色社会主义制度展开，国家治理体系和治理能力是中国特色社会主义制度及其执行能力的集中体现。《决定》明确了坚持和完善中国特色社会主义制度、推进国家治理体系和治理能力现代化的总体目标，即到中国共产党成立 100 年时，在各方面制度更加成熟更加定型上取得明显成效；到 2035 年，各方面制度更加完善，基本实现国家治理体系和治理能力现代化；到新中国成立 100 年时，全面实现国家治理体系和治理能力现代化，使中国特色社会主义制度更加巩固、优越性充分展现。

第二，它提出要坚持和完善党的领导制度体系、健全党的全面领导制度的时代命题。《决定》提出，中国共产党领导是中国特色社会主义最本质的特征，是中国特色社会主义制度的最大优势，党是最高政治领导力量。因而，必须坚持党政军民学、东西南北中，党是领导一切的，坚决维护党中央权威，健全总揽全局、协调各方的党的领导制度体系，把党的领导落实到国家治理各领域各方面各环节。为此，要健全党的全面领导制度，完善党领导人大、政府、政协、监察机关、审判机关、检察机关、武装力量、人民团体、企事业单位、基层群众自治组织、社会组织等制度，健全各级党委（党组）工作制度，确保党在各种组织中发挥领导作用。完善党领导各项事业的具体制度，把党的领导落实到统筹推进“五位一体”总体布局、协调推进“四个全面”战略布局各方面。完善党和国家机构职能体系，把党的领导贯彻到党和国家所有机构履行职责全过程，推动各方面协调行动、增强合力。

第三，它提出要坚持和完善人民当家作主制度体系的具体要求。人民代表大会制度、中国共产党领导下的多党合作与政治协商制度、民族区域自治制度、基层群众自治制度，共同构成了人民当家作主的制度体系。《决定》指出，要坚持和完善人民当家作主的制度体系，发展社会主义民主政治。

《决定》特别提到，要支持和保证人民通过人民代表大会行使国家权力，保证各级人大都由民主选举产生、对人民负责、受人民监督，保证各级国家机关都由人大产生、对人大负责、受人大监督。《决定》还提出了完善人民代表大会制度的具体要求：支持和保证人大及其常委会依法行使职权，健全人大对“一府一委两院”的监督制度；密切人大代表同人民群众的联系，健全代表联络机制，更好发挥人大代表作用；健全人大组织制度、选举制度和议事规则，完善论证、评估、评议、听证制度；适当增加基层人大代表数量；加强地方人大及其常委会建设。

在完善中国共产党领导的多党合作和政治协商制度方面，《决定》提出，要贯彻“长期共存、互相监督、肝胆相照、荣辱与共”的方针，加强中国特色社会主义政党制度建设，健全相互监督特别是中国共产党自觉接受监督、对重大决策部署贯彻落实情况，实施专项监督等机制，完善民主党派直接向中共中央提出建议制度，完善支持民主党派和无党派人士履行职能方法，展现中国新型政党制度优势。发挥人民政协作为政治组织和民主形式的效能，提高政治协商、民主监督、参政议政水平，更好凝聚共识。完善人民政协专门协商机构制度，丰富协商形式，健全协商规则，优化界别设置，健全发扬民主和增进团结相互贯通、建言资政和凝聚共识双向发力的程序机制。

《决定》还提到，要坚持社会主义协商民主的独特优势，统筹推进政党协商、人大协商、政府协商、政协协商、人民团体协商、基层协商以及社会组织协商，构建程序合理、环节完整的协商民主体系，完善协商于决策之前和决策实施之中的落实机制，丰富有事好商量、众人的事情由众人商量的制度化实践。

（二）2019 年国家制度建设的总体态势

对国家制度建设或国家制度发展状况的考察，主要采取以下几个分析维度：一是制度层面的改革、创新、突破或重大建构。中国国家制度虽然已经基本确立，但一些具体制度还不完善、不健全，而且随着经济基础与社会结构的变迁，原有的制度设计也会面临不适应新要求的情况，所有这些都构成了制度改革、制度建设、制度发展的内在动力。可以说，国家制度建设首先表现为国家的“制度建设”，即通过主动或被动的制度改革、制度创新、制度建构以完善、巩固和发展国家制度。制度改革、制度创新、制度建构涉及到了国家制度的根本层次，是最深刻的国家制度建设，对中国社会也具有重大的影响，比如选举法、人大代表选举法的修改等都可视为对人民代表大会制度的重大完善。二是体制、结构层面的调整与变革。国家制度的具体体制、组织结构及其人员构成等，它们的调整、变革不可避免地会对国家制度的结构、功能产生重要影响。因而，这种体制性与结构性的变化也是研究国家制度发展状况所不可忽视的，比如全国人大代表的“城乡同比”选举、“去官员化”等。三是国家机关在工作方式、工作机制、工作方法上的新举措。国家机关在工作方式、工作机制、工作方法上的一些新举措，最终可能会固化为具体的制度规范，比如全国人大常委会曾一度试点的“开门立法”，最终成为一种制度。

以此观之，2019 年国家制度建设稳步推进，其着力点更多地集中在微观制度层面的改革探索，坚持中共中央的集中统一领导、将制度优势转化为治理效能成为国家制度建设的主旋律。

1. 健全党的全面领导制度

十九届四中全会提出，中国共产党领导是中国特色社会主义最本质的特征，是中国特色社会主义制度的最大优势，党是最高政治领导力量。必须坚持党政军民学、东西南北中，党是领导一切的，坚决维护党中央权威，健全总揽全局、协调各方的党的领导制度体系，把党的领导落实到国家治理各领域各方面各环节。全会还提出，要健全党的全面领导制度，完善党领导人大、政府、政协、监察机关、审判机关、检察机关、武装力量、人民团体、企事业单位、基层群众自治组织、社会组织等制度，健全各级党委（党组）工作制度，确保党在各种组织中发挥领导作用。

党的十八大以来，中共中央政治局常务委员会听取全国人大常委会、国务院、全国政协、最高人民法院、最高人民检察院党组工作汇报正是健全党的全面领导制度的重要一环。中共中央对全国人大常委会、国务院、全国政协、最高人民法院、最高人民检察院的统一领导，很重要的一个制度就是在这些机构成立党组。党组是党中央和地方各级党委在非党组织的领导机关中设立的组织机构，是实现党对非党组织领导的重要组织形式和制度保证。党的十八大以来，中央政治局常委会已经连续听取全国人大常委会、国务院、全国政协、最高人民法院、最高人民检察院党组工作汇报和中央书记处工作报告，并将这项工作写入《关于新形势下党内政治生活的若干准则》和《中共中央政治局关于加强和维护党中央集中统一领导的若干规定》。这项制度是保证党中央集中统一领导的制度性安排。当然，加强党中央的集中统一领导与支持全国人大常委会、国务院、全国政协、最高人民法院、最高人民检察院依法依章程履行职责、大胆工作、发挥作用，是一体两面，哪一面都不能偏废。

党的十八大以来，全国人大常委会、国务院、全国政协、最高人民法院、最高人民检察院党组自觉坚持党中央的集中统一领导，坚决维护党中央权威，围绕中心、服务大局，贯彻党章要求、认真履职尽责，充分发挥领导核心作用，注重加强思想政治建设，严格贯彻民主集中制，自觉承担管党治党的责任，保证了党中央重大决策部署和重要指示精神的贯彻落实，推动各自工作取得新进展，为党和国家各项事业发展大局作出了积极贡献，党组自身建设也取得了明显成效。

2. 人民代表大会制度：治理为本

在人民代表大会制度层面，国家制度建设主要体现为运行体制、办事机制、行为方式、工作方法上的微观制度改善，致力于制度的精细、精巧、有效。

（1）备案审查制度的精致化。2019 年，全国人大及其常委会对规范性文件的备案审查工作逐步加强，相应的运行体制、工作机制也不断完善，报备工作的制度化、备案审查衔接联动机制的完善、备案审查信息平台的建立，大大提升了备案审查的效能。

（2）监察委员会职权的扩展。2019 年，十三届全国人大常委会十四次会议通过了关于国家监察委员会制定监察法规的决定，赋予国家监察委员会可根据宪法和法律，制定监察法规的职权。

（3）代表工作制度的精细化。2019 年，十三届全国人大常委会三十二次委员长会议审议并原则通过了《关于加强和改进全国人大代表工作的具体措施》，这些具体措施包含 11 个方面 35 条内容，是进一步加强并改进人大代表工作的重要举措。此外，全国人大常委会还原则通过了关于完善全国人大常委会组成人员联系全国人大代表机制的意见，进一步密切了同人大代表的联系。

（4）代表议案建议办理机制的创新。全国人大常委会在代表议案建议办理上尊重代表主体地位，将十三届全国人大二次会议期间形成的 8160 件代表议案建议统一交由 193 家承办单位研究办理，并首次以全国人大常委会办公厅名义，向大会期间提出建议的代表及原选举单位逐一通报代表建议的交办情况。在建议办理过程中，一些承办部门不断探索，创新办理机制方法，推动建议办理取得实效。

（5）人大监督制度的持续强化。2019 年，全国人大常委会检查 6 部法律实施情况，听取审议“一府一委两院”21 个工作报告，开展 3 次专题询问，进行 7 项专题调研，尝试整合各种监督形式，增强了监督的针对性与实效性。

3. 社会主义协商民主制度：效能为要

在社会主义协商民主制度层面，国家制度建设同样表现为办事机制、行为方式、工作方法的微调，围绕党和国家中心任务建言献策，将制度优势转化为治理效能，提升国家治理能力，推进国家治理体系现代化成为社会主义协商民主制度建设的主基调。

（1）充分利用专题协商会为国家治理提供智力支持。比如，围绕推动制造业高质量发展、办好人民满意的教育分别召开专题议政性政协常委会会议；针对创新驱动发展、加强农村基本公共文化服务建设分别开展专题协商。

（2）创新政治协商形式，助力国家经济发展。比如，利用双周协商座谈会、网络议政远程协商等形式就促进就业、共享经济发展、著作权法修订、大运河文化带建设等社会关注的问题，就“四好农村路”建设、幼教师资培养、家庭家教家风建设、养老服务体系构建、健康中国战略、个人信息保护等关系群众切身利益的问题，在深入调研的基础上协商咨政。

（3）通过优质提案服务于国家经济建设。政协委员围绕党和国家中心任务议政建言，聚焦全面建成小康社会的关键问题、打好三大攻坚战的重要问题，贯彻“巩固、增强、提升、畅通”八字方针，深入推进供给侧结构性改革，形成了一批高质量建言成果。

（4）将协商与监督相统合，寓监督于协商。比如，围绕打赢脱贫攻坚战、促进民营经济健康发展、自然保护区政策、草原生态保护等开展协商式监督，助推党和国家相关决策部署落实。

二、人民代表大会制度：治理为本

人民代表大会制度是中国特色社会主义制度的重要组成部分，也是支撑中国国家治理体系和治理能力的根本政治制度。在复杂多变的国际环境中，人民代表大会制度犹如一根“定海神针”，是中国最大的制度优势之一。2019 年人民代表大会制度建设更多地体现了坚持中共中央的集中统一领导、将制度优势转化为治理效能的特点。

（一）备案审查制度的精致化

“规范性文件备案审查”（简称“备案审查”），是宪法法律赋予各级人大及其常委会的一项重要监督职权。近年来，备案审查制度不断发展健全。

1. 审议备案审查工作情况报告成常态

2017 年 12 月，全国人大常委会首次听取和审议关于备案审查工作情况的报告，这是备案审查制度的一项历史性突破。2019 年 10 月，十三届全国人大常委会专门作出决定，赋予国家监察委员会制定监察法规的权力，同时规定将监察法规纳入全国人大常委会备案审查范围，这意味着备案审查范围进一步拓展。2019 年 12 月，备案审查工作情况报告提请十三届全国人大常委会第十五次会议审议。自 2017 年起，这是全国人大常委会连续第三年听取和审议备案审查工作情况报告。

2019 年，国务院、最高人民法院、最高人民检察院以及有地方立法权的地方人大及其常委会，按照规定报送全国人大常委会备案的行政法规、地方性法规、司法解释共 1485 件，其中，行政法规 53

件，省、自治区、直辖市地方性法规 516 件，设区的市、自治州、不设区的地级市地方性法规 718 件，自治条例和单行条例 99 件，经济特区法规 58 件，司法解释 41 件。[①] 各报送备案的机关按照“有件必备”的要求，基本做到了报送及时、材料齐全、格式规范，通过报送备案自觉接受全国人大常委会监督，报备工作实现了制度化、常态化。当然也存在一些问题，例如，有的地方人大常委会通过的决议决定中规定了公民、法人的权利义务或者有关机关的职权职责，设定了法律责任，属于具有法规性质的规范性文件，但并没有报送备案。

2. 备案审查衔接联动机制不断完善

全国人大常委会法工委积极参与、建立并完善与中央办公厅、司法部、中央军委办公厅之间的备案审查衔接联动机制，在移交审查建议、共商研究意见、共享工作信息、共同培训研讨、协调解决问题等方面逐步建立起常态化工作机制。2019 年，司法部对其 2018 年以来接收备案的所有地方性法规逐一进行了审查，并梳理出他们认为存在问题的共 200 件地方性法规，通过备案审查衔接联动机制分两批移送全国人大常委会。全国人大常委会将 88 件不属于全国人大常委会审查范围的审查建议分别移送有关机关。其中，移送中央办公厅法规局 5 件，移送中央军委办公厅法制局 1 件，移送司法部 40 件，移送最高人民法院 12 件，移送最高人民检察院 5 件，移送省级人大常委会 6 件，同时移送司法部和省级人大常委会 19 件。[②]

3. 从无到有建设备案审查信息平台

备案审查信息平台建设，是全国人大常委会推进备案审查信息化建设的重要内容。2016 年上半年，全国人大常委会法工委开始着

---

① 舒颖：《2019 年备案审查工作“全景扫描”》，《中国人大》，2020 年第 2 期。
② 舒颖：《走近备案审查：看制度变迁和工作成效》，《中国人大》，2020 年第 2 期。

手备案审查信息平台的各项准备工作，希望借力信息化，加强备案审查制度和能力建设，推动备案审查工作实现跨越式发展。经过 3 个多月的调研和准备，2016 年 7 月，经全国人大常委会领导批准，法工委和办公厅秘书局、信息中心组成联合工作组，正式开始备案审查信息平台的建设工作。2016 年底，全国人大法规备案审查信息平台正式开通运行。目前，中华人民共和国成立以来中国所有现行有效的行政法规、地方性法规和司法解释都已全部按统一格式完成电子报备。电子报备实现了全覆盖和常态化，电子审查系统也在不断完善中。2019 年，在实现电子报备的基础上，全国人大常委会着力推进同国务院电子报备系统的联通，实现统一报备。也就是说，地方只要向备案审查信息平台报备一次，报备内容就自动被推送到国务院的系统平台。如此一来，在这两个平台，同一法规的报备文号、内容和提交项目都是一致的，充分发挥了备案审查信息平台的智能化作用，有效提升了工作效率。①

4. 地方人大备案审查持续发力

在全国人大常委会的推动下，地方人大在案例梳理和指导上已经取得一定的成效。近年来，地方人大也认真落实党中央的决策部署和立法法、监督法等相关法律规定，在备案审查工作方面持续发力，取得了显著成效。例如，河南省人大常委会于 2016 年、2017 年先后通过《关于审查批准设区的市的地方性法规工作意见》和《审查批准设区的市的地方性法规工作规程》，从合法性、适当性、协调性、技术性等方面对设区的市进行指导，发挥了良好的旗帜作用。湖南省人大常委会法工委制定《备案审查五年工作规划》，着力让备案审查工作“热”起来、“实”起来、“亮”起来……地方人大使备案审查工作有法可依、有章可循，给备案审查工作规范化、常态化“添砖加瓦”，有效推动了中国特色备案审查体系迈上新台阶。以黑

① 舒颖：《让信息化建设为备案审查持续“加码”》，《中国人大》，2020 年第 2 期。

龙江省为例，截至2019年8月底，黑龙江省人大常委会备案审查现行有效地方政府规章78件，现行有效规范性文件526件；备案审查设区的市现行有效地方政府规章41件。①

（二）监察委员会职权的扩展

2018年3月，十三届全国人大一次会议表决通过了监察法，国家与各级地方监察委员会相继组建，为人民代表大会制度注入了新的血液。监察委员会作为一种相对独立的监察权被移入人民代表大会的制度框架，使先前人民代表大会统领“一府两院”体制向人民代表大会统领“一府一委两院”转变，重构了人民代表大会制度的原有格局。在人民代表大会制度框架中，监察委员会与“一府两院”一起向同级人大负责并报告工作。

为了保障国家监察委员会依法履行最高监察机关职责，2019年10月26日，十三届全国人大常委会十四次会议通过《全国人民代表大会常务委员会关于国家监察委员会制定监察法规的决定》，明确“国家监察委员会根据宪法和法律，制定监察法规”，《决定》自2019年10月27日起施行。

《决定》明确国家监察委员会制定监察法规的范围，规定“监察法规可以就下列事项作出规定：1. 为执行法律的规定需要制定监察法规的事项；2. 为履行领导地方各级监察委员会工作的职责需要制定监察法规的事项”。同时规定“监察法规不得与宪法、法律相抵触”。

《决定》也明确监察法规的制定程序，规定“监察法规应当经国家监察委员会全体会议决定，由国家监察委员会发布公告予以公布”。

同时，《决定》还明确全国人大常委会对监察法规的监督，规定“监察法规应当在公布后的三十日内报全国人民代表大会常务委员会

---

① 徐航：《地方人大让备案审查工作“动起来”》，《中国人大》，2020年第2期。

备案”；“全国人民代表大会常务委员会有权撤销同宪法和法律相抵触的监察法规”。

（三）代表工作制度的精细化

人大代表是国家权力机关主体，代表人民行使国家权力。保障代表依法履职，就是保障人民当家作主。2019 年，全国人大常委会把加强和改进代表工作摆在重要位置，在实践中形成了一些新举措：一是尊重代表主体地位，增强为代表服务的意识。二是密切同代表的联系，拓宽联系渠道，丰富联系内容，充分听取代表的意见建议。三是提高代表议案建议工作水平，坚持内容高质量、办理高质量，做到既重结果也重过程，真正推动改进工作、解决实际问题。四是加强对代表工作的统筹协调，健全代表联络机制，保证代表参加调研、视察等活动高效有序进行。

为了进一步加强并改进人大代表工作，本届全国人大常委会在认真总结经验的基础上，通过制度创新保障人大代表履职尽责。2019 年 6 月 17 日，十三届全国人大常委会三十二次委员长会议审议并原则通过了《关于加强和改进全国人大代表工作的具体措施》，这些具体措施包含 11 个方面 35 条内容，包括加强全国人大常委会对代表工作的领导、深化和拓展全国人大常委会同代表的联系、继续扩大代表对全国人大常委会、专门委员会、工作委员会工作的参与、高质量做好代表议案建议工作、组织好代表视察、专题调研和考察活动、加快提高代表工作信息化水平等等。7 月初，“35 条具体措施”印发，送至全国人大代表手中。

“35 条具体措施”是党的十八大以来人大代表工作的经验总结与实践创新，有利于利用各种形式，开辟多种渠道，进一步发挥好人大代表作用，把党和政府同人大代表、同人民群众紧密联系起来，有利于提高人大代表的政治责任感和使命感，更是为人民代表大会制度注入了新的活力。

2019 年，全国人大常委会在代表工作方面取得了累累硕果：代表在十三届全国人大二次会议期间提出的491件议案和8160件建议均已办理完毕，并首次向代表通报交办情况；组织1883人次代表参加学习培训班，精准满足代表学习需求，不断提高代表履职能力；邀请1830人次代表参加专题调研、考察和视察活动，帮助代表深入了解实际情况；与近300人次列席常委会会议的代表座谈交流，面对面听取意见建议。

（四）代表议案建议办理机制的创新

十三届全国人大二次会议期间，代表们认真履行宪法和法律赋予的职责，向大会提出建议8160件。从代表建议的内容看，紧扣贯彻落实党中央重大决策部署，注重反映基层实际情况和人民群众关切，主要涉及继续打好三大攻坚战、保障和改善民生、促进区域协调发展和城乡融合发展、实施乡村振兴战略和深化农村改革等方面。从代表建议提出的方式看，会议期间共有2130名代表领衔提出建议，其中代表单独提出建议6256件，比上一年增加1445件，占比首次超过建议总数的3/4。代表团提出建议157件，比上一年增加31件。从代表建议形成的方式看，代表通过专题调研、视察、座谈、走访等形式形成的建议有5353件，占建议总数的65.6%，占比增加了4个百分点。

十三届全国人大二次会议闭幕后，8160件代表建议统一交由193家承办单位研究办理，并首次以全国人大常委会办公厅名义，向大会期间提出建议的代表及原选举单位逐一通报代表建议的交办情况。同时，在广泛征求各方面意见的基础上，确定22项重点督办建议，涉及276件代表建议，交由国家发展改革委等17家单位牵头办理，全国人大7个专门委员会负责督办。截止到2019年底，十三届全国人大二次会议期间代表提出的建议已经全部办理完毕，代表建议所提问题得到解决或计划逐步解决的占建议总数的 71.28%。①

全国人大常委会尊重代表主体地位，重视代表建议办理工作，各承办单位把建议办理工作同加强国家机关、同人大代表、同人民群众的联系有机结合起来，加强协同配合，改进办理工作，认真研究采纳代表意见。

在建议办理工作中，各级部门高度重视，推动建议办理深入开展。中共中央办公厅把代表所提建议办理工作作为重中之重，推动有关方面切实把办理代表建议作为践行“两个维护”的实际行动。李克强总理连续 6 年主持召开国务院常务会议，听取国务院部门办理代表建议情况的汇报，强调办理代表建议是政府必须履行的法定职责，既要坚持已经形成的规范做法，更要进一步改进办理工作，聚众智、汇众力，提高依法行政的能力和水平。各承办单位越来越多地直接参与建议办理工作。

在建议办理过程中，一些承办部门不断探索，创新办理机制方法，推动建议办理取得实效。例如，国家发展改革委制定《高质量办理 2019 年全国人大代表团建议工作方案》，赴 12 个省区向全国人大代表及省人大相关领导当面汇报建议办理情况，逐条回应建议事项。为加强与代表的沟通联系，很多承办单位明确提出，在办理代表建议过程中必须与提出建议的代表百分之百沟通，将其作为办理答复的必经程序。中宣部、中央网信办、外交部、人力资源社会保障部、司法部、全国妇联等单位采取电话短信、邮件传真、登门走访、会议座谈和委托地方厅局等多种形式，在建议办理答复前与领衔代表沟通联系。

（五）人大监督制度的持续强化

中共中央总书记习近平指出：“人民代表大会制度的重要原则和

① 王岭：《内容高质量办理高质量—— 2019 年全国人大代表建议办理工作回眸》，《中国人大》，2020 年第 1 期。

制度设计的基本要求，就是任何国家机关及其工作人员的权力都要受到制约和监督。”监督国家机关的工作，是宪法法律赋予国家权力机关的一项重要职权。全国人大及常委会监督“一府一委两院”的方式主要有专题询问、执法检查、听取与审计报告等。2019 年，全国人大常委会检查《水污染防治法》《中小企业就业促进法》《可再生能源法》《渔业法》《高等教育法》等 6 部法律实施情况，听取审议“一府一委两院”21 个工作报告，开展 3 次专题询问，进行 7 项专题调研，尝试整合各种监督形式，增强了监督的针对性与实效性。

在检查《水污染防治法》实施情况时，全国人大常委会为了进一步增强监督针对性，提高监督实效性，采取了一系列具体措施：一是引入第三方评估。二是召开五级人大代表、专家学者和基层执法人员、企业代表座谈会，充分依靠人大代表、依靠人民群众，坚持上下级人大联动，深入基层、深入实际、深入一线，全面、准确、深入了解法律实施情况。三是开展法律知识问卷调查。将法律条文整理形成问卷，对所到地方政府相关部门和企业负责人进行问卷调查，了解各地对法律的学习掌握情况，推动法律宣传贯彻。四是实地检查与随机抽查相结合。坚持问题导向，对存在的突出问题进行深入调查研究，抽查发现的问题，督促推动地方政府举一反三、立行立改。五是监督工作与立法工作相结合。将全国人大常委会执法检查与制定长江保护法等立法调研工作有机结合，适时召开长江保护法立法调研座谈会，推动立法进程，增强监督实效。六是法律监督与舆论监督相结合，组织新闻媒体对执法检查进行全过程深入报道。

在执法检查中引入第三方对法律实施情况和效果开展评估，对全国人大常委会来说还是首次，是人大监督的一次重大探索和创新，此举对于推动人大监督工作提质增效和升级换代具有十分重要的意义。作为人大的监督对象，“一府一委两院”的工作包罗万象，有些工作专业性很强，技术含量很高，通过借助“外脑”，更多采用数据化、精准化的监督方式，为执法检查提供技术支撑和专业参考，有利于增强人大监督的科学性和专业性。专家们用更加客观、中立的视角，去审视、评价法律实施情况和各地区各部门工作，有利于提高人大监督的客观性、权威性，从而使人大监督更有力度、更具权威。评估既是对法律执行情况的评价，也是对立法质量的检测，这就把立法工作和监督工作结合起来，用监督来推动法律制度的健全完善。

在检查《中小企业就业促进法》实施情况时，全国人大常委会将执法检查与专题询问相结合，进一步增强了监督的实效。此次执法检查还突出“一个特点”，探索“三种方式”。“一个特点”，即紧扣法律规定，坚持问题导向，推动法律全面有效实施，对照法律开展检查，对照法律提出建议；“三种方式”，即一是抓住“一先和一后”，开展前期调研和补充调研；二是抓住“随机性和针对性”，开展抽查暗访和问卷调查；三是抓住“普遍和典型”，开展广泛检查和样本分析。①

对《可再生能源法》实施情况的执法检查也有几个突出特点：一是把宣传贯彻习近平生态文明思想和党中央可再生能源发展战略贯穿于执法检查全过程，听取各地贯彻落实习近平生态文明思想和习近平总书记重要指示批示情况。二是认真贯彻落实栗战书委员长对执法检查的要求，紧扣法律制度规定开展检查，坚持问题导向，依法推动解决可再生能源开发利用存在的突出问题。三是将执法检查与议案建议办理工作有机结合，深入听取人大代表意见建议。四是开展问卷调查，了解各地对法律的学习掌握情况，推动法律宣传普及，加强法律学习贯彻。五是委托中国工程院开展可再生能源法实施情况评估研究，强化专业支撑，增强监督工作的科学性和客观性。六是广泛深入听取五级人大代表、政府部门、企业、专家对法律实施和修改完善法律的意见建议。

此外，全国人大财经委和全国人大常委会预算工委近年来每年都会选择若干突出问题进行跟踪调研，由相关部门报告整改情况。

---

① 张春贤：《全国人民代表大会常务委员会执法检查组关于检查〈中华人民共和国就业促进法〉实施情况的报告》，《中国人大》，2019 年第 19 期。

这已成为一项成熟的制度安排，有利于增强相关部门主动整改意识、压实主体责任、形成整改合力。2019 年，全国人大财经委和全国人大常委会预算工委选取了全面实施预算绩效管理、生态保护与污染防治、减税降费政策措施落实 3 个方面重点问题进行跟踪调研，财政部、自然资源部、生态环境部、税务总局分别报告了整改情况，并作为此次审计整改报告的附件，向全国人大常委会报告。而中央部门预算执行等审计查出问题的整改情况，按惯例作为整改报告的附件，供全国人大常委会审议，主动接受人大和社会监督。

（六）地方人大的探索

1. 天津：人大代表会商制的探索①

2019 年初，为充分发挥人大代表的作用、提升街道决策的科学化民主化水平，天津市和平区小白楼街道党工委通过了《关于实施民生实事项目人大代表会商制工作的试行意见》，人大街道工委随后通过了《小白楼街民生实事项目人大代表会商制工作实施办法（试行）》，对人大代表会商制的基本内涵和工作原则、主要阶段和基本环节、工作要求等作出了明确规定。

根据实施办法，代表会商制度包括项目征集和初定、审议与会商、监督与评估三个阶段。街道办事处首先通过发放调查问卷、开展座谈会，以及人大街道工委组织人大代表深入社区听取意见建议两个途径公开征集项目，筛选并征求全体人大代表意见后确定候选项目，由区人大代表在每年一次的人大代表会商工作会议上进行票选。票选前，街道办事处向代表做详细说明并书面印发参会代表，最终得票超过全体代表半数、得票数位列前五的确定为当年民生实事项目。

监督评估阶段是保障项目落实的重要环节。人大街道工委将民

① 《代表会商制，让街道也能票选民生项目》，《中国人大》，2019 年第 10 期。

生实事项目的监督列入年度工作计划，计划通过专题检查和询问、代表视察调研等方式加强监督，每个项目分配六七名代表负责。与此同时，建立以人大代表为主、有关专业人员参与的评估小组，负责项目落实预评估、听取和审议街道办事处项目完成情况报告、开展满意度测评等。

街道民生实事项目代表会商制是基层民主政治建设的创新实践，是人大探索依法决定重大事项形式的有益尝试，也获得了社区居民的好评。

2. 山东：人大协商民主的淄川样本①

近年来，山东省淄博市淄川区人大积极探索人大协商民主。2016 年 4 月，区镇两级人大组织了“陶瓷风情小镇建设”议题式公开接待群众活动，积极探索构建创新人大协商民主制度，打破人大代表的层级限制，发挥好上级人大代表把握政策能力强、下级人大代表社情民意掌握透的优势，通过不同级别的人大代表协同与群众共同议事的形式，帮助解决民生热点难点问题。群众直言，以前不太熟悉的人大代表，现在是自己“娘家人”“代言人”，各级人大代表围绕一个议题深入调研、共同接待群众、提出意见建议，可谓新时代人大协商民主的范例。

经过近 3 年的发展，这个以人大代表议题式公开接待群众为载体，包含了重大事项决定、政府部门执行、人民群众参与的人大协商民主样本在社会变迁中渐成体系，发育成熟。人大代表议题式公开接待群众已成为每个镇（办）进行重大项目决策问政于民、问需于民、问计于民的有效路径。在重大项目决策和推进过程中，一方面，老百姓可以通过人大代表议题式公开接待群众的渠道开展对话型协商民主，满足公众的知情权、参与权、表达权和监督权；另一方面，通过为人大代表直接建言献策，人大代表进一步调研后总结

① 王光辉、杜永春等：《人大协商民主有个淄川样本》，《中国人大》2019 年第 8 期。

形成建议意见的方式，老百姓又可以参与、监督项目的实施过程。议题式接待是民主协商的一种自然延伸，参与议题式接待不能仅仅停留在群众反映问题的表面和代表们浅尝辄止的讨论上。群众出考题，政府作答卷，代表来阅卷，群众再评卷，形成了议题式公开接待群众的运行体系和模式。

2019 年 1 月 26 日，在区十八届人大三次会议上，人大常委会主任向代表们报告：经过全体代表的共同努力，形成了“有思路引领、有实践创新、有民情通道、有支撑载体、有丰富活动、有健全制度、有规范管理、有明显成效”的议题式接待“淄川模式”，打造了人大协商民主的淄川样本。

3. 浙江：镇级人大开展国有资产资源专题监督[①]

2019 年，浙江省台州市温岭市泽国镇首次在镇级层面开展国有资产资源专题询问会。尽管全国人大常委会相关文件只要求县级以上到 2020 年实现建立政府向本级人大常委会报告国有资产管理情况的制度全覆盖，但该镇勇于探索、大胆试水，建立了较为完备的镇级人大监督国有资产资源管理体系。

针对国有资产资源数量多、分布广、门类全、历史长等特点，温岭市泽国镇第十七届人民代表大会历时一年半，开展专题调研广泛征求意见，认真研究重点难点问题，查明国有资产资源 7 大块 172 处，其中产权明确的 146 处，有异议待核定的 26 处，管理不规范、权责不对称、效益不明显等问题普遍存在。

2019 年 5 月 30 日，温岭市泽国镇首试镇级国有资产资源绩效管理专题询问会，120 余名辖区内市镇两级人大代表参加询问会。会上，20 余名人大代表先后发言，围绕国有资产资源绩效管理，就镇属市场、廉租房、闲置校舍、镇属土地、镇属资产等内容开展专题询问，政府相关领导给予积极回应。会后，政府将积极落实人大代

① 浙江人大微信公众号。

表提出的建议意见，加快做好国有资产资源管理工作。

据报道，温岭市泽国镇人大还将继续积极探索建立健全国有资产管理情况人代会报告制度和日常监督制度，研究建立人大国有资产监督评价指标体系，建立与预算决算审查监督有效衔接机制，强化审议意见的研究处理，综合运用各种监督方式，加强跟踪监督和日常监督等。

三、社会主义协商民主制度：效能为要

2019 年是中华人民共和国成立 70 周年，是全面建成小康社会关键之年，人民政协也将迎来 70 周年华诞，中国共产党领导下的多党合作与政治协商制度也迎来了新篇章。加强党对政协的全面领导、将制度优势转化为治理效能构成了当下社会主义协商民主制度的基调。在政治协商制度方面，除传统的专题协商会、双周协商座谈会外，提案办理协商会，网络议政远程协商会也成为近两年来全国政协开展政治协商的重要机制。

（一）专题协商会

专题协商会是全国政协参政议政的重要机制。2019 年，全国政协针对创新驱动发展、加强农村基本公共文化服务建设分别开展专题协商。

5 月 14 日，全国政协召开“创新驱动发展”专题协商会。本次专题协商会有 257 位全国政协委员参加，79 位院士委员分别做了大会发言和分组发言，另外还有 100 多位委员通过移动履职平台和参加分组讨论提出了意见建议。委员们积极评价党的十八大以来中国实施创新驱动发展战略取得的显著成绩，也指出了中国科技管理机制不完善、基础研究薄弱、关键核心技术受制于人等突出问题。委

员们建议，要进一步强化基础研究，对长周期的原创性研究给予长期稳定的支持，努力实现更多“从0到1”的原创性突破。要改革重大科技项目管理方式，创新人才培养、管理和评价机制，破除唯论文、唯职称、唯学历、唯帽子的弊病，给予科研单位和人员更多自主权。要坚持企业的创新主体地位，支持龙头骨干企业牵头组织重大技术创新项目，完善科技型小微企业税收、融资等激励政策，加大知识产权保护力度。要支持中西部地区创新能力建设，实现区域创新协调发展。要坚持军民融合发展，加强军地技术人才交流互动，促进军地科技成果共享和转化应用。要鼓励各种形式的国际创新合作，更好吸纳利用全球创新资源。。

7月23日，全国政协在北京召开“加强农村基本公共文化服务建设”专题协商会，110多位全国政协委员参加会议，28位委员做了大会发言。委员们积极评价党的十八大以来中国农村基本公共文化服务建设取得的显著成绩，也指出了基层文化服务资源不足、供求对接不精准、文化人才断层等问题。委员们建议，要坚持一切为了农民，把满足农民求知求美求乐的积极精神文化需求作为根本目的，不简单以提供设施和活动的数量衡量工作成效，不搞形式主义和形象工程。要尊重农民主体地位，文化设施建设与管理运营要依靠农民，维护农民的参与权和自主权。要加强对乡村文化的引导，发展先进文化，改造落后文化，抵制有害文化，提供更多体现乡村特点、保留乡土味道、紧贴群众生活的文化产品和活动。要坚持加强投入与创新机制并重，健全政府购买公共服务机制，鼓励社会力量参与农村文化建设。要压实党委政府责任，加强统筹协调，发挥基层党组织战斗堡垒作用，加强乡村文化干部和乡土文化人才建设。

（二）双周协商座谈会

双周协商座谈会是十二届全国政协在继承人民政协优良传统基础上的重要创新举措。双周协商座谈会以专题为内容、以界别为纽带、以专委会为依托、以多向交流为办法，聚焦党委和政府中心工作以及群众关心、社会关注的重要议题，对切口小、专业性强的具体问题进行深入协商。近年来，双周协商座谈会作为沟通思想、协调关系、凝心聚力的重要协商平台，充分发挥了人民政协作为社会主义协商民主重要渠道和专门协商机构作用。

2019 年，全国政协运用双周协商座谈会，就促进就业、共享经济发展、著作权法修订、大运河文化带建设等社会关注的问题，就“四好农村路”建设、幼教师资培养、家庭家教家风建设、养老服务体系构建、健康中国战略等关系群众切身利益的问题，在深入调研的基础上协商咨政。

2019 年十三届全国政协双周协商座谈会一览表

次序	时间	主题
18	1 月 11 日	促进共享经济健康发展
19	1 月 29 日	网络环境下的知识产权保护
20	4 月 12 日	加强幼教师资培养
21	4 月 26 日	做好新时代城市民族工作，促进各民族交往交流交融
22	5 月 13 日	著作权法的修改
23	5 月 24 日	推进大运河文化带建设
24	6 月 14 日	构建居家社区机构“三位一体”的养老服务体系
25	7 月 12 日	依法加强和创新寺观教堂管理
26	7 月 26 日	巩固脱贫成果，减少和防止脱贫后返贫
27	8 月 30 日	深化“一带一路”创新合作
28	10 月 11 日	促进就业的政策措施
29	11 月 9 日	推进健康中国战略
30	11 月 22 日	协同推进公益诉讼检察工作
31	12 月 5 日	建立生态补偿机制中存在的问题和建议

（三）网络议政远程协商会

开展网络议政、远程协商是加强和改进人民政协工作、拓展政协协商民主形式的重要探索，这一形成于2018年的新型协商民主形式在2019年得到了进一步的发展。

2018年10月24日，全国政协在北京召开了第一次网络议政远程协商会，此次协商活动以“优化营商环境，促进民营经济高质量发展”为主题，13位委员在北京、浙江、湖南、广东4个会场以及通过手机连线方式发了言，前后共有800余位委员通过移动履职平台开展在线互动，积极建言资政。12月17日，全国政协在北京召开第二次网络议政远程协商会，围绕“推进快递行业绿色发展”建言资政，15位委员在全国政协机关和北京、江苏、福建、四川5个会场以及通过手机或计算机连线方式发了言，200多位委员通过委员移动履职平台踊跃发表意见。

2019年，网络议政远程协商会进一步发挥了重大作用，全国政协共召开了3次网络议政远程协商会。3月29日，全国政协在北京召开网络议政远程协商会，围绕“四好农村路”建言资政，13位委员在全国政协机关和福建、河南、四川、青海等5个会场以及通过手机连线方式发了言，300多位委员通过移动履职平台发表意见。6月28日，全国政协召开网络议政远程协商会，议题是“注重家庭家教家风建设”，15名政协委员与家庭代表在全国政协机关和天津、上海、山东、陕西5个会场以及通过手机连线方式发了言，260多位委员通过移动履职平台发表意见。9月12日，全国政协在北京召开网络议政远程协商会，围绕“加大白色污染防治力度”协商议政，14位委员在全国政协机关和河北、吉林、河南、海南5个会场以及通过手机连线方式发言，200多位委员通过移动履职平台发表意见。

（四）委员提案质量的提升

政协十三届二次会议期间，政协委员、政协各参加单位和政协各专门委员会以习近平新时代中国特色社会主义思想为指导，聚焦决胜全面建成小康社会、实现第一个百年奋斗目标中的关键问题，增强人民群众获得感、幸福感、安全感中的实际问题，积极通过提案建言献策。截至 2019 年 3 月 7 日，共收到提案 5113 件。依据《提案工作条例》和《提案审查工作细则》，立案 3859 件，并案 133 件，转为意见和建议 1121 件。在立案提案中，委员提案 3499 件，占 90.67%；集体提案 360 件，占 9.33%。在立案提案中，经济建设方面提案 1484 件，占总数的 38.46%；政治建设方面提案 308 件，占 7.98%；文化建设方面提案 266 件，占 6.89%；社会建设方面提案 1336 件，占 34.62%；生态文明建设方面提案 350 件，占 9.07%；其他方面提案 115 件，占 2.98%。[①] 总体来看，委员质量意识普遍增强，提案提出更加郑重，选题更加聚焦，调研更加扎实，建议更加具体，质量明显提高，彰显了履职建言的责任感和使命感。

（五）地方政协的探索

1. 四川泸县："有事来协商"[②]

泸县是四川省 16 个政协"有事来协商"试点县（区市）之一。试点以来，泸县政协坚持把"有事来协商"平台作为履行政治协商、民主监督、参政议政职能的综合载体，融协商、监督、参政于一体，着力破解基层政协协商"最后一公里"难题，力求解决好协商什么、谁来协商、怎样协商、哪里协商、成果如何转化等关键性问题。

协商的内容主要聚焦县域发展战略和党政中心任务，关注发展大事、民生实事、关键"小事"。泸县政协通过县委交题、政府点题、委员荐题和界别提案、镇（街道）联络组提案、委员提案等途径搜集议题，经政协主席会协商讨论，选准年度协商主题，再将协商主题计划分解到政协各专委会、各民主党派界别工作室、各镇（街道）同心圆工作室，分别组织调研协商，形成调研协商成果。在

---

① 《中国人民政治协商会议第十三届全国委员会提案委员会关于政协十三届二次会议提案审查情况的报告》。

② 《四川省泸县政协："有事来协商"，我们这样做》，人民政协网，http://www.rmzxb.com.cn/c/2020/01/20/2510468.shtml。

参与协商的人员方面，泸县政协按照“政协委员＋协商人才＋群众代表＋其他”的协商队伍结构，优选人员组织调研，在充分调研基础上，召开协商议事会，确保协商质量。同时，建立起100名协商人才库，每次协商针对不同主题抽选相应人才参与。为了提高协商的效果，泸县政协搭建了“1＋2＋4＋X”协商平台。即每年1次政协全委会议，开展最高规格的全面协商。每年2次以上政协常委会协商会议，开展专门的例会协商。每年4次政协专题协商会议，开展有县委、县政府领导参加的特别协商。每年X次界别或小微协商会议，开展常态化的一般协商。

政协全委会议、政协常委会协商会议场所相对固定，在此基础上，泸县政协还不断探索适宜场所，方便就近就地协商。比如在县政协建立“有事来协商联络工作室”、在各民主党派建立“有事来协商界别工作”、在各镇（街道）建立“有事来协商同心圆工作室”。在泸县政协微信公众号开设“协商平台”专栏，向社会远程征集协商主题和收集建议、意见，探索线上线下互动协商。制作“一图读懂有事来协商”宣传图、专题片等方式，加强“有事来协商”试点工作宣传，发动让更多的人“懂政协”“乐协商”，力争形成“有事好商量、众人的事情由众人协商”的良好氛围。

为了保证协商共识及时落地，推动有关问题有效解决，泸县政协改变了过去政协单向评价政府承办部门的做法，建立了“双向评价”机制。由党委、政府部门及社会各界对政协选题的精准性和协商成果进行评价，促进政协各委室、政协各界别、政协委员加强学习、调研。同时，由政协委员、政协常委会、政协各委室通过委员视察、调研督查、民主测评、会议督办、文件通报等形式评价承办单位，督促承办单位及时落实协商成果。

2. 河南省漯河：破解基层政协“两个薄弱”①

2019 年 12 月，河南省漯河市委印发了《中共漯河市委关于贯彻落实〈中共河南省委关于新时代加强和改进人民政协工作的实施意见〉的意见》（以下简称《意见》）。《意见》是对漯河市多项政协工作经验的制度化，是对涉及市县区政协基础工作薄弱、人员力量薄弱的问题拿出实打实的举措。

《意见》规定，市政协要加强对县区政协工作的指导，强化市县区政协上下联动，发挥整体合力；县区党委要重视委员履职阵地建设，把政协委员活动室（委员之家）、乡镇政协工作联络委、委员驿站、委员工作室等建设和运行经费纳入财政预算。针对人员力量薄弱问题，《意见》除规定县级政协主席、副主席不占政协机关编制外，还规定：完善县区政协信息化工作平台，充实工作力量；在各功能区设立政协委员联络工作机构。

《意见》要求从 2019 年起，漯河市将县区党委抓政协党建工作情况列入年度综合考核、纳入党委书记抓基层党建工作述职评议。党委办公室会同政府办公室、政协办公室建立职能部门负责人定期通报工作情况等知情明政工作机制，为政协委员履行职责、发挥作用创造条件。党委组织、统战部门会同政协共同制定政协委员退出机制，实现委员动态管理。落实县区政协主席、副主席不占政协机关编制的要求。

3. 安徽省蚌埠市：试点基层协商民主②

近年来，安徽省蚌埠市淮上区积极探索“有事来商量”形式、规则和办法，完善协商程序机制，发挥政协委员在基层治理体系中

① 王新卫等：《河南漯河市委多项举措破解基层政协“两个薄弱”》，人民政协网，http：//www. rmzxb. com. cn/c/2020/01/02/2497164. shtml。

② 《蚌埠市淮上区基层协商民主试点工作稳步推进》，人民政协网，http：//www. rmzxb. com. cn/c/2019/12/27/2493754. shtml。

的作用。2019 年，试点工作扎实推进，扩及 5 个镇 21 个村（社区），取得了明显的成效。12 月，小蚌埠镇果园社区和荷花园社区被安徽省社区治理工作领导小组授予协商示范点。

第一，探索建立“委员进村、协商为民”的工作新机制。试点村（社区）充分运用“互联网 + 民主协商”模式，搭建 QQ 群、微信群、村民说事 3 个交流平台，实行“需求、问题、协商”清单制。2019 年，乡村环境卫生整治、农村道路、农田水利、征地拆迁和项目工程等 57 个民生协商议题均采取“村民参与”模式同商共议。

第二，改革“商量”方式，“商”出村民自治新气象。坚持“管用、能干、有效“的原则，建立“支部领导、村委主导、群众主体、制度保障”协商运行体系。吴小街镇太平岗村采取“协商共议、多元对话”的办法，先公示房屋搬迁、还原安置议题，通过“问卷 + 走访”征求意见，改变过去由政府主导建房分房变为群众协商建房分房。

第三，以“人人关心、事关人人”的民意动力为基点，依法依规制定决议协商和村民直议程序，邀请“三代表一委员（党代表、人大代表、村民代表和政协委员）和协商议题所涉区、镇相关涉事部门代表参加协商，确保规范化、合法化和科学性。

4．江西九江：加强协商民主建设试点①

2019 年，九江市在全省率先启动并部署加强协商民主建设试点等工作，得到了江西省政协的肯定。

九江市委要求，协商民主建设要把握关键环节，注重协商效果，选择协商议题、尤其是民生问题，认真协商，形成科学决策，并高效落实。把开展基层协商作为工作中心和重点，积累经验，进而推广。充分发挥人民政协专门协商机构作用，进一步加强协商民主建设，形成以政协常委会、全会、专委会“三会”议政协商，专题调

① 《江西九江市委部署加强协商民主建设试点》，人民政协网，http：//www. rmzxb. com. cn/c/2019/11/28/2475690. shtml。

研协商、提案办理协商、评议监督协商、社情民意协商、网络远程协商五类常态协商，进乡镇（街道）、进社区（村居）、进园区（企业）“三进基层协商”为重点的协商格局，打造化解矛盾、社会治理的平台。市政协制定协商民主操作手册，对协商频次、会议主持、议题筛选、参与人员、协商方式等规范明确，有章可循。

九江市将按准备阶段、试点阶段、推广阶段有序开展协商民主工作，通过二至三年的努力，促进全市协商民主建设运行良好、成熟定型、自成特色，从而基本形成协商主体多元、内容丰富、形式多样、程序规范、制度健全、成效显著的协商民主新格局，助推经济社会高质量发展。

5. 深圳龙岗：政协创新基层协商会[①]

近年来，深圳市龙岗区政协基层协商会议依托各街道服务组，将协商平台建在街道、社区，搭建起政协委员、政府相关部门、街道（社区）、居民四方的协商交流平台，使基层的声音传达得更远、更精准，协商的方式也更加灵活、接地气，是龙岗区政协深耕基层政协协商民主模式，推进工作触角向基层延伸的可喜探索。

2018 年 4 月，深圳市龙岗区政协制定出台《龙岗区政协委员联系群众工作制度（试行）》，正式成立政协委员街道服务组，定点联系龙岗区 11 个街道和大鹏新区，有力推进了政协工作职能在基层的拓展和延伸，并在各街道服务组设立党小组，充分发挥党建引领作用。2019 年，深圳市龙岗区政协又制定了《2019 年度基层协商活动工作方案》，保证基层协商活动有序有效开展。截止到 2019 年底，龙岗区政协已在龙岗街道、大鹏新区、龙城街道、坂田街道、布吉街道、园山街道，围绕龙岗河“一河两岸”龙园段规划设计、市政工程重复施工影响道路交通、城中村活动中心规划建设、大芬油画村综合整治提升、园山街道重点项目规划建设等主题组织了 6 场基

---

① 宋啸峰：《政协协商离人民群众更近——深圳市龙岗区政协创新举办基层协商会记事》，人民政协网，http：//www. rmzxb. com. cn/c/2019/10/22/2448250. shtml。

层协商会议。政协委员提出的 84 条建议被采纳并逐渐落实。

6. 江苏淮安：探索协商民主向基层延伸①

近年来，江苏省淮安市政协按照协商民主广泛、多层、制度化要求，坚持协商于民、协商为民的理念，强化“一线”意识，坚持问题导向，大力发展基层协商民主，坚持“通痛点、疏堵点、解难点”，一步一个脚印，用实际行动回答了平台怎么搭建、渠道如何畅通、协商质效如何提升、政协形象如何提升、常态机制如何形成等一系列问题。

第一，建委员之家，给委员广泛联系群众一个平台。2014 年以来，市政协各小组依托委员之家平台，开展基层调研座谈 300 多次，开展精准帮扶活动 2200 余人次，筹集帮扶资金 1000 多万元，收集反映基层意见 300 多条，撰写调研报告 60 余篇，举行政策宣讲 100 余次，办成民生实事 40 余件。

第二，触角延伸，使群众来协商有个固定机制。2019 年初，淮安市政协下发《关于加强和推动政协协商平台向基层延伸工作的意见》，推动基层协商平台建设特别是微型协商平台建设，每个镇、街道建立 1 个固定的政协委员工作站，着力打通协商民主“最后一公里”。

第三，创新形式让群众身边的协商民主全天候、不断线。在基层协商平台建设基础上，淮安区政协创造性开展“家门口的协商”，推进政协协商与基层协商有效衔接，推进政协协商与基层协商有效衔接，总结出打造群众身边全天候、不断线民主协商的淮安模式。

第四，形成机制，使基层协商民主成为常态。第一步是活动牵引，即围绕中央、省文件精神和市中心工作来设计活动主题，每年一个主题，用活动有效激活协商民主向基层延伸的常态机制。第二步是履职考评。制定了《政协委员履职管理考评暂行办法》，加强委

① 《激活基层协商民主的“一池春水”——探索协商民主向基层延伸的淮安实践》，人民政协网，http：//www. rmzxb. com. cn/c/2019/09/18/2427018. shtml。

员的管理与考核工作，建立健全委员的激励、惩戒和进出机制。第三步是跟踪问效。坚持以群众满意为根本导向，对基层民主协商实行“跟踪问效”，改变“建议止于批示”的履职模式，让协商成果落实到基层，兑现给百姓。第四步是综合保障。市县两级政协推动智慧政协建设，提供信息保障；给“委员之家”“基层委员工作站”配备联络员，提供人力保障；给“基层委员工作站”配备必要设施，提供物质保障；给“委员之家”安排活动经费，提供经费保障。

第四章　深化机构与行政体制改革新取向

一、“简政放权”再升级

（一）“简政放权”的改革进程

2019 年是简政放权理念提出和践行的第六年。自从 2014 年国务院第一次常务会议主题就是“简政放权”，六年来，简政放权改革已经取得了巨大成效，国家大幅削减行政审批事项、企业投资核准项目，彻底终结非行政许可审批，国务院部门行政审批事项削减 44%，非行政许可审批彻底终结，中央政府层面核准的企业投资项目减少 90%，行政审批中介服务事项压减 74%，职业资格许可和认定大幅减少。中央政府定价项目缩减 80%，地方政府定价项目缩减 50% 以上。全面改革工商登记、注册资本等商事制度，企业开办时间缩短 1/3 以上。[①]

从中央层面看，中央始终坚持把行政审批制度改革向纵深推进，在促进政府由“全能型”向“服务型”转变上下功夫，把能精简的政府权限再次精简。2019 年李克强总理在北京召开全国深化“放管

① 《行政审批制度改革有大成效》，《光明日报》，2019 年 1 月 5 日 01 版。

服”改革转变政府职能电视电话会议，特别强调要通过简政放权、放管结合、优化服务的深刻改革，推动政府职能深刻转变、极大激发市场活力，大力缩减市场准入负面清单。2019 年提出要把工业生产许可证种类再压减一半以上，中央层面再取消下放 50 项以上行政许可，整治各类变相审批，准备到 2020 年底前基本实现行政许可事项“应放尽放”。[①]

在地方上，改革推进沿着两个方面进行：一方面是继续减少行政审批事项。比如山东持续压减政府权力事项。按照“应放尽放、减无可减、放无可放”的原则，持续加大放的力度。2019 年将 2013 年的 7371 项精简到 3357 项，压减 54. 4%，市、县两级行政权力事项分别压减 42. 6% 和 24. 2%。未来三年内将省级行政许可事项再压减 50% 以上。[②] 重庆提高简政放权“含金量”，2019 年清理保留市、县、乡三级行政权力 5655 项，取消与工作实际脱节的 198 项事项。[③] 湖北省坚决清理无谓证明事项等。[④]

另一方面，为克服行政碎片造成的效率低下，各地纷纷采用“行政审批局”模式，将“分裂”的审批与监管权集中起来，将散落在各处的审批权重新集中、整合起来，由行政审批局统一行使。2014 年天津滨海新区用一枚行政审批专用章替代 18 个部门的 109 枚印章，在全国实现了“一枚公章管审批”的模式，建立了行政审批局的方式，标志着我国行政审批改革进入了新阶段。2018 年，中共中央办公厅、国务院办公厅在《关于深入推进审批服务便民化的指导意见》中要求，深化和扩大相对集中行政许可权改革试点，整合优化审批服务机构和职责，有条件的市县和开发区可设立行政审批

① 《简政放权、放管结合、优化服务，国务院要求用政府改革激发市场活力》，转引自中国政府网，http：//www. gov. cn/xinwen/2019/06/26/content_5403313. htm（2020 年 2 月 1 日查阅）。

② 《简政放权 3 年内山东省级行政许可事项再减 50% 以上》，转引自凤凰网，http：//sd. ifeng. com/a/20191127/7865232_0. shtml（2020 年 2 月 1 日查阅）。

③ 《重庆提高简政放权“含金量”权力清单与公共服务事项清单合一》，转引自搜狐新闻，https：//www. sohu. com/a/355527730_123753（2020 年 2 月 1 日查阅）。

④ 《湖北：简政放权坚决清理无谓证明事项，》转引自中国人民政府网，http：//www. gov. cn/xinwen/2019/10/27/content_5445415. htm（2020 年 2 月 1 日查阅）。

局，实行“一枚印章管审批”。自此，地方进入行政审批整合时代，许多地方进行了“最多跑一次”改革，积极实行“一次不跑”或“只跑一次”的全覆盖，所有民生事项和企业事项“一次办结”。[①]到2019年底，各级地方政府基本都进行了审批权力重新配置，行政效能不断增强。

但在实际运行中，行政审批局还存在一定问题，突出表现为两点：

一是审批与监管不对等问题。成立行政审批局是将相关审批事项从原来的职能部门剥离出来，监管执法仍然在原来职能部门，如此审批与监管两个行政行为相分离，按照“谁审批，谁监管”的原则，容易引发市场主体应由谁“监管”的争议。审批与监管的分离机制要求相关部门无缝对接，一旦对接不及时，会造成监管成本上升，监管效果就会降低。过去几年，许多政府部门把工作精力主要放在审批项目的清理精简上，而对保留的审批项目如何强化监管、优化服务等方面明显重视不足，重审批、轻监管、轻服务的问题依然突出，使得简政放权改革的效果大打折扣。行政审批局的权责问题也成为日后改革的重点。[②]

二是条块管理冲突的问题。行政审批局从诞生之初就面临因集中而带来的职责交叉、信息衔接、权责模糊等问题，成为制约改革的梗阻。由于国家层面没有设立行政审批局，缺乏对应的中央主管部门，导致很多时候只能在职能上接受相关上级主管部门的指导。行政审批局集中了许多许可主体，而其他行政部门是按照业务领域设计的，行政审批局确实有“夺权”问题，导致少数部门对相对集中行政许可权改革认识不统一，甚至对行政审批局机构的法律地位存在疑惑，使得行政审批局经常处于“找不到门”或“不让进门”的尴尬境地，信息沟通不畅的情况时有发生。长此以往，体制内耗

① 《百姓少跑腿、政府有效率、企业更安心，看2018年各地落实“简政放权”有良方》，转引自中华网，https：//news. china. com/domesticgd/10000159/20181221/34755733_1. html（2019年1月19日查阅）。

② 唐晓阳：《新时代简政放权改革取得的成效、问题及对策》，《岭南学刊》，2019年第3期。

会消解改革的红利。[1]

（二）新一轮简政放权的改革成效

行政审批制度改革是转变政府职能，完善行政管理体制的重要改革。改革进行到现阶段，已经取得了阶段性成果，行政审批制度改革日益科学化、法治化、服务化、透明化与责任化，通过大量的行政审批事项的减少，已建立使市场发挥决定性作用而又能弥补市场缺陷。[2] 改革的主要成效可以表现为以下几个方面：

一是审批事项进一步减少。行政审批事项的减少不仅仅是数量上的增减，更重要的是通过行政审批制度改革的深化，改革从注重数量转向提高含金量，继续持续的取消附带寻租空间的行政审批事项，减少放小不放大、名减实留等倾向，特别是浙江、江苏、贵州等省份改革成效明显，最大限度地减少行政审批事项。

二是行政审批改革与机构改革相配套。机构改革为“放管服”改革奠定了良好的基础，从根本上解决了职能配置碎片化的问题，避免了职能交叉、互相扯皮的痼疾，重塑了协同整体的政府。“放管服”改革是以调整政府职能为核心的。回应本轮机构改革，简政放权重在实现政府在市场、社会中的职能调整，加强和完善政府经济调节、市场监管、社会管理、公共服务、生态环境保护职能，构建职责明确、运行高效、系统完备的职能体系。通过审改简化整合职能流程，动态调整职能清单，释放市场空间，保障市场自由，以提高效率、优化服务。

三是特别注重互联网在简政放权中的重要作用。当前，全国各地按照中央部署、结合自身特点开展了形式多样的“互联网 + 政务服务”的实践探索，取得了很大成效，通过政务服务网破解效率困

---

① 袁雪石：《相对集中行政许可权改革的挑战与发展方向》，《中国行政管理》，2020 年第 1 期。

② 李军鹏：《十九大后深化放管服改革的目标、任务与对策》，《行政论坛》，2018 年第 2 期。

局，并通过政策规定倒逼政府改革。[1] 实践证明，互联网技术、数字技术等是“放管服”改革取得成功的关键。从现有“互联网+政务服务”发展情况看，以一体化政务服务平台为代表的系列改革举措都在探索如何以互联网技术触发各级政府“放管服”，为创新创业加油助力。各级地方政府都在努力建成“应上尽上、全程在线”新平台，通过开通在线办理，提高政务网门户建设覆盖率，逐步形成涵盖政务服务“全事项、全过程、各环节”的全流程智能化服务平台，进一步提升了市场准入和投资审批便利度，进一步提高政府效能。[2]

二、“放管结合”的新突破

优化政府职责体系是坚持和完善中国特色社会主义制度、推进国家治理体系和治理能力现代化的必然要求，进一步加强监管能力是推深做实“放管服”改革的突破口。自从2015年中央提出“放管服”改革后，在政府职能转变方面取得了巨大成绩，简政放权和优化服务在改革上都有了巨大进步，包括诸如行政审批的大幅度减少，“互联网+技术”的提升，“一网通办”“最多跑一次”等改革的推进都在地方创新中取得了明显的成就，并迅速在全国进行推广。但是在“放管结合”的方面，由于监管经验有限，还涉及到了机构合并，监管职责落实等问题，改革的成效还需要进一步提高。

（一）大市场监管体系的建立与纵深发展

组建市场监管总局，是中国特色社会主义进入新时代，在继续

① 刘双良、秦玉莹：《“放管服”改革背景下地方治理能力的提升——基于“互联网+”的分析视角》《江淮论坛》，2018年第6期。

② 《数字化转型促简政放权》，转引自中国纪委国家监委网，http：//www.ccdi.gov.cn/yaowen/202002/t20200225_212181.html（2020年2月10日查阅）。

加快完善社会主义市场经济体制的进程中，完善市场监管体制的重要举措。实行统一的市场监管，是建立统一开放竞争有序的现代市场体系的关键环节。

党的十八届三中全会提出“改革市场监管体系，实行统一的市场监管”，建立了大市场监管体系的思路。2013 年地方政府开始对新一轮市场监管体制改革进行探索与试点，大幅提升市场监管部门的监管效率。2014 年，国务院要求“加快县级政府市场监管体制改革，探索综合设立市场监管机构，原则上不另设执法队伍”。2015 年，国务院召开“全国推进简政放权‘放管结合’职能转变工作”电视电话会议，首次提出了“放管服”改革的概念。“放管服”作为转变政府职能的重大举措，围绕处理好政府与市场关系，简政放权、放管结合、优化服务三管齐下推动政府职能转变、优化营商环境、激发市场活力和社会创造力。2017 年国务院《“十三五”市场监管规划》出台，提出树立现代市场监管理念，改革市场监管体制，创新市场监管机制，强化市场综合监管，提升市场监管的科学性和有效性，促进经济社会持续健康发展。这不仅涉及政府监管模式的改变，还涉及深层次的行政权力结构调整和政府理念变革。2018 年十三届全国人大一次会议通过批准国务院机构改革方案，组建国家市场监督管理总局，原国家工商总局、质检总局、食药总局撤销，组建国家市场监管总局。作为中央级别的国家监管总局，不仅是继续加快完善社会主义市场经济体制进程，完善市场监管体制的重要举措，也是大市场监管体制搭建的初步探索。作为新一轮的政府机构的优化，国家市场监管进入权威体系与大整合的综合改革状态。大监管将工商、质监、食药监的相关产品监管和标准化职能囊括其中，而且还将发改委、商务部等部门物价监管和反垄断的职能并入，以及知识产权保护等职能，成为事实意义上的一个综合的市场监管机构。这次改革也是历次市场监管体制改革中力度最大的一次，也是自 2013 年起为期最长、争议最多的新一轮机构改革。

2018 年中共中央办公厅、国务院办公厅印发了《海南省机构改革方案》，海南由此成为全国第一个进行机构改革的省份，也成立了全国首个省级市场监管局。从海南省开始，根据《深化党和国家机构改革方案》的明确要求，所有地方机构改革任务在2019年3月底前基本完成。截至2019年11月，各级市场监管部门按照中央部署和地方党委的安排，积极做好各项机构改革工作，各省、市、县、乡、镇等地方政府的市场监管机构已先后完成挂牌和领导任命工作。全国绝大部分县区级“三合一”已经完成。“三合一”后的市场监管部门作为一个整体，力量延伸到乡镇，从这个层面而言，监管的整体力量得到了加强。至此，从中央系统、地方系统和基层系统三个层面建立了大监管思路的市场监管体系。在中央层面建立了国家市场监督管理总局。其主要职责是提供中央层面的制度设计，把握市场监管总体方向。在地方层面，建构了地方市场监督管理总局和最基层的县与乡市场监督管理总局，其主要职责分别是，根据中央的政策要求建立符合本地区发展和情况的监管部门。基层乡镇层面住户要落实辖区内的市场监管事务。整个大市场监管体系，通过政府间系统的协调机制，比如决策机制、监督机制和执行机制进行落实。[①]

党的十八大以来，市场监管取得历史性成就。国务院发布《“十三五”市场监管规划》，市场监管纳入国家中长期战略部署。按照“四个最严”要求，食品药品监管迈上新台阶，重点食品合格率稳定在97.5%以上。知识产权大保护格局初步形成，知识产权创造、运用和保护机制不断完善。竞争政策基础性地位不断强化，作为结构性政策的重要内容，为结构性改革注入新的动力。市场监管机构职能进行重塑，市场监管体系日益向纵深发展。[②] 在地方上，整合后的大监管体制在整顿市场经济，营造良好营商环境中发挥重要作用。杭州市市场监督管理局于2013年12月成立，职责行使以类别与部门加以区分，在行使过程中将权力的行使于“市级保留”“县（市、

① 宋林霖、陈志超：《深化地方市场监管机构改革的目标与路径》，《行政管理改革》，2019年第9期。

② 肖亚庆：《开创市场监管新局面》，《人民日报》，2019年10月17日12版。

区）属地管理”“共性权力”三方面重新定位，“市级保留”指市级部门直接行使（含部分委托下放和承接上级部门委托下放）的行政权力，“县（市、区）属地管理”指市级行使权力按规定下放给下级政府管理，而“共性权力”指市级有关部门均拥有的行政权力。2019 年杭州市场监管系统共立案查处各类案件 11087 件，同比增长 15.91%，深入整顿食品安全治理整顿不断深入，不断完善知识产权多元化纠纷解决机制，连续 3 年位列国家知识产权局执法考核前 3 名。①

虽然实现统一的市场监管体系是监管体制的重大突破，但也存在一些问题，特别明显的是地方监管体制融合困难。原有市场监管机构改革采取了从基层开始的方式，鼓励地方政府因地制宜，不同层级、不同职能的新机构在管理模式上差异性明显。这就导致目前全国没有统一的市场监管模式，存在执行困难的问题。如辽宁、吉林、江苏等地，在县级层面采取工商、质监、食药监“三合一”。安徽、山西、河北、湖南、四川部分基层是工商、质监“二合一”，但省级层面却又是工商、质监、食药监“三合一”。浙江的舟山实行工商、质监、食药监“三合一”，浙江的宁波市是工商、食药监“二合一”，而宁波各县级局则实行工商、质监、食药监“三合一”。②

执法原则冲突的问题，比如工商总局《工商行政管理机关行政处罚程序规定》，质监总局《质量技术监督行政处罚程序规定》，食药监总局《食品药品行政处罚程序规定》，分别对工商、质监、食药监部门办理行政处罚案件做出了程序性规定。这些法规的具体要求并不一致。③ 随着食药监与质监职能的并入，大市场监管主体数量的覆盖面与复杂性都大幅增加，各部门因对执法人员的能力要求各不

① 《2019 年杭州市市场监督管理局亮点工作回眸》，转引自 http://www.hangzhou.gov.cn/art/2019/12/10/art_812262_40947560.html（2020 年 2 月 19 日查询）。

② 王健、王鹏：《新一轮市场监管机构改革的特点、影响、挑战和建议》，《行政管理改革》，2018 年第 7 期。

③ 王健、王鹏：《新一轮市场监管机构改革的特点、影响、挑战和建议》，《行政管理改革》，2018 年第 7 期。

相同，业务整合难度大。如此冗杂的监管和执法体系，工作层面存在上下对接难、执法困难等问题也是今后地方改革的难点。

（二）商事制度改革向深度广度扩展

“放管服”改革以来，随着“先照后证”“多证合一”“证照分离”改革的不断深入，我国营商环境不断优化，企业领取营业执照、从事一般经营项目的便利化程度有了很大改善。2019 世界银行《营商环境报告》正式出炉，中国总体排名比 2018 年上升 32 位，位列全球第 46 名。世界银行发布的《2020 营商环境报告》显示，在全球 190 个经济体中，中国营商环境总体排名跃居全球第 31 位，比上一年提升 15 位，其中“开办企业”便利度排名第 27 位。商事制度改革后，中国是东亚及太平洋地区唯一一个进入 2019 年世界银行《营商环境报告》10 大最佳改革者名单的经济体。[①]

中国商事制度改革取得的显著成效主要表现在两个方面：

一是在放宽市场准入方面，继续推进工商注册便利化。从 2013 年开始，国家开始推进工商注册便利化，2015 年，我国对部分涉企经营许可事项开展“证照分离”改革，先后在上海浦东新区试点并向更大范围复制推广，有效降低了制度性交易成本，激发了市场活力和社会创造力。到 2017 年先后实行企业住所改革、企业名称改革、全程电子化和电子营业执照改革。2019 年国家进一步推动注册登记便利化。在各直辖市、计划单列市、副省级城市和省会城市企业开办时间由原来 20 天压缩至 8.5 天以内。日后还要继续把这一目标扩大到全国范围。[②]

二是深入实行“证照合一”的改革。从 2015 年开始实行“证照

① 《〈中国知识产权保护与营商环境新进展报告（2019）〉发布会》，转引自中国商务部，http://www.mofcom.gov.cn/article/i/jyjl/l/202005/20200502961298.shtml.（2020 年 2 月 19 日查询）。

② 《建议提案有力推动商事制度改革和营商环境改善》，转引自中国政府网，http://www.gov.cn/zhengce/2019/02/27/content_5369055.htm.（2020 年 2 月 19 日查询）。

合一”改革，通过“三证合一”、加强监管，持续深化便利化改革。经过多年的改革，到 2018 年在全国推开“证照分离”改革，推动“照后减证”，做到各类审批事项能减则减、能合则合，进一步清理“证”“照”关系，区分“证”“照”功能。2019 年国务院正式印发《关于在自由贸易试验区开展“证照分离”改革全覆盖试点的通知》（以下简称《通知》），明确从 12 月 1 日起，在全国 18 个自由贸易试验区开展“证照分离”改革全覆盖试点工作。据介绍，建立涉企经营许可事项清单管理制度，是这次改革试点的亮点之一。通过清单管理实现对所有涉企经营许可事项全覆盖，清单以外一律不得违规限制企业进入特定行业或领域开展经营，营造稳定公平透明、可预期的市场准入环境。①“证照分离”改革在地方得到了广泛认可和推广。比如广东省在 2019 年 11 月 29 日印发《广东省开展“证照分离”改革全覆盖试点实施方案》（以下称《方案》）。《方案》提出，持续深化“放管服”改革，开展“证照分离”改革全覆盖试点，进一步扩大企业经营自主权，创新和加强事中事后监管，营造市场化、法治化、国际化的营商环境。

（三）健全市场监管方式

在市场监管领域全面推行“双随机、一公开”监管，是党中央、国务院做出的重大决策部署，是市场监管理念和方式的重大创新，是深化“放管服”改革、加快政府职能转变的内在要求。创新市场监管体制的主要内容是，加快信用体系建设和强化事中事后监管机制，建立以信用为核心的新型市场监管机制，不断提升市场秩序控制力，打造更有序的营商环境。

党的十八大以后，我国社会信用体系建设工作快速推进，包括行政审批制度的改革与市场监管制度方式的创新，为构建以信用为

① 《全国 18 个自贸试验区开展“证照分离”改革试点》，《人民日报》，2019 年 12 月 05 日 07 版。

核心的市场监管体系创造了条件。经过几年的探索，以信用监管为核心的新型监管机制初步形成，全国各地全面推行了“双随机、一公开”监管方式。2019 年 2 月国务院印发《关于在市场监管领域全面推行部门联合“双随机、一公开”监管的意见》，在市场监管领域全面推行部门联合“双随机、一公开”监管，要坚持全面覆盖、规范透明、问题导向、协同推进，增强市场主体信用意识和自我约束力，对违法者“利剑高悬”。到 2019 年底，市场监管部门完成双随机抽查全流程整合，到 2020 年底，实现市场监管领域相关部门“双随机、一公开”监管全覆盖，地方各级人民政府相关部门在市场监管领域联合“双随机、一公开”监管常态化。

目前，在各地方，服务于“简政放权”改革的新型的监管方式已经出现。如内蒙古自治区，通过建立经营异常名录制度和严重违法企业名单制度，初步形成以信息公示为基础、信用监管为核心的新型市场监管机制。银川市搭建审批监管信息互动平台，利用大数据挖掘、分析、预估研判潜在风险，为监管部门精准监管提供决策依据。江西省工商局依据企业 3 年内违法的轻重状况，用绿、黄、橙、红四色对企业分类，对红、橙、黄三色企业提高检查频率等。[①]全面推行“双随机、一公开”监管是“放管服”改革的重要之举，是完善事中事后监管的关键环节，对于提升监管的公平性、规范性和有效性，减轻企业负担和减少权力寻租，都具有重要意义。

三、优化政府公共服务：公平与效率

早在 2006 年，十六届六中全会就提出要逐步形成惠及全民的基本公共服务体系。此后，国家先后印发了《国家基本公共服务体系

---

① 《简政放权再升级》，《中国经营报》，转引自财经网，http：//finance. sina. com. cn/roll/2019/03/09/doc - ihrfqzkc2386455. shtml（2020 年 2 月 19 日查询）。

"十二五"规划》《"十三五"推进基本公共服务均等化规划》《关于建立健全基本公共服务标准体系的指导意见》等文件持续推动落实各地区、各有关部门改革。目前，我国已经初步构建起覆盖全民的国家基本公共服务制度体系，各类基本公共服务设施不断改善，基本公共服务项目有效落实，服务范围持续拓展，保障能力不断增强。

（一）构建更加成熟的公共服务制度体系

明确事权范围，规范支出责任划分。在 2018 年国务院办公厅就印发了《基本公共服务领域中央与地方共同财政事权和支出责任划分改革方案》。《方案》明确提出通过基本公共服务领域中央与地方共同财政事权和支出责任划分改革，力争到 2020 年，逐步建立起权责清晰、财力协调、标准合理、保障有力的基本公共服务制度体系和保障机制。

2019 年开始，各地方推进省以下支出责任划分改革。昆明市印发了《昆明市基本公共服务领域市以下共同财政事权和支出责任划分改革实施方案》，相继明确基本公共服务领域中央与地方、省与各地共同财政事权范围，规范支出责任分担方式和相关管理要求。在中央与地方、省与各地财政事权和支出责任划分总体框架下，对教育、医疗卫生、社会保障等 8 大类 18 小项基本公共服务事项市与各县（市）区、开发（度假）园区共同财政事权和支出责任划分予以明确和规范。① 2019 年四川省 18 项基本公共服务纳入省与市县共同财政事权范围，② 海南省 18 项基本公共服务纳入省与市县共同财政

① 《关于昆明市基本公共服务领域市以下共同财政事权和支出责任划分改革实施方案的政策解读》，转引自昆明市人民政府网，http://www.km.gov.cn/c/2019/08/13/3087371.shtml（2020 年 2 月 22 日查询）。

② 《四川省 18 项基本公共服务纳入省与市县共同财政事权范围》，转引自中国政府网，http://www.gov.cn/xinwen/2019/03/10/content_5372541.htm（2020 年 2 月 19 日查询）。

事权范围等。[①] 通过基本公共服务领域中央与地方共同财政事权和支出责任划分改革，明确国家和地方提供基本公共服务的质量水平和支出责任。

第一，制定基本公共服务保障国家基础标准。在2018年关于公共服务标准体系的指导意见文件中，从国家、行业、地方、基层服务机构4个层面，构建了基本公共服务标准体系的总体框架。其中，国家层面，以“幼有所育、学有所教、劳有所得、病有所医、老有所养、住有所居、弱有所扶”等为统领，制定国家基本公共服务标准。地方层面，地方政府结合本地区经济发展、人口结构等因素，制定本地区基本公共服务具体实施标准，以求实现“幼有所育、学有所教、劳有所得、病有所医、老有所养、住有所居、弱有所扶”的美好生活。2019年，地方政府按照国家部署，按照《指导意见》精神，将国家基本公共服务标准、各行业领域标准规范与本地实际相结合，经与国家基本公共服务相关规划和标准衔接并进行财政承受能力评估后，制定本地区基本公共服务具体实施标准。比如安徽省通过统计局制定了2016年至2018年全省基本公共服务均等化指数，通过指数测评推进公共教育、劳动就业、社会保险、医疗卫生、社会服务、居住交通、文化体育、残疾人事业八个领域的均等化进程，测评现实部分指标已提前达到或超额完成“十三五”规划目标任务。[②]

第二，加大非基本公共服务的供给。为完善公共服务体系，2019年的《政府工作报告》明确提出，增加非基本公共服务的供给，充分发挥市场和社会组织等各种社会力量的广泛参与公共服务供给的作用，强调服务的市场化、多元化和优质化。比如提出社区养老、托幼，农村文娱、体育设施，城市共享单车、停车场等公用事业可尝试通过市场竞争、政府购买服务、政府和社会资本合作

① 《海南省18项基本公共服务纳入省与市县共同财政事权范围》，转引自中国政府网，http：//www. gov. cn/xinwen/2019/01/08/content_5355740. htm（2020年2月20日查询）。

② 《安徽省基本公共服务均等化指数首次发布》，转引自中国政府网，http：//www. gov. cn/xinwen/2020/02/02/content_5473827. htm（2020年02月22日查询）

（PPP）等方式进行建设和运营，更灵活地满足公众需求。①

从机构改革的角度看，通过组织架构与职能再设置的方式，提高公共服务有效供给。比如新组建到位的退役军人事务部、应急管理部、医疗保障局等从推进退役军人服务保障、公共安全保障、医疗保障体系建设方面推进了公共服务体系的完善。优化内设机构，民政部新成立养老服务司，国家卫生健康委新成立老龄健康司，二者职责分工明确，推进老年健康、老年养老、老年保障等老年事业。②

（二）公共服务均等化程度提高

在基本公共服务均等化建设的过程中，存在着城乡之间、区域之间、不同群体之间的基本公共服务供给的不平衡。公共资源建设与公共服务建设中的过分向城市的倾斜和集中，出现了城市公共设施超大超前建设，而广大农村公共服务实施严重不足。比如有数据显示，从 2007—2016 年 10 年间我国东部省市的城乡基本公共服务均等化水平分布的很不平均。比如北京、浙江等东部地区属于第一梯队，而山东、天津等属于第二梯队，第三梯队比如海南、上海等地都存在均等分别不均衡的状态。③

随着我国公共服务体系的日益完善，公共服务均等化程度也在不断提高。基本公共服务均等化程度是衡量民生建设的一个重要指标，是国家治理现代化的主要体现。党的十九大报告着重指出，要保障和改善民生，必须加快推进基本公共服务均等化，到 2035 年基本公共服务均等化基本实现，这是中共十九大报告明确的目

① 欧晓理：《我国基本公共服务体系建设的现状、问题和思考》，《社会治理》，2019 年第 7 期。

② 欧晓理：《我国基本公共服务体系建设的现状、问题和思考》，《社会治理》，2019 年第 7 期。

③ 颜雅英、陈昌健：《东部地区基本公共服务均等化比较研究》，《泉州师范学院学报》，2018 年第 6 期。

标。2019 年国家公共服务均等化程度提高，主要表现在几个方面：

城乡公共服务整合力度加强，城乡公共服务差距日益缩小。现阶段中国发展最大的不平衡是城乡之间的不平衡，最突出的表现是基本公共服务发展水平的不平衡。2019 年延续 2018 年的发展思路，不断增加公共服务在乡村的供给，以及公共服务在城市、县城、小城镇和乡村之间的同步性，稳步提高城乡基本公共服务均等化的水平。首先，是努力实现城乡教育资源均衡配置。2010—2017 年，九年义务教育的城镇在校生比例从 53.1% 增至 76.5%，大量农村户籍学生在城镇学校就读，享受到相对更好的教育资源。[①] 2019 年河北省发布《河北省教育脱贫攻坚 2018—2020 年规划》争取在 2020 年贫困人口教育基本公共服务全覆盖，让每个人都有机会通过职业教育、职业培训或高等教育实现家庭脱贫。[②] 其次，实现进一步缩小区域、城乡不同群体间基本公共服务均等化差距。国家大力推广新型农村社会养老保险与城镇居民社会养老保险整合，形成了城乡居民基本养老保险。新型农村合作医疗与城镇居民医疗保险整合形成了城乡居民基本医疗保险。同时，采取有效措施推动基本公共服务常住人口全覆盖。鼓励城市大医院对口帮扶或者发展远程医疗来缓解农村居民看病难、看病贵的问题。比如广东省从 2019 年 1 月 1 日起，提高城乡居民基本养老保险基础养老金最低标准，人均增幅为 15%，城乡居民基本养老保险覆盖率达到 98% 以上。[③] 2019 年，国家发改委多部门印发《关于进一步推动进城农村贫困人口优先享有基本公共服务并有序实现市民化的实施意见》的通知，推动进城农村贫困人口优先享有基本公共服务，促进有能力在城镇稳定就业和生活的农村贫困人口有序实现市民化，是推动劳务输出脱贫的重要

---

① 欧晓理：《我国基本公共服务体系建设的现状、问题和思考》，《社会治理》，2019 年第 7 期。

② 《河北：2020 年贫困人口教育基本公共服务全覆盖》，转引自中国政府网，http://www.gov.cn/xinwen/2018/05/17/content_5291580.htm（2020 年 2 月 28 日查询）。

③ 《改善民生最长情的告白，持续深入推进基本公共服务均等化》，《中国财政》，2019 年第 17 期。

手段，对于打赢脱贫攻坚战、维护社会公平正义、促进全体人民共享改革发展成果都具有十分重要的意义。

基本公共服务均等化重点是保障人民群众得到基本公共服务的机会，而不是简单的平均化。推进基本公共服务均等化，不仅仅是提供量上的供给，更重要的是质的提高，这也对全面建成小康社会，促进社会公平正义、增进人民福祉、增强全体人民在共建共享发展中的获得感、实现中华民族伟大复兴的中国梦，都具有十分重要的意义。

（三）提高政府公共服务效率

推进“互联网 + 政务服务”工作是党中央、国务院做出的重大决策部署，是推动简政放权、放管结合、优化服务改革向纵深发展的核心关键技术。“互联网 + 政务服务”有利于降低行政成本、提高公共服务效率、保障公共服务质量，对于提升政府公共服务效能，满足人民日益增长的美好生活需要意义重大。

目前，公共服务供给还存在一些问题，最主要的表现为以下几个方面：一是事项标准不统一，跨地区、跨部门办事协同难。各地区存在办事事项编码、服务名称、服务流程不统一等问题，给跨地区业务协同带来较大障碍，导致大部分地区在线平台服务范围局限在本省（自治区、直辖市）。二是技术体系不兼容，难以实现真正意义上的“一网通办”。各地区各部门在线平台在用户认证、印章使用、证照共享等方面的技术支撑体系标准不一、各自为政，互联互通互信难，全国范围的“一地注册、各地互认”“一次认证、全网通办”目标难以实现。三是服务保障不到位。不少地区和部门的政务服务平台存在重建设、轻运维的现象，平台用户知晓度低，服务便利性差，线上发布的办事事项、办理指南和线下大厅的实际操作方式脱节，办一件事“进多扇门、上多次网”的现象仍比较普遍。①

针对这些问题，2018 年 7 月国务院印发了《关于加快推进全国一体化在线政务服务平台建设的指导意见》，就深入推进“互联网 + 政务服务”作出重要部署。

作为贯彻落实，2018 年底国家开始建设具有“六个统一”功能的国家政务服务平台，包括统一的身份认证系统、电子证照系统、投诉建议功能、用户管理功能、事项管理功能和服务搜索功能。在这个平台上，全面支持全国各地各部门的政府网上办理试点工作。到 2018 年底，这一功能平台与其主体功能已经初步建设完成。2019 年 1 月，为按时完成全部试点任务，上海市作为首批试点对接的省市之一全面推进“一网通办”，同时牵头建设长三角政务服务一体化平台，使之成为第一个国家政务服务平台跨地区应用的典型。

全国一体化在线政务服务平台建设作为深化“放管服”改革、推进政府治理现代化的重要举措，通过政务服务一体化，解决数据不统一问题。过去，不同层级政府的政务服务入口设置不同，导致政务服务互不联通，找人办事困难。现在通过一体化，可以解决这个问题，提高公共服务效能。一体化也解决了流程不完整问题。通过一套完整的流程，对全国一体化政务服务平台工作目标的落实和任务细化，从要素、流程、载体、数据、上下融合提出比较全面的要求。同时，一体化还解决信息共享问题。过去由于数据不统一，跨部门、跨层级、跨区域协作都无法实现。现在，国家通过政务服务一体化，直接对接全国一体化政务服务平台。通过公共支撑一体化平台，实现信息共享，实现政务服务事项就近能办、同城通办、异地可办的关键。通过构建统一身份认证、统一电子印章、统一电子证照、信息资源共享交换平台实现公共支撑一体化。

---

① 《建设全国一体化在线政务服务平台 打造“互联网 + 政务服务”升级版》，转引自新华网，http：//www. xinhuanet. com/politics/2018/08/10/c_1123252526. htm（2019 年 1 月 19 日查阅）。

日前，全国多地已经建立了平台一体化、规范化建设，整合各级政府部门分散的政务服务资源和网上服务入口，通过政务部门间互联互通、数据共享、协同联动，实现跨部门数据流动，提升公共服务的整体效能。比如广东省创新提出“政务互联网思维”，推动“数字政府”建设实现分散到整体、管理到服务、单向被动到双向互动、单部门到多部门系统、采购工程到采购服务、封闭到开放阳光的六个转变，建成政务云平台、政务大数据平台、公共支撑平台三大基础资源平台，通过提供“粤省事”移动民生应用、广东政务服务网、协同办公平台等应用，给企业和群众带来了实实在在的便利。[①] 北京构建了“北京通”这个以百姓为中心的集网站、APP、小程序为一体的“互联网 + 政务服务”体系，优化并丰富了数据和服务能力。[②]在长三角区域一体化发展上升为国家战略后，长三角的三省一市一直推进长三角政务服务目标规则平台一体化。比如，安徽提出深入推动政务服务“一网、一门、一次”改革，做优“皖事通”平台；江苏围绕全面实现“3550”改革目标，深化“不见面审批（服务）”改革；浙江提出将“最多跑一次”改革进行到底，所有民生事项和企业事项开通网上办理，60% 以上的政务服务事项实现“掌上办理”；上海全力推进政务服务“一网通办”，建成全流程一体化在线服务平台等。目前长三角三省一市正在通过试点示范积极推进政务服务“一网通办”。积极在省级统筹与省际统筹之间实现省际数据的互联互通。

① 《上海牵头建设长三角政务服务一体化平台成首个跨地区应用典型》，转引自人民网，http://sh.people.com.cn/n2/2019/01/17/c138654-32545002.html（2019 年 1 月 22 日查阅）。

② 《北京实现“一键”享用 650 项政务公共服务》，转引自中国政府网，http://www.gov.cn/xinwen/2019/12/13/content_5460901.htm.（2019 年 2 月 22 日查阅）。

四、深化机构改革与加强政府自身建设

（一）深化机构改革

党的十九大报告深刻把握党和国家事业历史性变革及其对组织结构和管理体制的新要求，就深化机构和行政体制改革作出重要决策部署。深化机构和行政体制改革是全面深化改革的重要内容，直接关系国家治理体系的完善和治理能力的提升，对各领域改革发挥着体制支撑和保障作用。深化机构和行政体制改革是新时代坚持和发展中国特色社会主义民主政治的重要任务。机构改革建立了适应新时代要求的党和国家机构职能体系主体框架，为完善和发展中国特色社会主义制度、推进国家治理体系和治理能力现代化提供了有力组织保障。改革开放以来，我国已经进行了多轮政府机构改革，以求政府组织结构及其运行机制能够适应经济社会快速发展的需要。在党的十九大报告中指出，中国的政府体制改革要朝着进一步深化机构和行政体制改革方向迈进，特别是要“统筹考虑各类机构设置，科学配置党政部门及内设机构权力、明确职责”。党的十九届四中全会也将“完善国家行政体制，优化政府职责体系”作为中国特色社会主义行政体制和政府治理体系建设的重要着力点。这些都表明，政府机构改革并不是政府部门简单的数量“增减”与形式“整合”，而是需要以政府职责为核心，实现符合时代要求的结构性优化。

本轮改革特别注重发挥党统领一切的显著优势，维护党的集中统一领导的机构职能体系更加健全。坚持党的全面领导是中国特色社会主义制度的最大优势，是中国特色社会主义最本质的特征。本轮机构改革注重完善党对重大工作的领导体制机制，优化党中央决策议事协调机构。根据《深化党和国家机构改革方案》，新组建中央全面依法治国委员会和中央审计委员会，将深改、网信、财经、外

事 4 个领导小组改为委员会，新组建中央教育工作领导小组。统筹设置党政机构，构建分工合理、责任明确、运转协调的党政机构职能体系。①

第一，党和国家机构履职更加顺畅高效。党和国家机构改革的目标是构建系统完备、科学规范、运行高效的职能体系。针对党和国家职能体系机构设置不合理、职权划分不完善、职责分工不明确等问题进行优化重组。本轮机构改革根据“一类事项原则上由一个部门统筹、一件事情原则上由一个部门负责”的思路，通过梳理各部门事权类型和特点，整合职责相近或联系紧密的职能职责组建新机构。自然资源部整合了原分属国土、水利、农业、林业等部门的自然资源管理职责；应急管理部整合了原分散于安监、国务院办公厅、公安、民政等十余个部门的职责；市场监管总局整合了原工商、质检和食品监管部门的职能职责。机构改革调整后，各部门职能更加清晰，权力和责任更加明确。如整合新型农村合作医疗职责及市人力资源和社会保障局的城镇职工和城镇居民基本医疗保险、生育保险职责，以及市民政局的医疗救助职责，市发展和改革委员会的药品和医疗服务价格管理相关职责等，组建市医疗保障局，其医疗相关的职能更加健全和完善。

第二，注重中央与地方的统一性，尊重地方自主性。2018 年在党和国家机构改革中，强化时间上的联动配合，明确机构改革时间表，从上而下分梯次打时间差依次进行，所有机构在规定时间内必须全部完成任务；强化层级上的贯通呼应，中央推动中央和国家机关机构改革，省级党政机构改革由中央批准，省级以下由省级批准同时向中央报备；强化效果上的统筹兼顾，一体推进党政军群机构改革。应急管理、退役军人事务、医疗保障等重点领域新组建机构，实现了从中央到省、市、县（区）四级上下一致对应设置。此外，各地还运用自主权在优化决策议事协调机构、加大党政机构合并设立或合署办公力度、根据新形势任务设置地方特色机构等方面完成

① 张克：《深化党和国家机构改革的成效与经验》，《学习时报》，2020 年 2 月 10 日 05 版。

了一系列“自选动作”。

2018 年 11 月，上海公布了机构改革方案，对全面推进改革进行动员部署。根据方案，机构改革后，上海共设置党政机构 63 个，还明确要求“深化区级机构改革，做好区级机构改革与市级机构改革衔接，统筹设置党政机构，确保上下贯通、执行有力”，市级机构改革“2018 年年底前基本落实到位”，区级机构改革工作“在 2019 年 3 月底前基本落实到位”。

在“自选动作”方面，上海立足实际，夯实基层基础，坚持因地制宜和问题导向，着力破除体制机制制约。此次区级机构调整时，对应国家和上海市新成立的市场监管部门，各区只是进一步做了职责优化。比如有的区加挂了区知识产权局牌子，不再挂区质量发展局、区食安办牌子等。比如普陀区为加强区域招商引资，促进金融机构体系建设，组建了区投资促进办公室、区金融服务办公室，还设置了区地区工作办公室，挂区农业办公室牌子。杨浦、静安两区也“因地制宜”设置了上述 3 个办公室，承担投资促进工作、金融运行与管理服务，以及统筹规划、指导推进社区建设等职责。徐汇区设置了区地区工作办公室，整合了区委办的社会建设职责和区府办的地区管理职责。①

第三，“职责同构”导致的机构臃肿，效率低下一直是改革的痛点和难点。在 2018 年《中共中央关于深化党和国家机构改革的决定》将“政府机构设置和职责划分”等作为政府机构改革重要的前置性问题加以突出强调。这样的变化与调整无疑有助于加强政府机构改革职责性建设，在保证中央权威和主导的基础上，提升地方政府自主探索机构改革的创新能力，有效解决长期以来机构设置中的“职责同构”问题。但是在政府机构改革的现实进程中，依然存在“形式化”问题。② 比如南昌市改革确实存在着简单的职能拼接情

① 《上海 14 个区公布机构改革方案，都“自选”设立了这些机构》，上观新闻，2019 年 03 月 01 日。

② 邱实：《政府机构改革的职责逻辑》，《江海学刊》，2019 年第 6 期。

况。如重新组建的市司法局是由市司法局、市人民政府法制办公室的职责整合而成；重新组建的市交通运输局是由市交通运输局的职责，市农业局的渔船检验和监督管理职责，以及市公路管理局的行政职能等整合而成的，并没有厘清各自部门内部各个子部门之间的行政职能，只是把各个部门的职能简单拼接，容易导致子部门“不知所措”或者“乱了阵脚”，结果降低部门工作的效率，损害机构改革的整体成果。[①] 这样的理念、行为与“形式化”问题可能造成政府机构改革在政府层级降序中效益递减。

第四，注重激发地方自主性改革的活力。改革开放前，我国就进行了数次以中央政府权力下放为主要内容的行政性分权，但分权没有走出权力“放”“收”的循环怪圈。改革开放以来，最重要的行政结构变化是围绕央地之间的分权而展开的，这也是改革的政治逻辑。纵观世界各国现代化发展史，集权和分权在很大程度上决定着国家兴衰。十九大报告明确提出，要“赋予省级及以下政府更多自主权”，这是处理央地关系的最新探索。本轮地方机构改革既要完成中央明确部署的“规定动作”，也要发挥好省级及以下机构设置自主权，在一定范围内因地制宜设置机构和配置职能。

第五，北京的街乡体制改革被誉为基层最有代表性的体制改革之一。2018 年 2 月，北京明确了加强党对街乡工作的领导、推进街道管理体制改革、完善基层考核评价制度等 14 项重要举措。主要是通过大部制提升基层治理的系统性，比如北京市海淀区在“街乡吹哨、部门报到”改革下，初步形成区级指挥平台吹哨，各相关部门协同响应的工作机制。结合街镇职责，综合设置各类机构，合理配置人员和职数。同时，强化街镇层面的一体管理、一体响应。比如北京在创建文明城市期间，为了解决城市管理部门职责不清、职权交叉、信息分散、统筹联动不足等问题，开始推行城管综合执法，所有执法部门成立联合执法队，由综合治理部门牵头逐步形成以信息流、综合考核、协同联动三方面为主要内容的大城管机制，也是

---

① 《地方政府机构改革的问题与路径——以南昌市为个案》，《党政论坛》，2019 年 9 月号。

当前“街乡吹哨、部门报到”体制改革中的成功实践。①

（二）提升科学民主依法决策水平

党的十八大以来，党中央、国务院高度重视科学民主依法决策。党的十八届四中全会提出，健全依法决策机制，把公众参与、专家论证、风险评估、合法性审查、集体讨论决定确定为重大行政决策的法定程序。2015 年 12 月，党中央、国务院印发《法治政府建设实施纲要（2015—2020 年）》，提出了推进行政决策科学化、民主化、法治化的具体目标和措施。党的十九大报告指出，扩大人民有序政治参与，保证人民依法实行民主选举、民主协商、民主决策、民主管理、民主监督。民主决策作为人民当家作主的重要体现，是中国特色社会主义民主政治的重要内容，在我们党治国理政中具有基础性、关键性意义。

2019 年 4 月 20 日，国务院公布《重大行政决策程序暂行条例》，并于 2019 年 9 月 1 日起施行。该《条例》对重大行政决策事项范围、重大行政决策的作出和调整程序、重大行政决策责任追究等方面作出了具体规定，把公众参与、专家论证、风险评估、合法性审查、集体讨论决定作为重点，逐一明确、细化五大法定程序的具体要求。主要内容包括：明确了重大行政决策事项范围、细化了重大行政决策的作出程序、规范了重大行政决策的调整程序、完善了重大行政决策责任追究制度。

这部《条例》基于我国法治政府建设的新形势新任务新需求，作为推进依法行政、加强政府自身建设的一部行政立法，《条例》的出台实施具有重要意义。

本次《条例》加强对重大行政决策程序的规范，把重大决策过程中的各个程序予以规范，包括公众参与、专家论证、风险评估、

① 向春玲、吴闫、王拓涵：《“街乡吹哨、部门报到”：突破中国城市治理瓶颈——以北京市海淀区为例》，《治理现代化研究》，2019 年第 6 期。

合法性审查、集体讨论等决定确定为重大行政决策的法定程序，对加快法治政府建设具有不可估量的现实意义。同时，《条例》也强调在规范过程中的参与的重要性。通过规范重大行政决策程序制度，引导广大群众广泛有序参与政府决策，让重大行政决策过程成为集思广益、凝聚共识的过程，能够有效增强重大行政决策的可行性、稳定性，对维护经济持续健康发展和社会稳定大局具有重要的积极意义。最后，《条例》的出台也有助于强化行政权力制约和监督，让约束权力的"制度笼子"扎得更加牢固。

《条例》出台以后，很多地方政府也相继出台了规范重大行政决策程序的制度文件，科学民主依法决策水平在一定程度上得到提升。日前，基本全国各省市地方政府都对既有文件进行了重大修订。比如上海市对《上海市重大行政决策程序暂行规定》进行修订，对于规范政府科学、民主、依法决策，保障行政决策质量和效率，具有重要意义。河北省通过《河北省重大行政决策程序暂行办法》，于 2020 年 2 月 1 日起施行。《办法》对重大行政决策事项范围、决策草案的形成、合法性审查、决策执行和调整、法律责任等方面做出具体规定，规定了履行各项程序的具体要求，以切实有效地增强公众参与实效，提高专家论证质量，发挥风险评估作用，严把合法性审查关，保证集体决策水平。

（三）加大政府信息公开力度

自 2007 年《政府信息公开条例》颁布以来，各级政府、各部门纷纷在依法积极推进政府信息公开工作，向公众发布了大量的政府信息。历经多年发展，政府信息公开制度在推进依法行政、建设法治政府、提升政府公信力方面发挥了积极作用。党的十八大以来，党中央、国务院高度重视政府信息公开工作。2016 年 2 月 1 日国家出台《关于全面推进政务公开工作的意见》，明确要求修改《条例》。2019 年国务院公布新修订的《中华人民共和国政府信息公开条例》，要求于 2019 年 5 月 15 日起施行。这是《条例》实施 11 年来的首次修改，此次修改涉及 6 章共 56 条，幅度空前，其变化主要有以下几个方面：

一是明确“以公开为常态、不公开为例外”的原则。《条例》第五条明确，行政机关公开政府信息，应当坚持“以公开为常态、不公开为例外”，遵循“公正、公平、合法、便民”原则。同时，《条例》原则性地规定了政府信息公开负面清单，修订后的《条例》在现行《条例》规定的基础上，对各地区、各部门实践中主动公开的政府信息进行重新梳理分析，扩大了主动公开的范围和深度，明确各级行政机关应当主动公开机关职能、行政许可办理结果、行政处罚决定、公务员招考录用结果等十五类信息。同时，规定设区的市级、县级人民政府及其部门，乡（镇）人民政府还应当根据本地方的具体情况主动公开与基层群众关系密切的市政建设、公共服务、社会救助等方面的政府信息。《条例》还提出，行政机关应当按照上级行政机关的部署，不断增加主动公开的内容。

《条例》公布后，各地积极响应。比如山东省着力推动行政权力全过程公开、公共服务全流程公开。2019 年，《山东省人民政府 2019 年政府信息公开工作年度报告》公布，山东省各级政府和县级以上政府部门共收到政府信息公开申请 25785 件，同比增长 17.9%。[①] 广东省各级行政机关对外公开规章及规范性文件 3666 件，公布实施行政许可 640 项（与上一年相比精简 51 项），行政处罚 6642 项（与上一年相比精简 343 项），行政强制 362 项（与上一年相比精简 28 项）。省级权责清单事项从 3018 项大幅压减至 986 项。[②]

二是注重将保障人民群众知情权与规制滥用政府信息公开权相结合。针对信息公开实践中恶意信访、要挟、借助申请机会扰乱行政管理秩序等存在的突出问题，本次《条例》提出了对申请人的指

① 《山东省政府 2019 年政府信息公开工作年报公布，政务公开连续三年获“金秤砣”》，转引自人民网，http：//sd. people. com. cn/n2/2020/04/01/c358829 - 33920586. html（2019 年 2 月 22 日查阅）。

② 《广东省人民政府 2019 年政府信息公开工作年度报告》，转引自广东省人民政府网，http：//www. gd. gov. cn/gkmlpt/content/2/2962/post_2962478. html#46（2019 年 3 月 1 日查阅）。

导释明制度、对滥用政府信息公开权的规制制度等作出了明确规定，有利于避免不必要的争端争议，提升人民群众对政府服务的满意度，同时推动提升行政机关处理政务公开工作的规范化水准。比如，2019 年，广东省各级行政机关共办理依申请公开事项 43174 宗，同比减少 17.3%。[①]减少了不必要的申请，提升了政府效率和人民满意度水平。

三是提升政府信息公开的在线服务水平。《条例》要求各级人民政府加强政府信息资源的规范化、标准化、信息化管理，加强互联网政府信息公开平台建设，推进政府信息公开平台与政务服务平台融合，提高政府信息公开在线办理水平。加强依托政府门户网站公开政府信息的工作，利用具备信息检索、查阅、下载等功能的统一政府信息公开平台集中发布主动公开的政府信息。在各地建设方面，江苏启动“江苏省政府信息公开平台”建设，统一行政机关标准入口，推动信息公开在线规范办理、业务数据实时交互共享、运维监督便捷高效。南京市优化政府网站 34 个一级目录，162 个二级目录，确保内容发布准确、权威、及时。浙江省以公开促服务，助力政府数字化转型。全省建设统一电子印章、电子档案、电子证照技术体系，实行“一键归档、单套保存、一站查询”的行政审批电子化归档，全省政务服务事项“零跑次”比例达到 97.4%。创建全省统一架构“浙里办”APP，汇聚 322 项便民服务应用，“浙里办”实名注册用户超过 3000 万，掌上可办率达到 80.5%。[②]

① 《广东省人民政府 2019 年政府信息公开工作年度报告》，转引自广东省人民政府网，http://www.gd.gov.cn/gkmlpt/content/2/2962/post_2962478.html（2019 年 3 月 1 日查阅）。

② 《浙江省 2019 年政府信息公开工作年度报告》，转引自浙江省人民政府网，http://www.zj.gov.cn/art/2020/3/20/art_1229001947_42339020.html（2019 年 3 月 1 日查阅）。

第五章　建设新时代法治中国

2017年，中共十九大提出全面依法治国—建设法治中国—建设现代化法治强国的前进方向和发展步骤。2019年10月31日，十九届四中全会通过了《中共中央关于坚持和完善中国特色社会主义制度，推进国家治理体系和治理能力现代化若干重大问题的决定》。《决定》指出，要坚持和完善中国特色社会主义法治体系，提高党依法治国、依法执政的能力。加快形成完备的法律规范体系、高效的法治实施体系、严密的法治监督体系、有力的法治保障体系，加快形成完善的党内法规体系，全面推进科学立法、严格执法、公正司法、全民守法，推进法治中国建设。

一、走中国特色社会主义法治道路

走中国特色社会主义法治道路，关键是坚持党对全面依法治国的领导。为此，中共十九大以来，党中央采取了一系列措施，建立中央全面领导依法治国的专门机制，并对党内法规进行大幅度修改完善，严格依法治党，以依法治党引领依法治国。

（一）组建中央全面依法治国委员会

中共十九大报告提出，为健全党领导全面依法治国的制度和工作机制，更好落实全面依法治国基本方略，组建中央全面依法治国委员会。该委员会办公室设在司法部，负责全面依法治国的顶层设计、总体布局、统筹协调、整体推进、督促落实。全面依法治国委员会作为党中央的议事协调决策机构，其主要职责是：统筹协调全面依法治国工作，坚持依法治国、依法执政、依法行政共同推进；坚持法治国家、法治政府、法治社会一体建设；研究全面依法治国重大事项、重大问题，统筹推进科学立法、严格执法、公正司法、全民守法；协调推进中国特色社会主义法治体系和社会主义法治国家建设等。

（二）加强党内法规制度建设，依法治党是依法治国的前提

2017 年 12 月，《关于加强党内法规制度建设的意见》公开发布，《意见》支持，治国必先治党，治党务必从严，从严必依法度。到建党 100 周年时，形成比较完善的党内法规制度体系。党内法规制度体系，是以党章为根本，以民主集中制为核心，以准则、条例等中央党内法规为主干，由各领域各层级党内法规制度组成的有机统一整体。《意见》发布以后，党内法规制度建设的工作就逐步开展起来，党内法规的制定步伐明显加快，到 2019 年底，先后制定和修订了 180 多部党内法规。2019 年修订的党内法规制度标志性的成果主要包括《中国共产党党内法规制定条例》《中国共产党党内法规和规范性文件备案审查规定》，新制定的党内法规《中国共产党党内法规执行责任规定（试行）》。

（三）新的法治社会化路径凸显

法治的社会化是法治作为一种文化理念和指导精神逐渐深入每一个社会成员行为模式的过程，也是法治精神在社会各阶层普及的

过程。以法律至上为核心的法治文化相对我国的本土文化来讲是一个舶来品，法治精神在中国最初只属于少数受过高等教育的精英阶层。自中华人民共和国成立以来，我国为了建设法治国家，提高公民的法律意识，采取了多种多样的法治社会化方式。在改革开放之前，这种法治社会化主要依靠报纸文件和普法教育运动的方式推进，改革开放之后，电视剧等新兴的大众传播媒介成为我国法治宣传的重要方式。但这些社会化方式，都是以普通民众为受众，由国家单方向灌输法律观念的模式。随着大众传播媒介的变化和互联网技术的普及，近十年来，自媒体在中国成为法治社会化的一个重要路径，并从根本上改变了过去自上而下传播的法治社会化方式。以自媒体和独立调查新闻等非官方信息平台为载体，公民个体和其他社会主体纷纷对法治事件发表观点或通过转发等形成公共事件，民间社会朴素正义与法治理性正义之间的交锋开始出现。这些交锋互动推动着中国立法的不断完善、司法实践的不断进步，形成对司法腐败的强有力监督。正是在这样的互动过程中，作为舶来品的现代法律体系与中国传统的本土正义理念和社会文化习俗交汇融合，推动着中国特色社会主义法治道路的前进。

二、完善中国特色社会主体法律体系

2019 年，完善立法体制机制，坚持科学立法、民主立法、依法立法，完善党委领导、人大主导、政府依托、各方参与的立法工作格局。完善以宪法为核心的中国特色社会主义法律体系，加强重要领域立法，加快我国法域外适用的法律体系建设。

（一）民法典各分编草案审议

民法是调整平等主体之间的财产关系和人身关系的法律规范的

总称。2014年党的十八届四中全会提出了编纂民法典的重大立法任务，全国人大常委会研究后决定采取“两步走”的立法策略，即先审议通过民法总则，再制定各分编部分。2017年，民法总则通过，民法典的编纂任务进入第二阶段，制定各分编。民法典编纂工作启动以来，获得全社会各阶层的广泛关注，2019年11月，民法典婚姻家庭编就婚姻关系缔结、收养和继承等几个事关普通民众基本生活的重大问题向社会公开讨论，专家意见与民众观点交锋。尤其是在解除婚姻关系中增设“离婚冷静期”“可撤销婚姻”的两个提议成为舆论热点。围绕婚姻家庭关系问题，仅11月份就收到26.7万条意见建议，舆论关注度可见一斑。2019年12月28日，民法典草案在中国人大网公开征求意见，仅三天时间就收到接近3万条意见。

十三届人大常委会第十五次会议决定将民法典草案提请2020年3月份召开的十三届全国人大三次会议审议，中国制定民法典的工作进入最后收官阶段。民法典的制定，是我国建设社会主义法治国家中一个具有里程碑意义的重大事件。民法是一个国家完整法律体系的基础，权利、义务、法律关系和契约等基本法律概念均自民法而来。法学界素有“民法是万法之母”之说，足以彰显民法在法治体系中的重要地位。中华人民共和国成立后，我国废除了国民政府的“六法全书”，但并没有编纂系统的民事法律。除1950年颁布施行的《中华人民共和国婚姻法》外，合同、物权、侵权责任等领域均没有基本法律调整，加上计划经济体制下市场交易的萎缩，民事司法实践也缺乏相应的经济基础。在立法理念上，自1957年反右运动扩大化之后，立法指导思想和理念就开始左倾，物权法和合同法等民事基本法律被视为是资产阶级私有制的产物而被摒弃，各大院校法律系也相继废除，我国民事立法走过了接近三十年的空白期。改革开放之后，随着基本经济制度中确立多种所有制经济共同发展的指导政策，市场经济的蓬勃发展对民法各领域尤其是合同法和物权法的需求猛增。为适应经济发展和人民生活对民法的需求，《民法通则》于1984年制定并实施，随后合同法、侵权责任法和物权法等先后出台，形成了以《民法通则》为总则，辅之以单行民事法律的民事法律体系。

第十三届全国人大常委会第五次会议审议的《中华人民共和国民法典（草案）》，共计7编，84章，1260条，由总则、物权编、合同编、人格权编、婚姻家庭编、继承编和侵权责任编以及附则组成。与之前的《物权法》《婚姻法》等单行法相比，此次物权法各分编草案的重点修改处主要包括以下几点：

1. 物权编

第一，增加居住权的规定。党的十九大报告提出了租售同权的政策方向，此次民法典物权编与之前的《物权法》相比，扩大了用益物权的内容，设专章规定居住权。居住权人有权按照合同约定并经登记占有、使用他人的住宅，以满足其稳定生活居住需要。这一规定除有利于保护长期处于弱势的承租者一方的合法权益外，对公租房和老年人以房养老这些新兴的外在于传统的租房合同之外的租赁关系也能提供法律保障。

第二，对住宅建设用地使用权期间届满续期问题做出了明确规定。近年来，我国浙江等地陆续出现了建设用地使用权期满的住宅，这些住宅不仅产权所有人健在，面临使用权到期能否继续居住的问题，而且其交易、赠与等流转也面临一系列法律难题。针对这一问题，此次民法典物权编根据现行物权法第一百四十九条的规定和城市房地产管理法第二十二条的规定，提出住宅建设用地使用权期限届满的，自动续期。续期费用的缴纳或者减免，依照相关法律和行政法规的规定执行。但对于届满续期后的建设用地使用权，其续期期限是多少？续期是否影响使用权的出让、继承等重要法律问题，尚未作出明确规定。

第三，加强对业主权利的保护。针对近年来商业小区中频发的，物业公司未经业主同意擅自改变小区共有部分用途或者将外墙电梯等公共空间租赁进行盈利性广告宣传，引发物业与业主矛盾的问题，此次物权法通过强化业主对共有部分的共同管理权进行调节。首先，是规定改变共有部分的用途或者利用共有部分从事经营活动应当由业主共同决定。其次，明确利用共有部分盈利产生的收益归业主共同所有。针对现实中业主公共管理权的形式很难达到法定表决人数的实践困境，下调了业主做出决议的法定有效人数的比例。

第四，对农村土地改革使用权相关问题作出规定。为呼应近年来党对农村土地使用权改革的政策，此次物权编草案明确了土地承包经营权可以出让和流转，同时修改了土地承包经营权抵押的相关规定，对土地经营权的内容进行了具体细化。但对宅基地“三权分置”问题和宅基地自建住房的抵押权问题，因涉及土地管理法内容的修改，草案对这一部分内容尚未调整。

2. 合同编

第一，加大对弱势合同一方的保护。合同缔结遵循双方意思自治的原则，合同缔结双方的权利和义务是平等的。但在现实的经济生活中，合同双方当事人在资源占有和主动性方面并不是完全平等的，很多合同当事人，例如承租人等天然相对合同另一方处于弱势，并不具备对等的议价能力。现实中也经常发生强势一方以平等自愿的契约的名义趁人之危，导致实际的交易显失公平的情况发生。鉴于此，按照民法的公平正义原则，本次民法典合同编在尊重合同双方意思自治的基础上，加大了对合同当事人中弱势一方的保护。规定了水、电、煤气和热力等公共服务的供应人和公共承运人对社会公众的强制缔约义务，完善关于格式条款制度。为落实十九大提出的建立租售同权住房制度的要求，保护在市场交易中处于弱势的承租人的合法权益，草案增加了住房承租人的优先承租权制度。这也有助于规范住房租赁市场的发展，形成公平有序的住房租赁交易体系。改革开放四十年来，我国已经从过去一个静态的社会变成一个人口高度流动的社会，过去人口世代长期固定在一个地方买房居住的生活方式已经改变，大量流动人口带来居住方式的变化，租房群体的数量急速上升。随之而来的住房租赁市场的乱象，承租人面对出租人的弱势地位和合法权益得不到保障的现实，成为困扰我国市场规范的一个重要问题。此次民法典在物权编增加居住权，在合同编加大保护承租人利益的力度，是适应我国高度流动社会基础的现实之举。

第二，对电子交易行为做出特殊规定。近十年来，我国城乡生活方式的重大变化，除大规模人口流动带来的租房交易量剧增外，就是互联网经济的兴起。中国依托互联网技术和物流系统发展起来的电子商务和数字经济，规模巨大，遍布各个领域，中国在世界上已经成为数字经济领域的后起之秀，并在电子商务领域成为当之无愧的第一大国。但电子商务与传统的实体经济交易在交易环节和支付方式等都有重大区别，由此引发的纠纷在适用合同法时也有一定的困难。此次民法典草案合同编对电子合同订立和履行的特殊规则进行了专门规定，规范电子交易行为。

第三，强化对债权的保护力度。为解决长期以来存在的合同当事人不遵守约定，甚至故意欠债不还，恶意逃债等困扰社会的问题，此次民法债权编完善了借款合同、融资租赁合同和诉前阶段的合同保全等有关规则，并增设保证合同一章。这些修改有助于保障债权顺利实现，防范因违约可能导致的债务风险。

第四，引入民法总则的绿色原则，体现在合同履行的具体规定中。首次明确规定合同产生的物品回收的义务。在履行合同中，当事人根据交易习惯负有节约能源、减少污染的义务，买卖合同的出卖人依法负有回收义务。

3. 人格权编

为了贯彻中共十九大和十九届二中全会关于“保护人民人身权、财产权、人格权”的精神，落实宪法关于“公民的人格尊严不受侵犯”的要求，综合考虑各方面意见，总结我国现有人格权法律规范的实践经验，在民法典中增加人格权单独成编。人格权编此次单独成编是此次民法典与之前的民事单行法和姓名通则相比的一个重大改变。人格权是民事主体对其特定的人格利益享有的权利，关系到每个人的人格尊严和生命安全。相比过去的民法通则对于人格权的原则性规定，此次人格权编细化了各种权利的具体内容，提高其司法适用性。

第一，明确生命权、健康权和身体权的具体内容，将器官捐献、性骚扰等社会高度关注的个人权利保护问题明确，以身体权的形式进行规范。规定了姓名权、名称权等各项人格权的基本内容。

第二，加强隐私权和个人信息保护，为即将出台的个人信息保护法留下衔接的空间。近年来，因手机号码、家庭住址等个人信息被盗取、买卖和非法公布，导致公众的个人隐私和信息受到严重威胁。此次民法典草案明确规定，任何组织或者个人不得以刺探、侵扰、泄露、公开等方式侵害他人的隐私权。对个人信息保护，草案不仅明确自然人的个人信息受法律保护，还具体规定了个人信息的外延包括以电子或者其他方式记录的能够单独或者与其他信息结合识别特定自然人的各种信息，包括自然人的姓名、出生日期、身份证件号码、生物识别信息、住址、电话号码、电子邮箱地址、行踪信息等。草案的规定扩大了隐私和个人信息的范围，有助于应对互联网和大数据的技术发展对个人隐私和信息保护带来的挑战。

4．婚姻家庭编

《婚姻法》是我国建国以后制定的第一部民事单行法，主要是为了中华人民共和国解放妇女，废除旧社会妻妾制度等压迫女性人身权利的制度，确立了婚姻自由，一夫一妻等基本原则。改革开放后，《婚姻法》根据时代的变迁进行了相应的修改，主要是以司法解释的形式，涉及到婚姻存续期间的共同财产等细节问题。此次民法典婚姻家庭编进行了较大幅度的修改，增加了一些新规定。

第一，修改禁止结婚的条件，提出了婚姻可以撤销的概念。一方患有严重疾病的应当在结婚登记前如实告知对方，不如实告知的，对方可以请求撤销该婚姻。虽然现行《婚姻法》就已经明确规定，患有医学上认为不应当结婚的疾病者禁止结婚，但这一规定在实践中面临操作难题，万一对方并没有告知且已经登记结婚的情形，就无法认定婚姻无效。而且禁止结婚，不利于保障婚姻自由原则的实现。因此，此次草案将禁止结婚改为在对方知情的情况下，是否患有疾病并不必然影响当事人的结婚意愿。

第二，增加婚姻无效情形。针对现实中经常出现的重婚问题和由此引发的法律处理难题，草案增加了一项婚姻无效的情形，规定以伪造、变造、冒用证件等方式骗取结婚登记的婚姻无效。通过否定此类婚姻登记的法律效力，遏制利用伪造、变造或者冒用他人身份证件、户口簿、无配偶证明等方式骗取结婚登记的行为。

第三，设立离婚冷静期。近年来，随着我国离婚率的不断上升，尤其是“闪婚闪离”现象的增多，婚姻的严肃性已经成为一个重要话题。同时，由于我国现行婚姻法规定的离婚登记手续过于简便，很多人闪离之后又再次复婚，甚至有人在一年内离婚复婚多次。为此，草案规定了一个月的离婚冷静期，在此期间，任何一方可以向登记机关撤回离婚申请。

离婚冷静期的设立在草案公开征求意见时就引发了舆论热议，多数是法学界专家对这一法律规定的质疑。首先，民法的基本精神是尊重当事人的自由意志，婚姻自由也是我国《婚姻法》的基本理念。因此，是否离婚，是当事人的自主意志，离婚轻率或者频繁，都是个人私权领域的事务，于社会公共利益和他人的合法权益并没有损害。因此，因为离婚过于频繁就设置这一障碍，导致当事人不能直接办理离婚手续，在法理上违背了婚姻自由原则，也违背了当事人的自主意识。其次，如果在提出离婚之后的一个月内，当事人都可以随时撤回离婚申请，意味着离婚的法定生效时间需要等待这一个月的冷静期过去。这一规定在实践中可能造成很多显失公平的法律后果。实践中，一方可以趁此期间采用各种手段隐匿、转移和处分共同财产，等离婚生效时，另一方可分割的共同财产就会减少。更为危险的情况是，一些因家暴而离婚的妇女，在此冷静期，既没有办法解除婚姻，又因其离婚意图暴露而可能遭受更多的危险。更有甚者，在离婚诉讼中争夺抚养权处于不利境地的一方，会在此期间利用婚生子女监护人的身份合法地带走子女。由此看来，此规定的设定前提于法无据，违背了司法领域的意思自治原则，在实施的法律后果上也不利于婚姻中弱势一方的权利保护。

第四，完善离婚赔偿制度。与前一条设立离婚冷静期的立法宗旨相似，为了稳定婚姻关系，更好地发挥离婚损害赔偿制度的预防、制裁作用，草案增加了离婚损害赔偿的兜底条款，将其他一些确实给对方造成严重损害的情形纳入损害赔偿范围。但在实践中，什么是婚姻一方给对方造成的严重损害？暴力伤害可以依照刑法追究，非暴力伤害如何认定？财产损失如何计算？即便可以识别这种损害，如何确定一方的行为与损害发生之间的因果关系？这都是实践中的困境，如果不能通过司法解释等方式进行明确，会造成此条法规虚化。

除以上各修改外，此次草案还根据我国生育政策的变化，删除了现行《婚姻法》中有关计划生育的部分法条。

5. 继承编

根据我国社会家庭结构的变化和社会观念的演变，继承编在现行《继承法》的基础上是进行了修改完善，主要体现在以下几个方面：

第一，增加遗产管理人制度。草案提出了一个新的法律概念“遗产管理人”，规定了遗产管理人的产生方式、职责和权利等。遗产管理人的制度在西方国家的遗产继承中早已有之，有利于确保遗产得到妥善管理和维护，避免和减少相关纠纷，也有助于维护继承人和债权人的利益。

第二，完善遗嘱继承和遗赠抚养协议制度。草案适当扩大了遗赠抚养协议的扶养人范围，以满足养老形式多样化需求，应对我国老龄化社会需要多元化养老形式的现实挑战。在遗嘱继承方面，增加打印、录像等新的遗嘱形式，修改遗嘱效力规则，删除了继承法中关于公证遗嘱效力优先的规定，切实尊重遗嘱人的真实意愿。

第三，完善债务清偿规则。为保护债权人利益，保障国家税收应收尽收，草案明确了遗产分割时的债务清偿和缴纳税款的具体规则和程序，并且规定遗产分割前，应当先支付相关费用，清偿被继承人的债务，缴纳所欠税款。

6. 侵权责任编

侵权责任编草案在总结《侵权责任法》实践经验的基础上，针对侵权领域出现的新情况，吸收借鉴司法解释的有益做法，对侵权责任制度作了必要的补充和完善。

第一，完善公平责任规则。《侵权责任法》规定，受害人和行为人对损害的发生都没有过错的，可以根据实际情况，由双方分担损失。实践中，该规定因裁判标准不明导致适用范围过宽，社会效果不是很好。为进一步明确该规则的适用范围，统一裁判尺度，草案将侵权责任法规定中的“根据实际情况”修改为“依照法律的规定”。

第二，完善精神损害赔偿制度。草案扩大了精神损害赔偿的适用范围，增加规定，故意侵害自然人具有人身意义的特定物品造成严重精神损害的，被侵权人有权请求精神损害赔偿。

第三，增加网络侵权责任制度。随着互联网的快速发展，网络侵权行为的频发，为了更好地保护权利人的利益，同时平衡好网络用户和网络服务提供者之间的利益，草案在侵权责任法的基础上细化了网络侵权责任的具体规则。

第四，修改机动车交通事故责任规则。针对实践中无偿搭乘机动车引发的交通事故的损害赔偿的争议，为了既保护受害者的权益，又鼓励大家助人为乐，草案规定，无偿搭乘人在交通事故中受到损害的，应当减轻或者免除机动车驾驶人赔偿责任。此外，此次草案还明确了挂靠车辆引发交通事故时的责任主体，明确机动车强制保险和商业保险的赔偿顺序，增加非营运机动车无偿搭乘造成损害的责任规则。

第五，完善生态环境损害责任。草案新增了生态环境损害的惩罚性赔偿制度的规定，明确侵权人故意违反国家规定损害生态环境的，被侵权人有权请求相应的惩罚性赔偿。此外，还新增了生态环境损害的修复和赔偿制度。

（二）食品药品领域三部重要法律

1.《中华人民共和国疫苗管理法》

2018 年底，自媒体公众号“售楼处”的一篇名为《疫苗之王》的文章刷爆微信朋友圈。文章当中披露的长生股份药业公司等企业违规生产不合格疫苗和销售过期疫苗等事件，引起社会公众极大愤怒。在巨大的舆论压力下，全国人大启动了针对疫苗管理的专门立法，仅用了半年时间，2019 年 6 月 29 日，十三届全国人大常委会第十一次会议表决通过了《中华人民共和国疫苗管理法》，并于 12 月 1 日起施行。此次疫苗管理法对疫苗上市后的管理，监督管理的法律责任都进行了专章规定，对生产、销售的疫苗属于假药的，处违法生产、销售疫苗货值金额十五倍以上五十倍以下的罚款，货值金额不足五十万元的按五十万元计算。

2.《中华人民共和国药品管理法》

近年来，多起案件引发了社会舆论对于现行法律对“假药劣药界定范围”是否适当的讨论。2018 年 8 月，一部名为《我不是药神》的电影迅速走红，电影中表达的关于天价进口药品和代购仿制药品的伦理与法律困境，将社会的关注引到现实中真实案例“陆勇案”。由此引发对当前我国《药品管理法》规定是否符合伦理、法理和正义的大讨论，由此触发了对我国药品管理法的修订。新修订的《中华人民共和国药品管理法》第 124 条规定，对于未经批准进口少量境外合法上市的药品，情节较轻的，可以减轻或者免予处罚。

这也就意味着，药神类案件有望彻底终结。除此之外，新修订的《药品管理法》还加大了对无证生产经营、生产销售假药等违法行为的处罚力度，罚款数额由原来规定的货值金额的2倍至5倍提高到15倍至30倍，货值金额不足十万元的以十万元计，最低罚款150万元。

3.《食品安全实施条例》

针对社会公众近年来十分关注的食品安全问题，国务院对《食品安全法实施条例》进行了修订，2019年10月11日公布，12月1日起施行。新修订的《食品安全实施条例》规定，对违法违规行为最高可处法定代表人及相关责任人年收入10倍的罚款，被誉为史上最严的食品安全管理法规。为严格处罚违反食品安全的行为，新修订的法律还突出了处罚到人、建立黑名单的制度，严重违法的责任人可能面临终身禁业。

（三）优化营商环境的相关法律

1.《外商投资法》

2019年3月15日，十三届全国人大第二次会议表决通过了《外商投资法》，自2020年1月1日起施行。在改革开放引进外资，发展多种所有制经济之后，我国规范外资的法律主要是三部单行法《外资企业法》《中外合资经营企业法》《中外合作经营企业法》。这三部法律主要是企业组织法，即主要内容是规范不同的企业所有制经济形式，相关的成立条件和程序等，对行为的规范较少。随着我国改革开放的深入推进和经济国际化程度的日益提高，传统的以规范所有制形式为主要内容的三部单行法律已经不能满足外资经济的发展需要。《外商投资法》与过去三部单行法律相比，具有典型的从企业组织法向行为法转变的特征，与过去的三部法律对外资的约束性倾向相比，更加强调对外商投资的促进和保护，体现了内外资一视同仁的国民待遇原则，对外商投资行为的覆盖外延也更加宽泛。

为配合《外商投资法》的实施，国务院于 2019 年 12 月 12 日通过了《中华人民共和国外商投资法实施条例（草案）》，作为配套行政法规，从行政法规层面细化和明确了此次《外商投资法》的内外资企业平等、投资者保护等原则。

2. 《商标法》

近年来，出现了一些针对知名商标的恶意注册和为转让牟利而囤积商标等行为，严重扰乱了市场秩序。很多企业通过辛苦经营终于打出知名度准备申请商标之后，却发现与自己高度相似的商标已经被注册，或者本商标在其他地区已经被抢注，导致自己在该地区无法使用自己的商标，经营积累的信誉被窃取。社会各界强烈呼吁修改原《商标法》，制止这些恶意注册行为。2019 年 4 月 23 日，第十三届全国人民代表大会常务委员会第十次会议审议通过《关于修改〈中华人民共和国商标法〉的决定》，新法于 2019 年 11 月 1 日起施行。这次《商标法》的修改主要针对恶意注册行为进行规制：一是强化商标使用义务，增加“不以使用为目的的恶意商标注册申请，应当予以驳回”的规定；二是规范商标代理行为，规定商标代理机构知道或者应当知道委托人存在恶意注册行为的不得接受委托，否则将对代理机构依法追究责任；三是对申请人、商标代理机构的恶意申请商标注册、恶意诉讼行为规定了处罚措施。除此之外，修改后的《商标法》还提高了恶意侵犯商标专用权的侵权赔偿数额，由原法律规定的一倍以上三倍以下提高到一倍以上五倍以下，并将商标侵权法定赔偿数额上限从三百万元提高到五百万元。

（四）社会热点问题引发的法律修订

1. 高空抛物入刑

近年来，高空抛物、坠物事件频发，2019 年更是在全国发生多起高空抛物致死致伤案件。除一些因意外疏忽坠落的花盆等物品外，甚至出现了因吵架故意从高层抛下菜刀等恶性事件。高空抛物已经构成了对不特定多数人生命安全的严重威胁，如何有效预防和依法惩治高空抛物、坠物行为，成为了一个全社会关注的热点，过去针对高空抛物主要是民事赔偿和行政拘留等处罚手段，要求采取《刑法》这种最为严厉的法律惩治高空抛物行为的呼声也越来越高。2019 年 11 月 14 日，最高法发布《关于依法妥善审理高空抛物、坠物案件的意见》，明确规定故意从高空抛弃物品，尚未造成严重后果，但足以危害公共安全的，依照《刑法》第一百一十四条规定的以危险方法危害公共安全罪定罪处罚；致人重伤、死亡或者使公私财产遭受重大损失的，依照《刑法》第一百一十五条第一款的规定处罚。为伤害、杀害特定人员实施上述行为的，依照故意伤害罪、故意杀人罪定罪处罚。

除故意抛物外，此次意见也明确了对过失导致物品坠落的责任追究。过失导致物品从高空坠落，致人死亡、重伤，符合《刑法》第二百三十三条、第二百三十五条规定的，依照过失致人死亡罪、过失致人重伤罪定罪处罚。在生产、作业中违反有关安全管理规定，导致高空坠落物品，发生重大伤亡事故或者造成其他严重后果的，依照《刑法》第一百三十四条第一款的规定，以重大责任事故罪定罪处罚。

2. 未成年人法律大修

2019 年 10 月，大连市发生一起恶性未成年人案件，加害人和被害人均为未成年人。在该案中，13 岁的加害人奸杀 10 岁女孩后抛尸，犯罪手段残忍，主观恶性极大。且该加害人在犯罪后并未表现出惊恐和悔意，表现出反社会人格的倾向，但因加害人年龄不满 14 周岁，未达法定刑事责任年龄而不予追究刑事责任，引起舆论哗然。“如何惩治恶童？”成为全社会的共同呼声，为保障加害人作为未成年人而不予追究刑事责任，那么被害人作为未成年人的权利如何保障？这一案件引起了社会上对我国未成年人保护不足、犯罪低龄化等问题如何应对的广泛讨论。此次案件成为我国修订《未成年人保护法》和《预防未成年人犯罪法》两部未成年人法律的导火索。

2019年10月26日，十三届全国人大常委会第十四次会议举行分组会议，审议《未成年人保护法修订草案》《预防未成年人犯罪法修订草案》等。11月29日，《未成年人保护法修订草案》和《预防未成年人犯罪法修订草案》征求意见结束。约有4.7万人提出接近6万条意见。此次未成年人保护法修订对未成年人家庭监护、校园安全、人身权益受侵害、网络沉迷等社会广泛关注的问题作出回应，强化了家庭监护责任。这一修法思路同样体现在预防未成年人犯罪法修订中，强化家庭监护责任，充实学校管教责任和国家机关保护责任，将未成年人的偏常行为分为不良行为、严重不良行为和犯罪行为等由轻及重的三个等级，并分别规定了相应的干预或矫治措施。

（五）《中华人民共和国法官法》和《中华人民共和国检察官法》修订

2019年4月23日，十三届全国人大常委会第十次会议表决通过新修订的《中华人民共和国法官法》和《中华人民共和国检察官法》，两部法律于2019年10月1日起施行。修订后的《法官法》和《检察官法》体现了司法责任制改革、员额制改革等近年来我国司法体制改革的主要举措，对法官、检察官的权利义务、遴选、职业保障等做出了更加具体的规定。《检察官法》的修订更加突出了罪刑法定和尊重与保障人权等先进的法治理念，明确规定检察官办理刑事案件，应当严格坚持罪刑法定原则，尊重和保障人权，既要追诉犯罪，也要保障无罪的人不受刑事追究。同时，修改后的两部法律在立法目的中增加对法官、检察官的监督，并在法官、检察官应当履行的义务中增加了对商业秘密和个人隐私予以保密的规则，并规定了违反该规则的法律责任。

（六）新版《土地管理法》实施

2019 年 8 月 26 日，十三届全国人大常委会第十二次会议表决通过关于修改《土地管理法》的决定。作为关系亿万农民切身利益的一部法律，《土地管理法》的每次修订都会引起各界广泛关注，修法的倾向透露出中央针对“三农”问题的政策走向。此次修法的重点主要是在土地征收、集体建设用地入市、宅基地和农田保护四个方面。

第一，在土地征收方面，首次对“公共利益”的范围进行明确界定。征收程序方面，将原来的批后公告改为批前公告。征地补偿方面，新版《土地管理法》改变了以前以土地年产值为标准进行补偿，实行按照区片综合地价进行补偿。在原来的土地补偿费、安置补助费、地上附着物三项补偿的基础上，又增加了农村村民住宅补偿和社会保障费。

第二，土地入市方面，允许集体将集体建设用地的出让和出租。同时使用者在取得农村集体建设用地之后还可以通过转让、互换、抵押的方式进行再次转让。

第三，宅基地方面，首先是下放宅基地审批权。过去农村宅基地审批归乡、县土地管理局管理。在新修订的《土地管理法》中将宅基地使用规划的权力部分下放给村，明确要求通过规划合理安排农村的宅基地，为改善农村的居住条件提供便利。针对当前我国城乡人口流动加剧，许多地方的乡村出现“空心化”的社会现实，本次修改还增加了村民自愿有偿退出宅基地的规定。如果农民不愿意退出宅基地，地方政府不能强迫其退出宅基地，必须是在自愿有偿的基础上。

第四，将土地管理法中的“基本农田”修改为“永久基本农田”，对基本农田实行永久性保护，“永久基本农田”这一概念是 2008 年中共十七届三中全会提出的新概念，即无论什么情况下都不能改变其用途，不得以任何方式挪作他用的基本农田。修改后的

《土地管理法》在第35条明确规定：永久基本农田经依法划定后任何单位和个人不得擅自占用或者改变用途，要求永久基本农田必须落实到地块，纳入数据库严格管理。

（七）完善环保治理相关法律

1. 生态环境损害赔偿案件司法解释出台

针对生态环境损害赔偿诉讼在司法实践中遇到的受理、责任认定和执行等一系列问题，2019 年 6 月 5 日，最高法正式发布《最高人民法院关于审理生态环境赔偿案件的若干规定（试行）》。该司法解释明确可以提起诉讼的三种具体情形，包括发生较大、重大、特别重大突发环境事件的，在国家和省级主体功能区规划中划定的重点生态功能区、禁止开发区发生环境污染、生态破坏事件的，以及发生其他严重影响生态环境后果的情形。对责任范围的问题，此次司法解释明确规定，根据生态环境是否能够修复对损害赔偿责任范围予以分类规定，生态环境能够修复时应当承担修复责任并赔偿生态环境服务功能损失，生态环境不能修复时应当赔偿生态环境功能永久性损害造成的损失，并明确将“修复效果后评估费用”纳入修复费用范围。

2.《固体废物污染环境防治法》

针对垃圾分类和塑料垃圾问题的治理等环保热点问题，全国人大常委会对《固体废物污染环境防治法》大幅修改进行回应。2019 年 6 月 25 日，《固体废物污染环境防治法修订草案》提请全国人大常委会审议。草案设“生活垃圾污染环境的防治”专章，明确国家推行生活垃圾分类制度。县级以上地方人民政府应当采取符合本地实际的分类方式，加快建立生活垃圾分类投放、分类收集、分类运输、分类处理的垃圾处理系统，实现垃圾分类制度有效覆盖。除生活垃圾外，针对秸秆、牲畜粪便等污染源，还提出农业固体废物污染环境防治和生产者责任延伸，塑料袋等一次性塑料制品管理、污泥处理处置等管理制度。加强对危险废物污染环境的防治，如加强危险废物跨省转移管理等。此外，对于擅自倾倒、堆放、丢弃、遗撒工业固体废物，擅自倾倒、堆放危险废物等违法行为，草案明确了相应的法律责任。增加了按日连续处罚的规定，对未经批准擅自转移危险废物等违法行为增加了拘留的处罚措施。

三、深化法治政府建设

（一）深入推进“放管服”改革

党的十八大以来，中央把推进“放管服”改革作为转变政府职能、深化行政体制改革的重要抓手。党的十九大继承了这一改革思路，在简政放权、公开透明和规范化方面采取了许多重要举措，继续深化法治政府建设。

1. “最多跑一次”审批制度改革

“最多跑一次”是浙江在此次全国简化行政审批制度改革中创出的成功经验，表现为“一窗受理、集成服务”，是指公民和企业等社会组织到政府行政部门申办行政审批、行政许可时，只要材料齐全，符合法定申请条件，不再需要跑多个部门分别审批盖章，只需一次即可完成办理事项。这个改革理念最初是2016年由时任浙江省委书记的车俊提出，并在浙江部分地市开始试点。2017年正式出现在浙江省的政府工作报告中，并随后在浙江全省广泛推开。在“最多跑一次”的改革中，各级政府首先明确“最多跑一次”的具体业务内容并对外公布，在此基础上，受理事项不再按照以往的政府部门分别设置窗口，而是按照事项进行分类。同时，将“最多跑一次”的行政审批改革与互联网政务结合，开通网上申请办理，并建立全面的信息公开监管体系。在浙江的“最多跑一次”审批制度改革成功之后，江苏、山东、陕西、湖南等十几个省份也逐渐开始推行与此类似的简化行政审批程序的改革，“不见面审批”“承诺许可制度”“零跑腿”等。这些改革针对的正是过去我国行政管理中最为群众所诟病的“政出多门，层次审批”制度，办一个小事情跑十几个部门盖几十个章的情况，不仅给民众的生活增添了很多麻烦，浪费时间精力，也成为阻碍外资和私人资本投资经营的重要因素，并且严重影响了我国各级政府在人民群众心中的形象，甚至有“话难听、脸难看、事难办”的民间俗语。

通过类似于“最多跑一次”的简化行政审批制度改革，能够让老百姓和企业尤其是中小企业节省大量的时间精力，是提高服务型政府形象的重要改革。简化行政审批程序，也是优化营商环境的重要一环。2018 年法治政府建设的重点是简政放权中的向社会放权，通过权力清单制度和负面清单制度，法无禁止即可为，减少审批和许可的事项内容，将更多的生产经营自主权交还给社会。2019 年，在放权的基础上重点转向简政，简化需要行政审批和许可的事项的程序，将简政放权的改革向深入推进，从管理型政府向服务型政府转变。

2. 加强政府信息公开

2019 年，国务院对《政府信息公开条例》重新进行了修订，明确了以公开为原则、以不公开为例外的基本精神，并且对很多公开程序进行了细致规定，提高了政府信息公开的可操作性。

第一，扩大政府主动公开信息的范围和深度。明确各级行政机关应当主动公开机关职能、行政许可办理结果、行政处罚决定、公务员录用等十五类信息。此外还设置了一个兜底条款，即市县级政府及其部分、乡镇人民政府应当主动公开与基层群众关系密切的其他政府信息。

第二，在以公开为原则，以不公开为例外的情况下，明确不公开的信息范围。国家秘密的政府信息，法律、行政法规禁止公开的政府信息，公开后可能危及国家安全、公共安全、经济安全、社会稳定的政府信息，公开会对第三方合法权益造成损害的政府信息。除这些不予公开的信息外，其他信息都应当依法公开。

第三，细化了依申请公开的程序规定。明确了公开提出申请、补正申请内容和政府答复的形式规范等程序规定，并要求行政机关建立政府信息公开申请登记、审核、办理、答复、归档的完整规范工作制度。

此次信息公开条例的修订，有助于更好推进政府各级信息公开的落实和规范化，提升政府公开、透明程度和行政行为的规范程度。

（二）加强对抽象行政行为的监督

按照行政法的基本原理，行政行为划分为具体行政行为和抽象行政行为。具体行政行为是针对特定的行政相对人做出的，例如行政审批，行政许可，行政处罚均属于具体行政行为。抽象行政行为是针对不特定的对象制定普遍适用的规范性文件的活动。按照我国《行政诉讼法》的规定，行政相对人只能针对具体行政行为提起诉讼，司法机关只能对具体行政行为的合法性进行审查，一直没有将抽象行政行为纳入审查的范围。在抽象行政行为不可诉的情况下，如何保证各级政府制定的规范性文件的合法性，避免政府通过抽象行政行为侵犯公民和其他社会主体的合法权益，是中国法治政府建设中一个重要的问题。2018 年 10 月，中国提出 2019 年规范性文件备案审查制度全覆盖的目标，对规范性文件的备案审查的落实，是加强对抽象行政行为合法性审查，规范政府行为的一个重要制度保障。

到 2019 年底，中共的规范性文件备案审查制度已经基本形成了各系统分工负责、相互衔接的各类规范性文件备案审查机制。全国人大常委会对行政法规、监察法规、地方性法规、司法解释进行备案审查；国务院对地方性法规、部门规章、地方政府规章进行备案审查；地方人大常委会对本级及下级地方政府规章，下级地方人大及其常委会决议决定，本级地方政府规范性文件进行备案审查。接受备案的各机关对报送备案的相关规范性文件进行审查，对与宪法、法律和上位法规定相抵触的有关规范性文件有权予以撤销、纠正。2019 年一年，各级报送全国人大常委会备案的行政法规、地方性法规、司法解释共 1485 件，其中行政法规 53 件，省、自治区、直辖市地方性法规 516 件，设区的市、自治州、不设区的地级市地方性法规 718 件，自治条例和单行条例 99 件，经济特区法规 58 件，司法解释 41 件。在实现电子报备的基础上，推进同国务院电子报备系统的连通，实现统一报备，通过全国人大备案审查信息平台将报备的地方性法规同时推送到国务院电子报备系统，实现报备审查机制的信息化。

通过规范性文件的审查机制，有力地督促了行政机关在行政立法方面的合宪性和规范性提升，并督促各级政府根据上位法的变化对其行政法规、部门规章和地方政府规章进行及时修改和完善，推动废止不适应实际发展情况的行政规范性文件。规范性文件备案审查制度，虽然不能完全解决抽象行政行为的合法性审查问题，但在推进对抽象行政行为的监督，约束行政立法方面，依然具有重大的作用，是中国法治政府建设的重要成就。

四、标志性法治事件和司法案例

（一）扫黑除恶专项斗争案例

扫黑除恶专项斗争是我国 2019 年的重点法治事件，在全国的扫黑除恶斗争中，产生了许多震惊全国的大案要案，尤其是两个沉寂多年的枉法裁判案件的再审，揭开地方司法中庞大的黑恶势力保护伞和触目惊心的司法腐败问题，提醒着我们，中国的法治建设道路还任重而道远。

1. 孙小果案

2019年4月24日，《昆明日报》头版的一则报道，将21年前的云南恶霸孙小果再次拉入公众的视野，并引发高度关注。据报道，在全国的扫黑除恶专项斗争中，中央督导组进驻云南期间，打掉了以孙小果为首的黑恶势力团伙。而此次扫黑除恶行动中被打掉的孙小果，正是在1998年就已经被判处死刑的昆明恶霸。他不仅没有被执行死刑，还改名换姓，以“李林宸”的身份继续活跃，甚至成为了多家夜总会和俱乐部的投资人，坊间人称“大李总”。如此荒诞之事引发社会舆论对其幕后保护伞和当地司法机关暗箱操作的强烈质疑。

实际上，孙小果被知名媒体曝光已经不是第一次了，早在1998年，当时驰名天下的《南方周末》就以“昆明在呼喊：铲除恶霸”为题，揭露了孙小果及其团伙在昆明强奸、故意伤害等一系列恶性，曝光的作案细节手段极其残忍，令人发指。而在此之前，早在1995年，孙小果就因强奸罪被判有期徒刑两年，但实际上并没有收监执行，并逍遥在外继续犯下一系列恶性案件，才在1998年被云南省昆明市中级人民法院一审判处死刑。但随后二审改判为死缓，云南省高院又违规启动再审程序，再次改判为有期徒刑20年。在此后，孙小果又以各种理由被减刑多次，保外就医多次，十年后改名为李林宸而再度活跃于昆明市，从事组织黑社会犯罪。2019年4月，中央扫黑除恶第20督导组进驻云南，打掉了孙小果等一批涉黑涉恶团伙。在扫黑除恶过程中，督导组因发现孙小果多年来两次逃脱法律制裁，背后必有一个严密的保护伞关系网。为深挖这一关系网，全国扫黑办将孙小果涉黑案列为重点案件，挂牌督办，并派大要案督办组赴云南指导督促案件办理工作。

孙小果系列案件经媒体报道后，社会舆论持续发酵，其中引发公众广泛关注和质疑的主要有两点：第一，孙小果在 1994 年当街强行掳走两名女青年并实施轮奸，强奸是法定的严重暴力犯罪之一，并且有着当众和轮奸这两个加重情节，法定刑甚至可以判处死刑，但孙小果只被判处了 2 年有期徒刑，量刑明显过轻。而即便是这个量刑，孙小果也没有实际收监执行。第二，孙小果在 1998 年因强奸罪、强制侮辱妇女罪、故意伤害罪、寻衅滋事罪再次被判处死刑立即执行后，二审被改判了死刑缓期两年执行。之后，在无法定启动再审的情形下，云南省高级法院启动了再审程序对孙小果改判为有期徒刑二十年，随后孙小果又非同寻常地获得多次减刑，并很早就出狱。这一系列明显违背法理和常理的操作，引起了社会各界对孙小果身份背景的各种猜疑，民间开始盛传孙小果家世显赫，乃是某某高级干部的后代等。孙小果涉黑案在民间造成了一种国家高级干部特权枉法，纵容包庇子女为非作歹的印象，严重损害了党的干部在民众中的形象。为此，在对孙小果的组织黑社会犯罪进行打黑除恶的同时，有必要对当年的判决依法启动再审。

按照《刑事诉讼法》第 254 条的规定，法定的启动再审程序的条件包括：对已经发生法律效力的判决和裁定，发现在认定事实或者适用法律上确有错误的；审判人员在审理案件的时候，有贪污受贿、徇私舞弊、枉法裁判行为的。根据纪检监察机关对昆明市中级法院和云南省高级法院原司法人员的调查，相关办案人员存在司法腐败行为。因此，孙小果 1998 年的判决，符合法定的再审启动条件。《刑事诉讼法》第 383 条规定，依照审判监督程序重新审判的案件，人民法院应当重点针对决定再审的理由进行审理。必要时，应当对原判决、裁定认定的事实、证据和适用法律进行全面审查。本案历经一审、二审、再审，此次启动的再审程序，除要对最终生效的再审判决进行审查外，还需对一审、二审认定的事实、证据及适用法律进行全面审查。

2019 年 10 月 14 日，云南省高级人民法院依照审判监督程序对孙小果强奸、强制侮辱妇女、故意伤害、寻衅滋事一案依法再审开庭审理。同时，云南省检察机关对孙小果出狱后涉嫌组织领导黑社会犯罪提起公诉，云南省玉溪市中级人民法院一审判决其有期徒刑二十五年。12 月 23 日，云南高院依法对孙小果 1997 年犯强奸罪、强制侮辱妇女罪、故意伤害罪、寻衅滋事罪再审案件公开宣判，判决认为该院 1999 年的二审判决和 2007 年作出的原再审判决在认定事实和适用法律方面确有错误，依法予以撤销，维持昆明市中级人民法院 1998 年 2 月一审对孙小果判处死刑的判决，与其领导组织黑社会犯罪所判的二十五年有期徒刑合并，决定对孙小果执行死刑，剥夺政治权利终身。

2. 新晃操场埋尸案

2019 年 6 月 20 日凌晨，湖南省怀化市新晃县某学校操场内挖出一具遗骸，震惊全国。经湖南省司法机关鉴定，该遗骸系新晃一中 16 年前失踪教师邓世平。邓世平于 2003 年失踪后，其家人曾立即报警，但当地警方不予立案。后邓世平的家人自身走访调查，掌握了很多邓世平失踪与杜少平密切相关的证据，又辗转多级司法机关试图为邓世平的失踪立案，都因杜少平和其舅舅，原一中校长黄炳松贿赂司法机关人员而未得到应有的处理。2019 年 4 月，在全国扫黑除恶专项斗争中，新晃县公安局破获了杜少平涉黑涉恶团伙，该团伙中一名成员交待出邓世平被害案的线索，并供述了埋尸地点，由此将隐匿 16 年的案件揭开。

2019 年 6 月 21 日，怀化市纪委监委、市委政法委分别组成专案组对该案进行调查。调查发现，2001 年，新晃一中校长黄炳松的外甥杜少平违规承建了新晃一中操场土建工程。在施工过程中，杜少平对代表校方监督工程质量和安全的邓世平产生不满，怀恨在心，于 2003 年 1 月 22 日伙同罗光忠将邓世平杀害，将尸体掩埋于当时正在建设施工的新晃一中操场。案发后，时任新晃一中校长的黄炳松为掩盖邓世平被害的事实，多方请托、拉拢腐蚀相关公职人员，时任新晃县公安局党委副书记、政委杨军等人干扰、误导和阻挠案件调查，导致该案长期未能侦破。杜少平、罗光忠对杀害邓世平的犯罪事实供认不讳。湖南省纪委和纪检监察机关要求对埋尸案背后的关系网和保护伞进行深挖，全国扫黑办将“新晃操场埋尸案”列为重大案件督办。2019 年 12 月，湖南省怀化市中级人民法院一审对被告人杜少平等人故意杀人案及其恶势力犯罪集团案件进行公开审理并当庭宣判，被告人杜少平犯故意杀人等罪，数罪并罚，决定执行死刑，剥夺政治权利终身。

新晃操场埋尸案，各界比较关注的问题，一个是年代久远多数证据灭失的情况下，现有的证据能否达到法定的定罪依据。针对这个问题，有刑事司法专家指出，刑事法律中有一条证据规则叫做“隐蔽性规则”，即犯罪嫌疑人供述了只有他自己知道，别人不知道的隐秘性证据。如果能找到这些隐秘性证据，并且实物证据跟言词证据能够相印证的话，就可以作为定案的证据认定。除了这个技术性规则之外，新晃操场埋尸案引发的更为深刻的法理讨论，是迟到的正义是否还是正义？

从法理上分析，迟到的正义已经不再是完整的正义。迟到的正义虽然可能在结果上是公正的，但其程序上的不公正确是难以弥补的。正义不仅要实现，还要以看得见的方式实现，这种看得见的方式，就是程序正义。司法裁判的实质结果会根据具体的条件和自由裁量的不同而千变万化，但程序针对同类案件是固定不变的。因此，在法律正义中，能看得见的方式实现的正义是程序正义。迟到的正义所损害的程序正义，主要是违背了司法裁判的及时性原则。司法裁判的及时性有两个要求：一是裁判的形成不能过迟；二是程序的运作不能过于急速，要在之间寻找一种中间状态。

如果正义的裁判结果到来的过于迟缓，首先，会导致办案周期和司法程序的延长，消耗司法资源和当事人各方的时间精力，并且会带来关键证据的灭失，邓世平案就面临这一问题。其次，迟到的正义裁判还会给当事人各方带来直接的伤害。如我国见诸报道的多起超期羁押，犯罪嫌疑犯被关押数年甚至十几年之后，被宣告无罪。虽然最后的结果是正义的，但犯罪嫌疑人被剥夺的时间和自由却是无法弥补的损失。对于被害人而言，如果罪犯不能被绳之以法，那么受害者对平等报复的欲望得不到及时实现，其因犯罪行为所受的损害的法益无法得到补偿。最为严重的是，如果正义的裁判不能及时实现，会导致社会各阶层对法治信仰的严重动摇。行凶者可以逍遥法外多年，甚至平安富足地度过大半生，而正义的审判却不知何时降临，这在任何文化背景下都不是可预见的正义。当事人最直接的感觉是法律的无足轻重和飘忽不定，其实现如果只依靠临时的，不可预期的方式，那法治就失去了最重要的基础。

孙小果案和杜少平案，这两个案件的一个共同特点就是年代久远，正义的审判距离案发已经过去了十几年甚至二十年。若不是扫黑除恶专项斗争，这些在案发后未得到及时公正审理的案件还不知道需要多久才能等到公正的审判。对于最终的判决结果，社会公众认为这是“不是不报时候未到”的朴素正义的实现。这两个案件确实凸显了中国扫黑除恶专项斗争的成果，说明专项斗争不仅能打黑除恶，还能通过打击保护伞发现地方关系网，打击司法腐败纠正枉法裁判，伸张社会正义。但这样的错案纠正方式，并不是一个正常的法治运作模式。打黑除恶专项斗争是一种高度动员的运动式治理，其具有在短时间内集中力量迅速出击的高效特点，但这种运动式治理与常规的司法纠错机制的一个重要区别，就是其不定期性和临时性。邓世平等了16年，才等到此次全国范围的打击黑恶势力专项斗争，这些案件的存在，正暴露出中国常规的司法纠错机制和法律监督机制存在的问题。这些案件的出现，促使我们深刻反省，中国在法治国家建设道路上，还有多少长效的、制度化的建设缺乏。何时让每一个公民都能够不依靠中央督导组和专项斗争的高压，就能免受枉法裁判，是我们法治建设道路上必须解决的基础问题。

（二）为见义勇为提供司法保障：赵宇案

与2018年的热点案例昆山反杀案一样，赵宇的案件也属于一起对正当防卫适用标准的问题引起舆论争议的案件。2018年12月26日，李华与邹某（女，27岁）二人一同吃饭后，一起乘出租车到达邹某的暂住处福州市晋安区某公寓楼，当晚 23 时左右二人在室内发生争吵，随后李华被邹某关在门外。李华强行踹门而入，进入室内后对邹某实施殴打谩骂。当时居住在楼上的赵宇闻声下楼查看，见李华把邹某摁在墙上并殴打其头部，即上前制止。在制止过程中从背后拉拽李华，致李华倒地。李华起身后欲殴打赵宇，威胁要叫人“弄死你们”，赵宇随即将李华推倒在地，朝李华腹部踩一脚，又拿起凳子欲砸李华，被邹某劝阻住，后赵宇离开现场。经法医鉴定，李华腹部横结肠破裂，伤情属重伤二级；邹某面部软组织挫伤，属轻微伤。

随后，福州市公安局晋安分局接到报案有人故意伤害，并于 2018 年 12 月 27 日立案侦查。12 月 29 日，福州市公安局晋安分局以涉嫌故意伤害罪对赵宇刑事拘留，2019 年 1 月 4 日以涉嫌故意伤害罪向福州市晋安区人民检察院提请批准逮捕。2019 年 1 月 10 日，福州市晋安区人民检察院因案件被告人李华正在医院手术治疗，伤情不确定，以事实不清、证据不足作出不批准逮捕决定，同日公安机关对赵宇取保候审。2 月 20 日，公安机关以赵宇涉嫌过失致人重伤罪向福州市晋安区人民检察院移送审查起诉。晋安区人民检察院于 2 月 21 日以防卫过当对赵宇作出相对不起诉决定，引起社会舆论高度关注。

社会舆论普遍认为，赵宇的行为属于典型的见义勇为，其对李华的拉扯是为了阻止李华对邹某的暴力伤害行为，而对其实施的推倒和踩脚等行为是在李华主动以暴力攻击他之后实施的，应当视为正当防卫行为。受害人邹某是一个孤身女性，面临一个身强力壮男性的破门而入，在其私人居所内以暴力手段实施非法侵害，属于典型的弱者被强者欺凌。面临这样的情境，任何一个有正义感和良知的公民都会出手制止。社会上多数民众尤其是女性，在看到女性被男性殴打还不允许他人出手相救时，都感到这样的法律是不合人情天理的，因此对公安机关的处置措施产生了强烈质疑。

就法理来看，我国《刑法》第二十条规定的正当防卫，根据防卫目的的不同，可以区分为保护本人的正当防卫和保护他人的正当防卫。在司法实践中，大部分正当防卫都属于保护本人的正当防卫，存在少数保护他人的正当防卫。在保护他人的正当防卫中，又有些属于保护亲属的正当防卫，只有个别保护与自己完全没有关系的他人的正当防卫，这种正当防卫具有见义勇为的性质。按照我国法律规定和相关司法解释，见义勇为的构成要件包括以下四点：

第一，见义勇为的主体是非负有法定职责或者义务的主体。例如此时如果警察出手制止李华的侵害行为，就是其履行法定职责的行为，不算见义勇为。本案中赵宇只是楼上普通居民，不认识被害人邹某，也不是保安、警察等法定职务人员，符合见义勇为的法定主体条件。

第二，见义勇为所保护的客体，是国家、集体或者他人的生命、财产等合法权益。公民本人为保护其自身权益与违法行为做斗争的不能认定为见义勇为。赵宇保护的是陌生人邹某正在受侵害的合法权益，符合见义勇为的客体条件。

第三，见义勇为的主观方面在于积极主动，不顾个人安危。赵宇与被害人并不认识，只是在目睹非法侵害行为之后，并未收到受害人的要求和相关报酬等，就出手制止李华的不法侵害行为，符合见义勇为的主观方面条件。

第四，见义勇为的客观方面，表现为国家、集体利益和他人的合法权益的侵害行为正在进行，或者与其他危害行为、自然灾害做斗争。赵宇拉扯李华时，其正在将邹某摁在墙上进行殴打，不法侵害正在进行。

由此可见，赵宇出手制止李华的行为符合见义勇为的构成要件，属于见义勇为的正当防卫类型，不符合故意伤害罪或者过失致人重伤罪。因为赵宇没有伤害李华的主观故意，对其行为产生的危害结果也不存在法定意义上的过失。在李华被赵宇推倒，停止对邹某的殴打后，赵宇对其脚踩等行为，是在李华对其主动实施暴力攻击之后的防卫行为，属于正当防卫。按照《刑法》的规定，正当防卫是为了使国家、公共利益、本人或者他人的人身、财产和其他权利免受正在进行的不法侵害，而采取的制止不法侵害的行为，对不法侵害人造成损害的，属于正当防卫，不负刑事责任。

如何属于防卫过当。这就牵涉到公诉机关对赵宇的防卫过当罪名认定是否成立的关键问题。防卫过当，是指防卫行为明显超过必要限度造成重大损害的应当负刑事责任的情形。所谓防卫过当是指正当防卫行为超越了法律规定的防卫尺度，因而应当负刑事责任的情况。防卫过当是一种轻微的犯罪行为，它的本质应当是较轻的社会危害性。这是因为，从防卫过当的整个过程来看，防卫人虽然出于制止正在进行的不法侵害为目的，但是有一定的罪过心理，在主观上对自己反击和制止不法侵害的行为和结果持放任态度或疏忽大意、过于自信的态度，客观上防卫人的行为明显超过了制止不法侵害所必须的限度。

我国《刑法》第二十条第二款规定，正当防卫明显超过必要限度造成重大损害的，才构成防卫过当。这里的明显就不是一般的超过而是显著的超过，这种超过是一目了然没有争议的。所谓造成重大损害，就不是一般损害，而是损害结果显然不是制止不法侵害所必需的。对于以上两个方面，在《刑法》理论上归纳为行为过当和结果过当，并且只有在两者同时具备的情况下，才能认定为防卫过当。从本案来看，在面对李华暴力殴打邹某并转而对其实施暴力攻击的情况下，赵宇将李华推倒在地并踩其一脚，这个行为在社会公众普遍认知来看是完全合理的、必要限度内的反应，不具备明显超过正当防卫必要限度的特征，因此不存在行为过当。而就该行为造成的重伤结果而言，确实具有一定的超过其所要制止的不法侵害行为的严重性。但这个重伤结果并不是赵宇主观上故意追求的，依据日常生活的经验，踩一脚在多数情况下并不会导致如此严重的后果。在李华进行不法侵害而受到赵宇防卫的情况下，这一结果属于李华应当承受的不利后果。因此，赵宇的行为不构成防卫过当，不应当承担过失致人重伤罪的刑事责任。

除案件本身情况的分析外，涉及见义勇为的正当防卫在适用法律时还要综合考核裁判的社会效果和公序良俗。本案中的赵宇虽然造成了李华的重伤后果，但这种后果主要是为了制止恃强凌弱的不法侵害行为所带来的的意外结果。我们首先承认每个人的有限理性，不可能充分预见每个行为的必然结果。另一方面，立法的精神是鼓励见义勇为等公民行为，面对恃强凌弱的不法行为，积极制止的人如果被认定为犯罪而要追究刑事责任，会对社会的公序良俗产生非常消极的示范效应。如此适用法律的直接结果就是法律保护恃强凌弱者，惩罚见义勇为者，这显然是违背法理和社会正义观念的。

面对社会舆论的压力和法学界人士的呼吁，检察院对赵宇防卫不当的裁定引起了最高人民检察院的关注。在最高人民检察院指导下，福建省人民检察院指令福州市人民检察院对该案进行了审查。福州市人民检察院经审查认为，原不起诉决定存在适用法律错误，遂指令晋安区人民检察院撤销原不起诉决定，于 3 月 1 日以正当防卫对赵宇作出无罪的不起诉决定。2019 年 3 月 12 日，最高人民检察院检察长在全国人大做工作报告时，将昆山反杀案和赵宇见义勇为案均列为典型正当防卫指导案例，认定赵宇见义勇为致不法侵害人重伤属正当防卫，依法不负刑事责任，其背后的司法理念是“法不能向不法让步”。

（三）舆论监督司法案例：权健传销案

2018 年 12 月 25 日，著名卫生自媒体丁香医生发表文章《百亿保健帝国权健和它阴影下的中国家庭》，引起大量转发。随后，权健公司发表声明，称丁香医生诽谤中伤，要求撤稿并道歉。但其回应称：不会删稿，对每一个字负责，欢迎来告。权健与丁香医生的纠纷引起全网关注，同时，一个名叫周洋的 4 岁内蒙古女童因误信权健疗法而延误病情导致死亡，权健反而将其作为产品疗效的案例进行广告宣传，周洋的父亲一怒之下将权健告上法庭却败诉的案例也被自媒体曝出，随后，对权健旗下火疗等产品的非法业务也陆续曝光，一时间以权健为代表的保健品行业的传销行为成为社会舆论热点。

2018 年 12 月 27 日，国家市场监管总局相关负责人就“百亿保健帝国”权健自然医学科技发展有限公司引发争议一事对记者表示，总局已经关注到网络舆情，相关业务司局正在了解情况。2018 年 12 月 27 日，天津市委、市政府责成市场监管委、市卫健委和武清区等相关部门成立联合调查组，对网民关注的诸多问题展开调查核实，联合调查组已分成若干小组，分别针对舆情关注的“周洋就诊”、是否涉嫌夸大宣传、是否涉嫌非法传销、医疗资质、保健食品安全等开展工作。2019 年 1 月 2 日，据联合调查组介绍，经前期工作发现，权健公司在经营活动中，涉嫌传销犯罪和涉嫌虚假广告犯罪，公安机关已于 2019 年 1 月 1 日依法对其涉嫌犯罪行为立案侦查。同时，相关部门依法查处取缔不符合消防安全规定的火疗养生场所、开展集中打击清理整顿保健品乱象专项行动。2019 年 12 月 16 日，天津市武清区人民法院公开开庭审理了被告单位权健自然医学科技发展有限公司及被告人束昱辉等组织、领导传销活动一案。2020 年 1 月 8 日，天津市武清区人民法院对被告单位权健自然医学科技发展有限公司及被告人束昱辉等 12 人组织、领导传销活动一案依法公开宣判，认定被告单位权健公司及被告人束昱辉等 12 人均构成组织、领导传销活动罪，依法判处被告单位权健公司罚金人民币一亿元，判处被告人束昱辉有期徒刑九年，并处罚金人民币 5000 万元；对其他 11 名被告人分别判处三年至六年不等的有期徒刑，并处罚金；对违法所得予以追缴，上缴国库。被告人束昱辉当庭表示认罪服法。

近年来，互联网在司法监督方面的作用开始凸显出来。从疫苗之王的覆灭到权健帝国的倒塌，自媒体在推动中国社会公平正义实现方面的作用令人刮目相看。其传播速度，受众范围和形成公共舆论压力方面的能力远超过传统媒体，近年来的许多重大法治事件，如张扣扣杀人案、昆山砍杀案，上海高空抛物案等一些典型案例都是通过自媒体的传播引来全社会的广泛关注。在张扣扣案中，甚至有很多人通过网上平台发起“刀下留人”的投票活动，意图以民间朴素的正义观念干预司法，对案件的公正审判形成巨大的压力。以自媒体为代表的互联网传播媒介在法治发展中的作用具有两面性，一方面，对于错案的纠正监督，自媒体具有传统媒体所无法比拟的信息传播和动员优势，动辄十万加的阅读量和极低的传播成本与阅读成本，让自媒体很容易聚合民意形成巨大的公共舆论压力，以至于10年前兴起的微博就有“围观改变中国”的口号；另一方面，在门槛低的同时，互联网尤其是自媒体也容易传播不实信息，民众依据情绪形成非理性判断。即便是依据真实信息，民间的朴素正义观念与理性法治的正义之间的张力也是客观存在的，强大的舆论压力也有舆论绑架司法的危险。无论如何，互联网都将在我国的法治进程中发挥越来越大的作用，社会力量在推动中国法治进程中发挥的作用趋势越来越清晰，如何规制这一新兴的传播媒介，发挥其积极作用，尽量减少其消极作用，是建设社会主义法治国家必须思考的问题。

第六章　制度优势转化为基层治理效能

中共十九届四中全会审议通过《中共中央关于坚持和完善中国特色社会主义制度、推进国家治理体系和治理能力现代化若干重大问题的决定》，系统总结了中国国家制度和国家治理体系的显著优势，明确指出要加强和创新社会治理，完善党委领导、政府负责、民主协商、社会协同、公众参与、法治保障、科技支撑的社会治理体系，建设人人有责、人人尽责、人人享有的社会治理共同体，确保人民安居乐业、社会安定有序，建设更高水平的平安中国。

基层是社会治理的基础，是社会治理创新最活跃的地带，也是社会矛盾的前线，如何用制度体系保证人民当家作主，把中国的制度优势转化为基层治理效能，是加强社会治理的当务之急。当前，经济社会转型、城乡区域发展、人民对美好生活向往以及全球化和信息化融合过程中的老问题与新挑战，对基层治理提出了新的更高要求。基层治理必须跟得上时代，不断健全社区管理和服务机制，推行网格化管理和服务，发挥群团组织、社会组织作用，实现政府治理和社会调节、居民自治良性互动。

一、推动市域社会治理现代化

2018 年 6 月 4 日，在延安干部学院新任地市级党委政法委书记培训示范班开班式上，中央政法委秘书长陈一新首次正式提出“市域社会治理现代化”的概念，并从治理理念现代化、治理体系现代化、治理能力现代化三个方面，系统阐述了以树立“五个导向”、优化四大体系、提升七大能力为核心内容的推进市域社会治理现代化的总体框架和方法路径。① 推进新时代市域社会治理现代化，是国家治理在市域范围的具体实施，是国家治理的重要基石。

之所以提出“市域社会治理现代化”，是因为市域层面被认为具有较为完备的社会治理体系，具有解决社会治理中重大矛盾问题的资源和能力，是将风险隐患化解在萌芽、解决在基层的最直接、最有效力的治理层级，处于推进基层治理现代化的前线位置。市域社会治理做得怎么样，事关顶层设计落实落地，事关市域社会和谐稳定，事关党和国家长治久安。它既要贯彻落实好中央关于国家治理的大政方针、制度安排、决策部署和上级的任务要求，又要立足实际对本市域社会治理统筹谋划、周密部署、推动实践，在国家治理中具有承上启下的枢纽作用。

（一）总体思路、意义与问题挑战

2019 年 12 月 3 日，全国市域社会治理现代化工作会议在北京召开。这次会议提出了推进市域社会治理现代化的总体思路：坚持以习近平新时代中国特色社会主义思想为指导，深入贯彻落实党的十九届四中全会精神，紧紧围绕坚持和完善中国特色社会主义制度、推进国家治理体系和治理能力现代化的总目标，牢牢把握坚持和完善共建共治共享的社会治理制度的总要求，坚持以人民为中心的发展思想，以防范化解市域社会治理难题为突破口，以开展市域社会治理试点为抓手，探索具有中国特色、市域特点、时代特征的社会治理新模式，不断完善党委领导、政府负责、民主协商、社会协同、公众参与、法治保障、科技支撑的社会治理体系，切实提高市域社

① 陈一新：《人民要论：推进新时代市域社会治理现代化》，《人民日报》，2018 年 7 月 17 日。

会治理系统化、社会化、精细化、法治化、智能化水平，努力建设人人有责、人人尽责、人人享有的社会治理共同体，推动平安中国建设迈上新台阶，为实现“两个一百年”奋斗目标、实现中华民族伟大复兴的中国梦提供有力支撑。

推进市域社会治理现代化意义重大，它既是推进社会治理现代化的战略抓手，又是推进国家治理体系和治理能力现代化的重要内容。市域治理做得怎样，事关人民安居乐业、事关社会安定有序、事关国家长治久安。

首先，市域治理是国家治理的重要支柱，在推进国家治理体系和治理能力现代化中具有特殊意义。（1）市域具有承上启下的枢纽作用。市域对上承担贯彻党中央决策部署的重要责任，对下指导基层一线工作，是推动基层治理的组织者、领导者。抓住了市域这个关键环节，就可以起到“一子落而满盘活”的效果。（2）市域具有以城带乡的引擎作用。市域作为城市和农村两种社会形态的结合体，是统筹推进城乡一体化的有效载体。把市域作为完整的治理单元，能够充分发挥城市辐射带动作用，推进城乡一体化、基本公共服务均等化，让治理成效更多、更公平地惠及城乡居民。（3）市域具有以点带面的示范作用。与县域相比，市域治理对象更多样、治理问题更典型、治理体系更完备，需要市域层面加强顶层设计、进行宏观指导。与省域相比，市域直面基层一线，直面社会治理各类问题，需要拿出微观层面的操作方案和具体解决办法。

其次，一些最突出的矛盾和问题汇聚在市域，防范化解矛盾最坚实的力量支撑也在市域。（1）市域是观察矛盾风险走向的晴雨表。我国经济社会发展中出现的一些新情况新问题往往最先在市域显现。分析掌握市域矛盾风险的规律特点，有利于从总体上把握我国现阶段社会矛盾风险态势，提高防范化解风险的预见性、实效性。（2）市域是守住安全稳定底线的主阵地。当前矛盾风险系统性、跨界性、传导性特点突出，市域越来越成为防范化解矛盾风险的关键层级。这迫切要求以市域为主阵地，充分发挥市域资源手段优势，从事前、事中、事后的整体视角进行防范，从源头、传导、转化的关键环节进行化解，防止矛盾风险向上传导、向外溢出。（3）市域是满足人民群众新需要的大平台。市域层面对人民新需要感受最直接、最灵敏，同时又有充足的资源和手段及时有效回应人民新期盼。这就要求从主动适应社会主要矛盾历史性转变出发，从防范化解风险、建设更高水平的平安中国的高度，扎实推进市域社会治理现代化，通过市域的平安为全国平安奠定坚实基础。

最后，市域有自身独特的基础和优势。（1）市域具有政策制定的自主空间。设区的市在城乡建设与管理、环境保护和历史文化保护方面享有地方立法权，具有更大、更灵活的自主创新探索政策空间。（2）市域具有解决问题的资源基础。市域往往具备较为雄厚的物质基础和丰富多样的资源手段，能够统筹各种资源力量，及时有效解决各类突出问题。（3）市域具有大胆尝试的回旋余地。市域在探索社会治理政策和模式方面有更大的回旋余地，推进市域社会治理创新，有利于破难题、开新局，为推动社会治理现代化不断提供新经验、贡献新方案。

市域社会治理需要主动适应面临的新情况新问题，以工作机制建设为着力点，善于运用制度威力防风险、解难题、补短板，不断提升市域社会治理效能。

首先，应当主动破解社会矛盾外溢这一最突出的难题，提升市域社会稳定风险防范化解水平。针对社会矛盾形成、演变特点，发挥体制优势，推动关口前移、重心下移，努力使市域成为社会矛盾的“终点站”。

这包括两方面内容：一是完善科学决策机制，从源头预防社会稳定风险。推动完善决策机制和程序，严格落实重大决策社会稳定风险评估制度，搭建党委和政府、责任主体、群众之间协商平台，完善严格按照法定权限和程序履行职责的制度机制，提升依法行政水平。二是完善排查化解机制，努力把问题解决在早在小。发挥社区干部、网格员等人缘地缘优势，努力把问题解决在萌芽状态。完善人民调解、行政调解、司法调解“三调”联动工作体系，发挥好仲裁、行政复议、诉讼等作用，大力推行市、县领导干部接访下访制度，最大限度把矛盾化解在本地。

其次，应当主动应对治安问题复杂多变这一最现实的挑战，提升市域公共安全风险防范化解水平：一手抓群众反映强烈治安突出问题的解决，一手抓公共安全防控短板的补强，提高动态化、信息化条件下社会治安管控能力。

这一方面包括三部分内容：（1）以解决人民群众最盼、最急、最忧的突出问题为主线，健全经常性专项打击整治机制。把握黑恶犯罪滋生蔓延特点，强化“抓省促市”“抓市促县”策略，强化行业治理、基层治理。密切跟踪人民群众反映强烈的治安问题，因地制宜开展专项打击整治行动。推广一些地方搭建跨区域合成作战平台等做法，提高对大要案件、多发性案件的侦查打击能力。（2）以增强社会治安防控整体性、协同性、精准性为目标，织密织牢社会治安防控网络。坚持立体化、法治化、专业化、智能化方向，打造城乡统筹、网上网下融合、人防物防技防结合、打防管控一体的社会治安防控新格局。坚持专群结合，布建起社会治安防控的天罗地网。（3）以推进公共安全全覆盖、全链条、全要素管理为重点，增强公共安全管理实效。严格落实公共安全属地责任、部门责任，健全道路交通、消防等领域安全防范管理机制，加强对寄递物流、危爆物品等行业监管，加强对新经济、新业态分析研究，提高对新型风险的识别、预警、防控能力。

最后，应当主动补齐优质公共服务供给不足这一最明显的短板，提升市域公共服务水平。社会治理的核心是对人的服务管理。要积极回应人民群众对美好生活的新需要，精准把脉服务难点、办事堵点，做实做细公共管理服务各项工作。

这方面工作聚焦于三个方面：（1）聚焦流动人口有序融入，推动市域公共服务均等化。加大户籍制度改革措施落实力度，完善相关配套政策，完善居住证制度，推进城镇基本公共服务向常住人口全覆盖，使流动人口真正在城镇安定下来，增强获得感归属感。（2）聚焦“放管服”改革，推动市域公共服务便捷化。在市域层面推出更多便民利民举措，行简政之道、开便利之门，切实解决好办证多、办事难等问题，打通公共服务“最后一公里”，让群众办事少跑腿成为常态。（3）聚焦个性化服务，推动市域公共服务精准化。通过政务服务 APP、社区服务热线、微信公众号等方式，广泛收集民情民意，准确把握群众公共服务需求，健全公共服务评价机制，提供有针对性的服务。

（二）实行重心、运行策略与模式

杭州市委党校姜方炳认为，“市域社会治理现代化”是一个新的概念，是党中央文件用“社会治理”取代“社会管理”后的一次新的飞跃。从字面表述上看，是“市域 + 社会治理现代化”的组合，体现的是国家对推进社会治理现代化的总体要求在“市域”范围内的落实。要深刻理解和把握“市域社会治理现代化”这一概念的内涵，关键在于对“市域”的理解和把握。具体而言，需要抓住三个着力点。①

首先，市域社会治理的治理单位主要以设区的城市为载体。我国按照中央政府统一领导、地方政府分级管理的原则，形成了由上至下的“金字塔式”地方政府层次结构，治理体系的运转主要依靠自上而下的层级“势能”推动。虽然我国的行政区划体系和城市行政等级较为复杂，但从中央政法委关于“市域社会治理”的谋划布局来看，这里的“市域”应该主要指的是设区的城市的行政区域和层级（包括副省级城市、省会城市、计划单列市）。这也是社会治理的现实需求。

就中国的地方行政层级设置而言，主要存在两级制、三级制和四级制三种形式，市级具有更大的社会治理意义。当前，新型社会矛盾风险的传导性、流动性不断增强，从酝酿发酵到集中爆发周期不断缩短，牵涉的利益群体、资金往来、具体诉求等各类矛盾要素

① 姜方炳：《理解“市域社会治理现代化”的三个着力点》，《杭州》，2019 年第 19 期，第 36－37 页。

不断超越传统县域层级能够解决的职权范围。而相对于以“县域”为重点的传统社会治理体系而言，以设区的市为单位的社会治理具有更大更明显的优势，特别是地方立法权优势和资源统筹协调优势。

其次，市域社会治理强调市级层面的“主导者”角色定位。从行政层级关系看，国家和省级层面是政策的研究者和制定者，区县层面是具体的执行者，在职能定位方面十分明确。但市级层面则处于承上启下的特殊位置，既是上级政策的执行者，一定程度上又是政策制定者。在以“县域”为重点的社会治理体系中，市级层面作为“执行者”的定位容易被放大，而在地方政策研究制定、治理体系创新、力量整合调配等方面的主导性作用则发挥得不够。

“市域社会治理现代化”概念的正式提出，就是要把推进社会治理体系创新的重点从县一级向市一级转移，突出市级层面在地方社会治理过程中作为“主导者”的角色定位。具体而言，就是要充分发挥市一级党委政府的统筹谋划作用，通过优化市域社会治理组织体系、提升市域社会治理核心能力，形成市—区（县、市）—乡街镇权责明晰、高效联动、上下贯通、运转灵活，党委、政府、社会、公众等多方主体合作共治的社会治理新体系，继而在全市域范围内构建形成共建共治共享的社会治理格局。

最后，市域社会治理突出“以城区为重点”的空间治理取向。改革开放 40 多年来，随着城市化进程的不断加快，新经济新产业快速发展并向城市集聚，形成了“以人口由乡村向城镇、由欠发达地区向发达地区迁徙为主的特征鲜明的人口流动大潮”。与之相伴而生的现象是城市人口规模的迅速增加。

据国家统计局公布的数据显示，到 2011 年末，我国城镇人口占总人口比重达到了 51.27%，首次超过 50%；截至 2017 年底，全国市辖区人口超过 100 万的大城市已经有 147 个，城市化平均值已经达到 57.35%。中国数千年来以农村人口为主的城乡人口结构已经发生逆转，意味着人们的生产方式、职业结构、消费行为、生活方式、价值观念等都将发生极其深刻的变化，城市由此也就容易成为各类矛盾风险的产生地、聚集地、爆发地。

“市域社会治理现代化”的提出，就是希望能够将社会治理的工作重点转到城区上来，通过发挥市一级的统筹协调以及资源和技术优势，在市域范围内统筹谋划和实施的社会治理，更为有效地应对城乡区域发展过程中各类新型社会矛盾风险的挑战，从而真正落实以人民为中心的发展思想。

张凯兰认为，推进市域社会治理现代化，必须从总体思路、根本保证、活力源泉、价值基石、实践路径五个维度，完善党委领导、政府负责、民主协商、社会协同、公众参与、法治保障、科技支撑的社会治理体系，形成人人有责、人人尽责、人人享有的社会治理共同体。[①]

第一，顶层设计，完善制度是总体思路。从系统性而言，市域社会治理创新需要融入地方经济社会发展大局来谋划，密切联系市情社情民情，以系统性、前瞻性、科学性思维进行顶层设计、谋篇布局、规划远景。从时间性而言，党的十八大以来，社会治理从最初的改革碎片化、创新个体化的“初级阶段”向更高层次整体性跨越的时机已然成熟。从实效性而言，市域社会治理需要进一步破解精细化、系统化短板，以顶层设计系统化、制度化推进，完善党委领导、政府负责、民主协商、社会协同、公众参与、法治保障、科技支撑的社会治理体系，确保社会治理的常态化良性发展。

第二，党建引领，固本强基是根本保证。充分发挥基层党组织的领导核心和党员先锋模范作用，整合社会资源、推动社会参与，是推进市域社会治理现代化的根本保证。坚持党建引领，首先，需要采取大党建理念，打破思想观念、行政级别、行业分割“三大围墙”，凝聚基层治理的党组织合力，壮大区域发展的朋友圈。其次，需要从制度上强化党员身份意识和示范作用，提升社会治理“软实力”。再次，需要创新党建模式，既保证党的领导在业委会和物业公司中的实现又支持业委会、物业公司的工作。

第三，社会主体，协同共治是活力源泉。党的十九届四中全会

① 张凯兰：《市域社会治理现代化的五个维度》，《学习时报》，2019 年 12 月 30 日。

指出，要坚持和完善共建共治共享的社会治理制度，建设人人有责、人人尽责、人人享有的社会治理共同体。推进市域社会治理现代化必须贯彻这一思想精髓，实现基层政府、市场、社会组织与民众等利益相关主体对公共事务的共同治理。这需要厘清城市政府在社会治理中的角色定位，改变过去对社会事务大包大揽的做法；引导居民群众的积极参与，增强社区的社会黏性和成员归属感，将居民群众积极性主动性创造性充分调动起来；发挥基层社会组织的独特作用，既降低社会治理成本，又让社会组织在基层治理中释放大能量。

第四，民生为本，服务为先是价值基石。推进市域社会治理现代化必须把“民生为本，服务为先”理念贯穿于社会治理全过程，把群众需要作为第一选择，把群众满意作为第一标准。切实做到把群众的关切点作为工作的着力点，围绕破解难题优化制度设计、提高服务效能。通过构建联系服务群众机制、切实解决群众难题、畅通实现群众利益渠道，增进人民福祉，改善基层社会“微循环”，打通联系服务群众“最后一米”，使人民的获得感、幸福感、安全感更加充实。

第五，德法并重，三治融合是实践路径。党的十九届四中全会指出，必须坚定不移走中国特色社会主义法治道路，坚持法治国家、法治政府、法治社会一体建设。同时强调，发展社会主义先进文化、广泛凝聚人民精神力量，是国家治理体系和治理能力现代化的深厚支撑，必须走自治、法治、德治“三治融合”的道路，这为市域社会治理现代化指明了方向。推进市域社会治理必须在坚持群众主体地位、健全基层自治体系、夯实基层自治基础上，以德治为先导，通过核心价值浸润人心；以法治为保障，以良法促善治。

市域社会治理新模式紧紧围绕共建共治共享方向，把握市域社会治理规律特点，突出体制创新、机制完善、制度建设，不断提高市域社会治理现代化水平。通过树立系统融合、开放共治、包容协商、精细精致的科学理念，增强市域社会治理引领力；通过理顺市、县、乡镇（街道）的纵向架构，增强市域社会治理统筹力；通过完善党委领导、政府负责、社会协同的横向体制，增强市域社会治理聚合力；通过推进方式革新，发挥政治引领、自治基础、法治保障、德治先导、科技支撑的综合作用，增强市域社会治理驱动力。

二、深化村规民约规范化建设

2019 年 10 月 29 日，国新办举行新闻发布会，解读《关于进一步推进移风易俗　建设文明乡风的指导意见》。根据《指导意见》，村规民约必须符合宪法和法律的精神，要有审查备案程序，对于村规民约当中带有歧视性和违法的内容要及时纠正和废除。这就是说，村规民约作为村民依法自治的具象形式，看起来是“自选动作”，实际上依然是在宪法和法律条规约束下，在不违背法律原则和道德底线以及最广义上的公序良俗的情况下，以村民委员会这一主体身份来履行。

近些年来，部分地区的村规民约与国家法律条文或者与最广大群众的常识判断出现偏离，《指导意见》显然是对这种情况的反思和纠正。基层治理在村级层面的实施，本身是一件相当复杂且具有弹性空间的事，需要落实到现实层面具体考量。从实践来看，一套具有实质规范性、约束性和导向性的村规民约，可以超越县乡基层治理所呈现的一般水平，但决不能也不允许“拖后腿”。村规民约一旦具有封闭性和排他性，就不利于村集体的凝结和稳固，诸如嫁出去的女子不分地、二婚的不准摆婚宴等规定，就需要慎重处理和对待。①

① 张翼、钱夙伟、丁家发、张贵峰、木须虫：《合法的村规是乡村善治之基》，《法制日报》，2019 年 10 月 30 日。

（一）合法规约是基层治理的基础

村规民约是推行村民自治、创新乡村治理机制、基层治理法治化的有效载体，是推动社会主义核心价值观融入基层社会治理的具体形式。2019 年 6 月，中共中央办公厅、国务院办公厅印发《关于加强和改进乡村治理的指导意见》（以下简称《意见》），《意见》指出，“加强村规民约建设，实现村规民约行政村全覆盖”。这为基层解决社会纠纷、创新治理模式提供了有效的规范支撑，为依“法”（村规民约）治理与以德治理（村规民约中的道德元素）有机融合建构了长效机制。①

合法的村规民约能够在基层纠纷解决、乡风文明建设、依法治村等环节发挥基础性作用，提升基层治理成效，助推乡村振兴。作为一种地方性村民自治规范，村规民约是乡村民众自我管理、自我服务、自我监督的民主产物，是共同意志的产物，极具地方场域的合法性，是村民心中的“法”。这一准正式制度在基层社会的扩散与落实，是“依法治国”在微观层面的切实反映。总体来看，依村规治理是提升基层社会治理正当性、合法性的必然要求和重要支撑。

合法的村规民约规范是建构多重事务综合治理机制的重要载体。从内容上看，村规民约主题广泛，涉及土地管理、计划生育、公共卫生、社会治安、村容村貌、村风民俗、服兵役、户口管理等诸多内容。村规民约在行政村的制定和贯彻，不仅有利于村庄日常事务的服务与管理，如村风民俗、村容村貌等事项；亦有利于基层治理任务的完成，如落实计划生育政策、维护社会治安、户口管理工作等；更有利于国家大政方针政策的贯彻落实，如脱贫攻坚战略、乡村振兴战略、全面实现小康社会战略目标的总体部署与实现。

合法的村规民约有利于创新基层纠纷解决的多元模式，建构多元纠纷解决机制。一方面，村规民约是创新治理机制的物质载体，

---

① 石建：《巧用村规民约助推基层治理》，《人民法院报》，2019 年 9 月 12 日。

有的村规民约规定，如果“不参加公共事业建设、拒绝交纳卫生管理费、乱办酒席铺张浪费、贷款不守信用、房屋乱搭乱建、配合组委会工作不积极、不执行村支两委重大决策、拒绝赡养父母、不管教未成年子女”，村民即踩踏了警戒的红线，将会被纳入“黑名单管理”。另一方面，村规民约作为“法治”的载体，同样融合了“德治”的内涵。村组干部、宗族寨老、民众等多重角色的共同参与、自我管理，以村规民约为载体，助力自治、法治、德治融合的乡村治理体系的建构。

合法的村规民约还能进一步推动社会主义核心价值观融入基层社会治理，同时将中华传统文化贯彻落实在社会的神经末梢。实践证明，村规民约是践行社会主义核心价值观的力量所在，是将社会主义核心价值观乡土化、社会化的物质载体。“喜事新办、丧事简办、弘扬孝道、尊老爱幼、扶残助残、和谐敦睦”村规民约的修订、完善、执行，是高度抽象的社会主义核心价值观服“水土”、接“地气”的重要路径，是服务乡风文明建设、基层社会治理的新型治理机制，是基层治理体系和治理能力现代化的必由之路。

合法村规民约的制定是一项复杂的社会工程，必须首先认识它是全体村民在村风文明或者生活方式现代化方面的文化共识，是关于美与丑、是与非、对与错的基本判断。从最一般的道理上，村规民约的制定应该从社会主义核心价值观这个当代国家、社会、家庭最大的“德”出发，结合具体乡村实际，找到行动坐卧、为人处世、修身齐家的“最大公约数”；从特殊的地方实践上，必须真正反映村民意志，落实和健全完善相关村民自治制度（如村民会议和村民代表会议等制度），进而形成的一套有章有法、有理有据、有棱有角的行为规范。

（二）基层治理规约合法又要合情

新时代的村规民约，是乡村精神文明建设的有效抓手，是乡村振兴的发动机，是基层社会治理创新的工具。但是，村规民约也要

“规”之以情，“约”之以理，管之以法，有利于促进法治建设，但不能侵犯公民权利。这就是说，村规民约既要合法合规，又要合理合情；既不能流于形式，也不能无视群众利益。这需要相关地方和部门重视村规民约、居民公约工作，提高指导力度，及时对本地的村规民约进行清理整顿。通过规范引导，让村规民约成为实现乡村善治的制度保障。①

首先，村规民约的内容要遵守宪法和法律的相关规定，不得侵犯国家、集体利益和群众合法权益。村规民约为村民自治的产物，其效力的发生必须以不违反国家法律的规定和不损害公民的基本权利为前提，否则就是对村民自治权力的滥用。在全面推进依法治国的时代背景下，只有将村规民约与法律有机衔接，不断提升村规民约的法治化水平，让法治精神融入村规民约，才能更好地激发乡村振兴活力，提升基层社会治理能力。

其次，制定村规民约的主体要合法。村里存在什么问题，村里的事情怎么办，村民群众最清楚。我国村民委员会组织法规定，村规民约是法定的村民自治的具体方式，是村民结合实际为维护当地社会秩序、公共道德等而制定的约束规范村民行为的规章制度。只有村民会议才有权制定和修改村民自治章程、村规民约，并报乡、民族乡、镇的人民政府备案。其他的如村委会、村干部会议都无此职权。但在实践中，一些地方还存在村干部替民拟约、照抄照搬邻村规约或网上规约的问题。

最后，村规民约的制定过程要严把法律关。应完善村规民约审查备案程序，聘请法律工作者对村规民约进行合法性审查，增强村规民约的权威性和规范性，扩大公众参与，广集民意、汇聚民智，从而提升村民法治意识，推动乡村社会形成办事依法、遇事找法、解决问题用法、化解矛盾靠法的良好法治环境。全面推进依法治国的时代背景下，只有将村规民约与法律有机衔接，不断提升村规民

① 湍水澜：《村规民约不能侵犯公民权利》，《奋斗》，2019 年第 22 期；方山樵：《村规民约不能侵犯公民权利》，《九江日报》，2019 年 11 月 7 日。

约的法治化水平，让法治精神融入村规民约，才能更好地激发乡村振兴活力，提升基层社会治理能力。

基层自治规约是否合情合理、合法合规的问题再次引起社会关注，是因为2019年10月1日，山西襄汾县赤邓村发布的一则“最严村规”：禁止满月、升学等六种宴请，葬礼不准披麻戴孝，不准进行祭奠活动等，否则不仅“道德银行”的星级积分给予降级，贫困生、转学、上户等手续也不予办理。该“最严村规”是在村民大会投票通过之后发布的。几名接受调研的村民对村规表示赞成，他们有的指出“上个月送礼都送了1000多元，那些钱全都给饭店了”“早就应该这样弄”。[①]

尽管赤邓村早已停止执行该规定，但其背后牵涉的问题依然引起了人们广泛思考。无论农村还是城市，各家各户因为满月、升学、过寿、婚丧嫁娶等原因置办酒席、相互随礼，未必都出于攀比，更可能只是怕面子过不去。别人家办了，我家不办或者办得不够隆重，会不会让人说三道四？之前随出去的礼，如果不操办酒席，咋收回来？现在有了这份村规，大家谁都别办，既不劳神又不伤财。制定村规的初衷，是让村民减少负担，但“葬礼不准披麻戴孝，不准进行祭奠活动”的表述异常扎眼。

赤邓村的案例至少在两方面引起了人们更深入的思考。一方面是谁赋予了村党支部、村委会权力，把办理贫困生、转学、上户等手续与规范村民行为挂钩？村规民约本身有一定的内部自治性和内部强制性，但它不属于法律，它的强制性来自于农民自发的认同、自觉的行动。村民委员会是基层群众性自治组织，并非行使公权力的行政机关，无权对村民的行为进行强制性规定，但赤邓村关于村规民约的公告经过了村两委、党员及村民大会的协商，在关于酒席宴请这一块上没问题；关于丧葬活动的处理，初衷也是好的，只是手段是否恰当值得商榷。

基层治理的特点是采取群众工作的方式，移风易俗的村规民约

① 王梓佩：《“最严村规”好心办错事》，《南方日报》，2019年10月10日。

属于村民自治的范畴。因此，赤邓村将村规民约的执行与户口、低保国家政策进行挂钩，有行为粗暴、矫枉过正的嫌疑，管理手段并不恰当。强制手段既不合适也不现实，基层的事情应该通过群众工作，通过宣传、教育、引导、带动、示范，通过软性的办法来完成。就算村委会想刹住村里的不正之风，也最好不要把自己应为的工作当成可以拿捏的权力。

武汉大学中国乡村治理研究中心研究员桂华建议，可以从四个方面开展以群众工作为特点的基层治理。第一，从起点上来讲，所有的方案制定，都必须结合村民自治来完成，所有事情都要请老百姓来讨论，这是所有工作的合法性起点。第二，党员干部带头，对他们进行要求、示范，党员要求高一些，这个没有什么争议。第三，赤邓村的“道德银行”是一个成功的做法，是村庄内部自治的一部分。第四，可以开展其他形式多样的活动，包括村庄内部的评选、采访、好媳妇、文明家庭等。

另一方面，也就是引起深入思考的第二个方面，是村民自治如何表达、如何实现的问题。在这一方面，桂华同样提出了自己的建议，他认为，首先，移风易俗、树立良俗的大政策方向，属于乡村文化振兴的一部分，值得肯定；其次，治理上关键要把握尺度，基本原则应该是通过“村民自治”进行，“什么该管什么不该管，什么叫过度什么叫不过度，老百姓自己就有一杆秤”；最后，执行上要避免一刀切或过于粗暴，不能损害百姓的基本权利。①

先来看第一个层面。从目前农村的形势来看，改变一些浪费浮夸的做法，移风易俗，采取节俭、环保的做法值得提倡。“从社会反应上来讲的话，大家可能觉得管得过宽，但实际上来讲，‘人情风’现在在各地的确非常普遍，情况也非常严重了。”桂华所在的研究团队，过去十几年来在 100 多个县的近千个村庄进行过广泛的田野调查，驻村调研时间达 5 万个工作日。他们的调查显示，对于限制人情宴请的规定，“几乎所有人都欢迎，因为他们已经不堪重负，不胜

① 桂华：《村规民约是否过度，村民自己有杆秤》，《新京报》，2019 年 10 月 12 日。

其烦了”。

从传统习俗上讲，农村的人情宴请主要涉及四件大事：老人去世、娶媳妇、嫁闺女、小孩出生。“这四件事情在我们过去的乡土社会中，大家都觉得理所当然了。”但是，最近几年人情宴请逐渐演变为各种大大小小的事情都要操办，原来满月、一周岁、六十岁这种只限于亲戚之间的走动，扩大成了公共活动，像红白事那样大办。“现在什么事情都办的话，相互之间不平衡，谁不搞谁就要吃亏，你多办我多办，形成了恶性循环，没事也办。这就把过去的良风，变成恶俗了。”

村庄中人情往来本来是一种维护村庄关系的“社会资本”。“农民通过人情互动，进行情感传递，从而构建稳固的社会关系，满足农民之间日常的互助需求。”但是，随着人情标准逐渐提高，过度的人情往来形成了农民比较重的负担，不断消耗着“社会资本”，大家都觉得很累、负担重，生活不轻松，维持一段时间就崩溃了。桂华在调研中看到这样一个极端案例，一位村民接连办了儿子考大学、娶媳妇、添孙子、生二胎、买房搬迁五件事的宴请，办完之后他就搬出村庄，再也不来往了。

这里的关键点在于区分正常的社会礼俗活动和铺张浪费、环境污染等现象，而不能不加区分的一刀切、一窝蜂。在桂华看来，判断哪些风俗应该管理，标准在于是否造成了“公共危害”。他说，“比如披麻戴孝，应该是民间的习俗，没有什么公共危害，没有污染环境或造成返贫”，属于老百姓的私人生活。但是，有的地方在丧葬活动中存在一些不好的现象，如非常大规模的鞭炮鸣放，既污染环境，也比较危险；又如攀比性地请唱戏班、请歌舞团，花费特别高。这些严重的铺张浪费和环境污染问题是需要管理纠正的。

事实上，老百姓对纠正风气的活动都是欢迎的。虽然大家都觉得很烦，很多时候难以承受，但是没有一个人出来说不搞，因为谁不搞谁就要吃亏。大家都在这个圈里，没有人可以轻松跳出来。道理村民们都懂，只是缺乏破旧立新的勇气和舆论环境的正确引导。在这种情况下，村委会正好可以发挥“自我教育”的功能，例如村干部带头不办宴席、对厚养薄葬的家庭进行表彰等。中央与地方政府也可以有相应的引导政策，通过村规民约得到真正落实和实践。

（三）促进村规民约成为“草根宪法”

村规民约在农村社会中长期存在，可不少村干部却反映，至少在过去十余年间，村规民约就是村委会“锁在办公室抽屉”、村民“从不会翻看一眼”，却又不得不摆在那里的“规定动作”，它对于现实的农村社会事务，既不具有指导性，又很难产生约束力。当全国各地城乡发展进入精细化的新阶段时，除了用法律手段保障社会治理，还迫切需要代表公民理性的自治公约引导和规范全民参与。基层开始思考，原先那一本本尘封的村规民约还能不能发挥作用？

在上海市奉贤区，170 个行政村近年做了这样的尝试，用“村民的话”管“村民的事”，让乡规民约落地，成为“草根宪法”。[①] 这一做法的推广起源于 2018 年上海市村民委员会换届选举时期，各村新班子上任后要重新修订村规民约。奉贤区地区工作办公室便趁这个机会采取了广泛的倡议和指导，希望产生一批老百姓参与制定的、能够切实发挥治理作用的约定，让村规民约真正成为基层社会治理的一部分，甚至成为主要、主导的“宪法”部分。

但是，什么样的村规民约才是有用？这个问题还要在实践中继续探讨。当 170 份“美丽约定”的初稿出炉后，奉贤区地区工作办公室发现，这些村规民约存在这样几个问题：内容太多，立场偏颇，百姓探讨不充分。例如，五四村初稿是由党员、老干部、村民骨干集体议定的，一共 18 条，加上细则，足足十页纸。但站在村民角度，这仍然太多，他们抱怨：村委会怎么管得那么细？后来，奉贤区地区工作办公室向各村提出要求：“美丽约定”务必控制在 10 条左右，正反面印在 A4 纸上，不能超过一页。

① 杜晨薇：《上海奉贤 170 个村，让村规民约成为“草根宪法”》，上观新闻，2019 年 5 月 5 日。

删减工作难倒了不少村干部，因为这涉及到观念的根本转变。该区新强村书记曹懿指出，“以前的村规民约之所以写得多、定得细，主要就是为了便于村委会开展工作，它是一个站在管理者角度的产物”。而现在要求精简，实际上是要基层转变立场，站在使用者的角度，留下那些真正可操作、村民认同的内容。这就需要老百姓充分参与探讨。

新强村的第一稿“美丽约定”下发到每个村民小组后，家家户户都提了想法。核心的争议集中在现已被删除的第三条“翻建房屋需向村委会上缴 3 万元押金”。“老百姓虽然不同意，但也理解我们这样做的目的是为了防止个别人私自增加房屋面积。他们大多表示，删除了这条，也能保证合法合规翻建。现在看来，我们做到了，他们答应的也做到了。”曹懿后来解释说。新强村“美丽约定”反复易稿，全村村民大会开了一次又一次，最终的这一版，家家户户都主动签了字。

过程虽然繁琐复杂，但却是不得不经过的阶段，因为只有充分沟通，获得所有村民的认可，村规民约才有执行力。如今，各村正式订立的“美丽约定”均不超过一页纸，最多的 15 条，最少的只有 8 条。留下来的都是结合各村特点的、当下乡村治理中迫切需要解决的问题。这样精简的表达方式还产生了一个附加效果：村规民约不再是需要藏在抽屉里的一大本，而是成了方便张贴在门口的一张纸。奉贤 170 个村家家户户的大门都是村规民约的宣传栏，张贴着“美丽约定”公示牌，便于查阅、使用，村规民约真正成为老百姓日常行为规范的公开准则。

村规民约的履约情况也同样用公示牌标识，这些公示牌树在奉贤全区 2300 多个村民小组里最显眼的位置，上面张贴着小组内每户人家在过去一季度里的履约情况。在五四村，根据“美丽约定”第十条，凡违反约定中的一条，且在三个月内整改无效的，就要纳入村黑名单。体现在公示牌上，就是一张哭脸的标记。村民来来往往，谁家得了“哭脸”人人皆知。房前屋后堆物、垃圾不分类等，长期不整改，各村民小组都有拍照存档和记录，以供后续查验核实。

在经济基础较好的地方，村规民约的履行情况还与镇村福利待遇资格挂钩。在新强村，一条叫做“房屋租赁、变更等应在一周内到村房屋租赁中心备案登记”的规则被写进了“美丽约定”。原因是租客流动性大，过去村干部主动上门为租客备案耗费了大量精力。如今写进村规民约，不遵守的家庭有可能失去镇村福利待遇资格，老百姓急忙赶来备案。仅三个月的时间，全村涉及房屋租赁的 368 户村民已实现 90% 的备案登记率，相较以往几年，提高了近 30%。

奉贤区村规民约的推行不仅有惩罚、公示这些负面激励，还有物质奖励等正面刺激。在吕桥村的“美丽约定”中，参与垃圾回收被写进了第五条，积极参与的前 50 名村民可以拿到 100 元的奖励金，大大激发了村民的热情。根据该村“两网融合”垃圾分类工作的第三方公司负责人的统计，实施“美丽约定”后，半年的时间里，该村主动参与垃圾分类和回收的村民达 400 余户，共产生 15 吨可回收物。“票子”加“面子”，增强了“美丽约定”作为“草根宪法”的约束力。

三、提高社区综合服务能力

随着社会主要矛盾已经由“人民日益增长的物质文化需要同落后的社会生产之间的矛盾”转化为“人民日益增长的美好生活需要和不平衡不充分的发展之间的矛盾”。人民群众对美好生活的需要日益广泛，不仅对物质文化生活提出了更高要求，而且在民主、法治、公平、正义、安全、环境等方面的要求日益增长。为了有效回应这些新需要，解决社会的新矛盾，十九大报告在加强和创新社会治理领域，提出要建立共建共治共享的社会治理格局，并且提出了社会治理的制度建设、提高四化水平和加强四个体系建设。

转变社区治理基本思路，提高社区综合服务能力，需要按照中央要求，推动社会治理重心向基层下移，把人力、财力、物力更多投到基层，以网格化管理、社会化服务为方向，健全基层综合服务管理平台，强化城乡社区自治和服务功能，健全新型社区管理和服务体制。特别是在城乡社区要发挥社会组织作用，实现政府治理和社会调节、居民自治良性互动。其中，借力信息网络实现社区内部的群防共治，通过精准对接化解社区纠纷是2019年相对突出的两个方面。

（一）借力信息网络群防共治

在江苏省苏州市吴中区，治理网格有“最强大脑”支撑，确保对群众要求的积极反应和及时反馈。这是一个由互联网信息构成的工作链条，环环相扣，步步为营。具体的操作是这样的，例如，某日上午9时35分，该区横泾街道泾峰社区网格巡查员庄浩杰发现一辆非法改装加油车，随即掏出手机拍照，上报指挥平台。1分钟后，区综合治理网格化管理中心值班的坐席员蒋禾萌，从系统中发现这条信息，立即签收并派遣给吴中交警。10时03分，交警朱永杰赶赴现场，在核实情况后将车辆拖离。40分钟后，经庄浩杰现场复查，坐席员将事件从系统中结案。

事实证明，在信息化网络治理模式下，发现、解决问题的数量和速度正在不断刷新。吴中区联动中心副主任吴彬解释说，“像这样的非法加油点，我们最多一个月能取缔300多个”。该区网格化社会治理联动中心指挥平台上显示，在系统生成的9月矛盾纠纷细类分析图上，物业纠纷、消费纠纷、劳动争议数量占据矛盾纠纷前三位，其中物业纠纷主要集中在木渎、城南等地。这些信息成为社区治理查找问题的“指南针”，帮助社区治理人员更有针对性地开展工作。

这种信息化网络治理模式促进了江苏各地社区治理的发展，他们纷纷找到新的方式和手段，积极化解基层矛盾和风险。在南京市江宁区，虚拟网格员“江小格”为全区居民提供“24小时不打烊”的在线服务。虚拟网格员通过对敏感词抓取与推送，能够在不断刷屏的微信群中及时发现居民需求，成为网格员的好帮手，解决了网格员在日常巡查中不可能面面俱到的问题。“江小格”将网格员发现问题变为全民发现问题，大大提高了网格员工作效率。

例如，2019 年 4 月 23 日，该区湖熟街道居民在“网格微信服务群”中反映一盏路灯不亮。“江小格”马上抓取这条信息，推送给群里的网格员刘莹。经现场查看，刘莹立即联系相关人员维修，“罢工”的路灯不到 3 小时就恢复工作。

如果将一张张网格比作人体，网格员是神经末梢，那么“神经中枢”无疑就是各级社会治理指挥中心。600 多个监控化身“千里眼”，24 小时回传实时画面，14 个一级网格，126 个二级网格可点对点查找信息。例如，扬中市新坝镇网格化服务管理联动中心的指挥平台，不仅集任务派单、流程监管等多功能为一体，还能对网格员进行实时调度，轨迹回放，真正实现对网格员的精细化、动态化管理。这间忙碌有序的大厅，已经成为全镇的“指挥中枢”。

浙江省杭州市是中华人民共和国第一个居民群众自治组织——上羊市街居民委员会——的诞生地，有基层治理的良好传统和基因，在推进基层治理方面一直走在前列，形成了一系列基层治理的好经验、好做法。该市拱墅区小河街道面对城市治理中的通病顽疾，下决心、想办法，从 2018 年起与海康威视合作，引入全球领先的 AI 视频智能识别技术，探索建立了“城市眼云共治”基层城市治理模式。①

小河街道有一条“和美弄”，两边都是老旧小区，还有很多沿街商铺，居商之间有很多矛盾冲突。“和美弄”并不“和美”，原因主要是店家占道经营情况特别严重。例如，铝合金店把材料堆到门口；电动车店把电动车摆到路边；无证摊贩推着三轮车卖“××料理”……这还不算完，不少店家把花坛变成自家菜园，种上了空心菜、韭菜、芋艿、小青菜。

这些行为不仅影响市容，更妨碍居民日常生活。一次，一位老

---

① 殷军领：《小河街道引入 AI 打造“城市眼云共治”探索城市治理现代化新模式》，《都市快报》，2019 年 11 月 7 日。

太太差点被铝合金材料绊倒，她和店主为此发生吵架，还到社区投诉。社区上门苦口婆心劝说店主，但因为没有执法权，作用并不大。在城管执法中队的干预下，店家心不甘情不愿地把材料拖进店，但执法队员一走，又恢复了原样。社区人员、街道城管科疲于奔波；商铺摊贩，养成了占道经营的习惯；居民有苦难言，见怪不怪。久而久之，大家视而不见。

有了“城市眼云共治”平台，工作人员发现情况，能够马上通知执法队员赶去现场，并且形成了一套发现问题、解决问题的基层治理模式。小河街道“城市眼云共治”平台共有 8 个应用场景，基本覆盖基层治理重点工作。比如服务独居老人方面，平台可根据老人家的用水用电情况，分析老人日常生活情况。两天不用水用电，就要安排社区工作人员上门，提供精准服务；比如有陌生人进入小区，平台会自动锁定，推送“请文明守法，不要乱扔垃圾”等文明宣传。

针对“和美弄”居商矛盾问题，小河街道建立商户共治群，成立商家自治管理委员会，引入街道城管科、社区、物业、业委会、市场监管、派出所以及店家代表，共同治理街容街貌。这一商户共治群有 96 名群成员，包括街道城管科、社区、物业、业委会、市场监管、派出所以及店家代表。微信群把大家聚到一起，群里每个人都是监督员，整个群是一个监督场。对于店家，先是曝光提醒，拒不改正的会被严格执法，每次群里都有图片，有理有据。店家也自知理亏，都非常配合。

“城市眼云共治”平台一方面监督店家经营行为，同时也在监督行政部门的执法行为。居民举报有没有处理，处理程序合不合规，处理结果得不得当，群里每个人也都看着。它厘清了各部门的权限职责，明确了商家行业的主体责任，社区的监督指导责任和执法部门的保障责任。它让执法更精准，试点路段 363 家商家已全部建立一点一档，平台上线以来，街道辖区无证摊贩发现量明显降低，与此同时，路面巡查队员也减少 13 人，大大节约了管理行政成本。

2019 年，拱墅区在全区推广运用“城市眼云共治”平台，在已有基础上优化提升识别种类、精准度和处置流程，实现功能从城市管理向综合治理等领域延展，构建完善区、街两级“城市眼云共治”平台体系。全区共接入监控探头 1563 路，覆盖 52 条道路，能够对城市管理最为常见的 11 类场景（废弃垃圾、出店经营、游商经营、沿街晾晒、河道漂浮物、人群异常聚焦、机动车违停、违规宣传物、树木倒伏、非机动车违停、犬类识别）事件进行有效识别，识别准确率达到 92% 以上。

湖南省永州市江华瑶族自治县认真贯彻习近平总书记关于“各级党政机关和领导干部要学会通过网络走群众路线”的重要指示精神，创新群防群治方式方法，利用互联网新技术新应用，借力新媒体建成以 614 个县、乡、村（社区）微信矩阵群为主，12 万余名干部群众参与的“网上群众工作平台”，户参与率达 80. 5%，走实走好网上群众自治工作路线，打通了群防群治的“最后一公里”，开辟了服务群众的新途径，让问题在最基层得到解决，让监督在最基层更加透明，让自治在最基层充分实现。[①]

在问题解决方面，该自治县“网上群众工作平台”充分利用新媒体即时、互动的特点，打造突破层级、时空限制的在线办公、在群“蹲点”服务群众新途径。把治安乱点、维稳盲点、百姓怨点、基层痛点、工作难点等群众反映突出的大事难事，衣食住行、柴米油盐等群众身边小事烦事，摆到干部最贴近的“指尖”上解决，实现服务群众零距离、多领域、全覆盖，让群众通过平台反应、讨论、评判，达到法德自治目标。大数据系统推动了信息收集、研判、交办、反馈智能化，确保服务群众精准化、精细化，做到事事有回音、件件有落实，提高了工作效率，得到了群众的认可。

在监督透明方面，该自治县充分利用新媒体覆盖面广、关注度高的特点，拓宽接受监督覆盖面，增强公示公开时效性，丰富接受监督的新方式，实现群众监督常态化、全天候、全覆盖，达到群众

① 贾章雄、杨丁香、江华：《借力新媒体　打造群防群治新路径》，《永州日报》，2019 年 10 月 29 日。

监督作用，提升村民自治水平。具体监督内容包括开展网上监督，实现村民自治，引导各村利用村民微信群进行各类村级事务自治讨论；用好“互联网+监督”平台，将民生项目、民生资金分配、村级财务收支、贫困人口等数据推送至群众“指尖”，实现即时公示公开。

在基层自治方面，该自治县充分利用新媒体便捷、高速、生动、灵活的特点，主动用网、管网、治网，强化正面宣传，扩大正能量，净化网络空间，构筑凝聚人心的新阵地，用正能量引导实现基层自治。强调正面宣传，每天把重要资讯用群众喜闻乐见的小视频、微电影等形式逐级转发到各群；不定期公布乡村好人好事，用群众身边的典型引导群众向善向美向真；坚决去杂降噪，重要敏感时间节点和出现突发事件时，第一时间发布权威信息，积极引导舆论走向，及时消除群众疑虑和恐慌。

（二）通过精准对接化解矛盾

近年来，河南省汝州市基层法治建设积极探索群众工作方法，践行群众路线，坚持矛盾纠纷源头治理、多元化解，构建“分层过滤”“诉前对接”“职能转型”三位一体工作机制，取得了显著成效。数据显示，2018 年汝州全市 21 个诉调对接工作站共调解群众申请调解 1274 件、法院委托调解 2658 件、党委政府委托调解信访纠纷 474 件、协助进行司法确认 1165 件，法院受理传统民事案件数量逐年下降，2018 年比 2012 年同比下降了 13.7%。实现了“小事不出村，大事不出镇，矛盾不上交”的基层治理新形态。[①]

汝州市从实际出发，针对基层纠纷多、争议标的小、问题集中等特点，坚持以人民为中心的思想，创新社会管理新形式，在 21 个乡街镇全部建立诉调对接工作站。通过完善机构、队伍、装备和管理水平等，探索建立民间力量与司法力量相互协作的多元化矛盾纠

① 张建新、白秋津：《诉调精准对接，纠纷及时化解》，《河南日报》，2019 年 10 月 9 日。

纷化解方式，创造了司法便民的新模式。这种新模式以诉调对接工作站为平台，依托诉调对接工作机制，强化诉源治理，实现基层纠纷群众调解和司法裁判的双轮驱动与双向融合。

诉调对接工作站不仅接受法院委托调解的民事案件，同时还接受乡街镇交办的信访案件和群众上门要求调解的案件等，其受理的案件由市法院诉调中心进行集中登记编号并录入诉调对接系统，全程跟踪监控。这一做法通过对行政调解、司法调解、村民自治调解、社会调解的整合，将信访办、司法所、村民调解委员会与诉调对接工作站汇成合力，建立起了相互衔接配合的大调解工作机制，调动各方面的积极性，提高社会矛盾纠纷调处效率，减少群众过高诉求，节约化解矛盾纠纷社会成本。

诉调对接工作站，位于“调解员—诉调对接工作站—业务庭—法院”四级联动群众诉求收集网络的第一线；是乡村两级矛盾化解过滤工作机制的第一层，首先对发生在村（社区）的矛盾纠纷进行条块处理、分级过滤。各诉调对接工作站能够及时收集社情民意、排查矛盾纠纷；与乡镇、村组之间建立常态化联系，定期走访摸查，准确掌握社情民意；与案件承办法官联合，巡回审判、调处案件；积极进行法律宣传、接受群众法律咨询、送法上门等，把调解工作做到基层，把矛盾遏制在萌芽状态。

此外，汝州市法院在各诉调对接工作站设立巡回审判点，对需要现场调解的案件，由法官与调解员共同调解；对需要巡回审理的案件，挑选辖区内的人民陪审员组成合议庭开庭审理。同时，设立“农民工涉农维权站”“家事调解工作室”等，依法维护特殊群体合法权益；邀请各大保险公司轮流进驻交通事故诉调对接工作站，联动处理纠纷，方便群众及时得到赔付。有效实现了人民调解和司法调解的对接、民间力量和司法力量的协作，形成了调解工作的大整合。

该市诉调对接工作站坚持调解不收费，无论调解是否成功，均不收取任何费用。同时，坚持延伸救助，对经调解进入诉讼程序的生活困难的案件当事人，提前与法院沟通，及时办理减缓免诉讼费手续，并根据案件情况，帮助当事人申请司法救助。诉调对接工作站3年多来，累计为1200余名群众节约诉讼费用110余万元，对153名困难当事人及时给予司法救助。提升了社会整体治理能力，有力维护了社会和谐稳定，增强人民群众获得感、幸福感、安全感。

诉调对接是一项系统工程，需要法律、法规、政策甚至道德规范、公序良俗的支持。对此，汝州市面向全市，从待业大学生、村组干部和退休干部、工人、教师等群体中，公开选聘173名经验丰富、善于做群众工作的调解员志愿者，经过招录环节及集中培训后，充实到各诉调对接工作站从事调解工作。调解员来自基层，他们积极参与调解，将公认的道德准则、普遍的是非标准、善良的民俗习惯引入调解中，更擅长使用适合群众的调解方法。

为提升调解员的素养和能力，该院通过邀请资深专家讲解、观摩庭审、模拟调解、实地参观等方式，对调解员集中培训，并通过员额法官个案指导、现场调解等方式进行调解技巧、类案处理、廉政建设等培训。各诉调对接工作站均由法院资深员额法官担任工作站站长，负责业务指导；由乡镇（街道）综治办主任担任指导员，在乡镇（街道）综治中心的指导下开展调解工作；工作站主动与村组（社区）基层组织衔接融合，建立网格化调解网络，各村组（社区）负责人是本辖区第一联络人，协助调解员开展调解工作。

同时，汝州市坚持组织建设优先，以社会力量为基础，布局“3+2+1+N”调解网络，形成“纵到村居、横到行业、对接信访、交叉辐射”的调解体系。以村“两委”换届为契机，以“五老人员”、乡贤人物为主体，新聘专职人民调解员1502人，建立市乡村三级人民调解委员会；成立信访事项人民调解委员会，设立信访事项人民调解委员会，聘请懂信访、懂法律、懂调解的老领导、老信访干部担任专职人民调解员坐班调解；打造一批“叫得响”的个人调解品牌；建立涵盖医疗、交通、消费等多个行业性、专业性人民调解组织。

健全的调解体系为“访调对接”提供了坚实平台。通过发挥人民调解的“中立”地位、专业优势，分流了大量信访矛盾，调成了一批疑难信访，降低了行政成本，破解了案多人少的难题，在调解机制和举措上深耕细作，发挥了人民法院在基层社会治理中的作用。2016 年以来，汝州市诉前调解纠纷 11173 件，诉中委托调解 5292 件，60% 以上的纠纷在诉前、诉中得到化解。其中，汝州市人民法院风穴路街道诉调工作对接站，一天成功调解 8 起民间借贷纠纷案，成为新诉调机制成功实践的典范。

四、开展社区物业治理革命

近年来，国内社区物业管理问题明显增加，成为社区治理的重要组成部分；物业服务行业呈现快速发展态势，行业规模快速增长，服务内容不断深化，服务覆盖面不断拓展。但同时，社区物业管理也存在管理机构不健全、管理力量薄弱、业委会运行不正常等问题。从目前来看，群众关注的物业问题主要集中在物业公司服务不到位、费用收取支出不透明、业主欠缴物业费、老旧小区“失管”等方面，涉及物业服务纠纷量大，不易调和。解决这些问题、建立长效机制，需要各地不断探索、创新发展。

自武汉市提出“红色物业”改革以来，全国各地纷纷推广，很多地方取得了实质性效果。“红色物业”注重加强和创新党对物业企业的领导，建设高素质的物业服务管理队伍，使之成为推进基层社会治理体系和治理能力现代化的有效载体；注重深化党组织领导下的居委会、业主委员会和物业服务企业“三方联动”机制，全面推行“双向进入、交叉任职”，推动物业服务管理融入社区治理；坚持群众满意标准和问题导向，组织物业企业定期开展“访民情、解民忧、聚民心”进门入户活动，收集居民群众关切的问题，依托“三方联动”服务机制实现有效治理。

（一）理清社区物业治理思路

理清社区物业治理的思路需要剖析社区物业问题本身的多个层次。从社区内部来看，业主与物业存在矛盾的情况并不鲜见，有些甚至相当激烈，严重的还会涉及生命财产的威胁；成立业委会成为越来越多人的共识，问题是能否成立、如何成立，成立后又如何能够形成长效运行机制。从物业管理来看，不但管理服务公司良莠不齐、缺乏行业自律，物业服务水平也缺乏统一的评价机制；物业管理不到位、不作为、乱作为现象屡屡发生，外部监督监管亟待加强。

首先，业主是社区物业治理的主力军。业主对小区品质的追求，是人民对美好生活向往的落脚点之一。业主大会和业主委员会是小区业主制度化的参与渠道，使每一位业主都能够针对自己小区的问题发挥决定性作用。实现这一要求首先需要完善业委会设立和运作的规范，在实体上明确了业委会委员候选人的资格条件；在程序上，业委会委员候选人名单在产生前要进行资格审查，产生后要向全体业主进行公示，确保业委会委员候选人产生的公正性。其次需要方便业主投票和监督，开发业主决策电子投票系统等便民措施，实现对重大物业管理事项的共同决策。

业委会一旦形成，面临着更大的问题是如何使业委会运作更加专业化，提高业委会业务水平和工作能力。这需要加大培训力度与加强监督双管齐下。事实上，培训对象除业委会委员外，同样需要覆盖普通业主，社区居委会工作人员，前者是潜在的业委会成员，是自我管理的主人，后者是社区物业管理的指导者和监督者，同样需要专业的物业管理知识。同时，加强监管才能防止业主组织脱离基层政府指导，业主代表、业委会委员的候选人不符合法定标准，选票造假，开发商和物业服务企业阻挠业主组织成立等问题。

其次，打造品质小区，物业服务企业起着非常重要的作用。除了“有治安防范、有绿化保洁、有维护保修、有停车管理”的“四有标准”，物业服务要更加多样化。优秀的物业服务企业应当针对业主具体问题开展活动，制定“一站式服务、全程式管理、信息流畅、集中处理、快速应答、及时沟通”的服务体系。同时，还可以推出便民医药箱、幸福手推车、搬运平板车及日常小件工具借用等各类便民服务，利用睦邻角搜集和处理业主闲置、零散物品。

再次，促进社区物业治理发生革命性变化，街镇等基层治理单位要有效发挥指导和监管作用，包括负责辖区内物业管理监督工作及住宅小区综合管理相关事务，负责对物业服务企业、业主委员会的日常管理及业务指导，负责协调物业管理与社区建设之间的关系，调解业主、非业主使用人与物业服务企业在物业管理中发生的矛盾和争议；调解业主、非业主使用人在物业使用中发生的权益争议，参与物业管理区域的划分；协助指导业主成立业主大会筹备组，筹备召开首次业主大会、业委会的换届改选以及业主大会临时会议。

基层治理单位通过建设物业管理网络，加强物业企业管理，提高物业纠纷调处能力。各街镇通过设立物业管理工作站、物业服务联盟等组织，能够实现物业管理的常态化，将物业小区纳入基层“全科网格”管理。各职能部门则制定职责清单，定人、定岗、定责，为街镇、社区提供业务指导和执法支撑。物业纠纷调解按照属地管理、逐级调解原则，建立市、街镇、村（居、社区）三级层面物业管理纠纷人民调解组织体系。各物业管理住宅小区成立由社区调委会、物业服务企业、业委会、业主等组成的物业纠纷调解小组，负责小区内纠纷调处。

在陕西省汉中市汉台区汉中路街道办事处西关社区，柔性调解化解社区物业纠纷成为重要地方经验，这是与近年来社区调解在基层纠纷解决起到的作用越来越大分不开的。一方面，在由物业公司管理的小区，业主碰到物业管理问题时，会第一时间向物业公司反映，遇到无法解决的问题，业主回到居委会反映，希望居委会出面进行调解。居委会是业主与物业企业沟通的“桥梁”，不但负有指导职能，还代表有关部门进行监督评议，对物业公司的管理和服务进行监督，及时向上级有关部门反映居民的意见和诉求，并提出建议。在涉及广大人民群众切身利益的事件中，发挥维护社会和谐稳定的重要作用。

另一方面，在人民调解工作中，人民调解员需要保持宽容的高度，换位思考，从当事人的立场上出发，给予充分的理解和同情，通过“以情动人，以理服人，以法制人”这三大法宝来调解居民和邻里之间的矛盾；只有在化解矛盾上狠下功夫，在日常调解工作中不断探索好的做法，好的经验，才能更好地化解社区邻里矛盾纠纷，促进社区邻里关系和谐，从而避免各类矛盾的升级和激化，增强社区居民群众的获得感和幸福感，为建设和谐社区打下了坚实的基础。

为了营造平安和谐氛围，创造良好稳定环境，更好地将社区服务和人民调解工作结合起来，西关社区依托法律工作站设立法律咨询和心理健康疏导接待点，建成“柔性调解室”，积极发挥社区法律顾问和社会力量的作用。

西关社区“柔性调解室”建立社区书记、社区主任为主的调解队伍，包含四名调解员、一名法律顾问、一名心理咨询师，协助调解小区住户以及群众间的矛盾纠纷，积极参与家事调解、邻里关系、乡风文化引导，努力把问题和矛盾解决在基层、消除在萌芽状态。社区法律顾问每周五早 9 点至 12 点在社区坐班，方便社区居民了解法律常识，咨询法律问题；心理咨询师定期对社区特殊群体开展心理健康知识讲座、心理健康咨询和心理疏导活动。

“柔性调解室”的成立标志着社区的调解工作往基层延伸、向住户最小单元发展，对预防和化解矛盾纠纷，促进家庭和美、促进邻里和睦、促进社会和谐有着积极作用。在后期的工作中，社区将积极培育基层自治力量，构建集“矛盾排查、纠纷调解、法律帮助、关爱帮扶”于一体的综合调解服务模式，坚持党建引领，填补空白，补齐短板，将调解室推向成熟，并通过调解工作宣传法律、法规、规章、政策等，教育居民遵纪守法、遵守社会公德，为促进社区更加和谐稳定做出应有的贡献。

(二) 继续推进红色物业建设

河南省焦作市中站区冯封街道，2019 年初开始不断探索社区党建引领自治管理新方式和新方法，通过发挥党组织推进优势和集聚效应、强化党员示范带动和志愿服务作用，开辟了一条党建引领居民自治管理的“冯封模式”。[①]

该街道积极发挥基层党组织在居民自治工作中的引领作用、核心作用，着力构建以社区党组织为核心，居委会、业委会和志愿者为主体，其他力量为支撑的“1 + 3 + ×”工作体系；将居民紧密团结在党组织周围，凝聚起自治管理的核心力量；探索建立街道社区与驻区单位党组织共驻共建共商共治机制，通过联席会议、入户走访、党员联谊和精准服务等措施促进共驻共建，“撬动”各单位支持经费 5 万元，积极参与社区建设、管理和治理；对辖区内佰利佳苑小区存在物业弃管、路面破损、杂物堆积、私搭乱建等问题进行集中清理，并逐步实施绿化改造，使小区的环境明显改善。

“冯封模式”充分发挥“能人”效应，发挥党员先进模范作用。退休党员谭相林，自 2012 年起带领几名老党员一起整修小区。一块砖、一袋沙子，几位老党员用行动感召了邻居。在老谭的带动下，越来越多的居民开始自发地集体治理小区。小区居民议事会成立后，主任孔青山带领成员栽花种草、维护环境、调解矛盾，小区面貌焕然一新，居民生活幸福和谐。2019 年上半年，该街道投资 20 万元，对社区多个功能室进行上档升级，小区居民空闲时到这里读书、下棋、聊天，形成邻里互助、党员带动的良好局面。

经过这种氛围的营造，社区居民的自治认同感不断增强，参与意识与参与度大大提高。在佰利佳苑小区，每个居民不仅是各种协商会议的参与者，也是小区环境维护、安全保护的志愿者和管理者，居民中上至耄耋老人、下至几岁孩童，都紧紧拧成一股绳，为建设

① 陈云高：《冯封街道“红色物业”打造幸福家园》，《焦作日报》，2019 年 10 月 12 日。

美好家园共同努力。认同、参与的精神形成了楼栋文化，突出共同体的理念。下一步，社区决定结合自身人文风貌特点，打造“一单元一主题”的文化品牌，将优秀传统文化经典潜移默化、润物无声地贯穿整个小区，提高小区治理水平。

该街道还坚持做实民主协商，广泛吸纳不同层面的居民共同参与，让居民发言有场所、利益协调出实效。该街道还搭建协商平台，结合“听议办评晒”工作法，重视发挥业委会、协调会和议事会的“三会”自治机制；街道党工委书记带领全体党员干部深入基层一线，楼组长、党员代表、居民代表、业主代表及志愿者及时了解项目实施内容、实施程序和受益范围，凝聚共识，解决小区改造、停车难、广场设计等居民关切的问题。

山东省菏泽市定陶区滨河街道办事处以“党建引领、创新服务，红色物业、共建共享”为理念，积极推进城市“家”党建体系，着力打造“1236”城市社区党建工作模式。1 即党支部一个核心，2 即党群服务中心、新时代文明实践站两个平台，3 即业主委员会、社区居委会、物业服务公司三方联动，6 即党建阵地、服务平台、人才驿站、活动中心、党员学校、信息枢纽六大功能。通过社区党委书记负责社区、支部书记负责小区、支部委员负责片区、党小组长负责楼栋、党员负责家庭，形成了健全层层负责、一抓到底的管理模式，实现了精准服务。

滨河街道办事处运用科技化手段，依托“魅力滨河”公众号，自主开发了城市社区党群管理服务平台——“我是党员”，并形成了“居民吹哨、党员报到”的工作法。滨河街道办事处以“居民吹哨”和“党员报到”两个功能为主体，以活动发布和微心愿为抓手，以积分管理功能为衡量标准，通过社情民意、微心愿功能来收听各小区居民的“哨声”，通过组织机关在职党员到社区报到，参与党支部组织的各类志愿服务活动，完成居民微心愿，实现“件件有回应，事事有着落”。

“红色物业”不仅拉近了居民之间的距离，也拉近了业主和物业的距离。通过百家宴、义诊、幼儿手工活动等一系列活动，邻里感情好了，大家都愿意站出来参与小区治理和服务，共建幸福家园。该街道陶都新韵北区已与 26 家企事业单位签订共建协议，常态化地在党群服务中心开展健康讲座、亲子阅读、妇女和儿童及青少年服务等志愿服务活动。同时还打造了党员活动室、四点半课堂、志愿服务点、文体活动室、健康驿站区等功能区，免费为居民提供全天候、全方位的服务，以党员为骨干的物业每月会定时对小区里的空巢老人、残疾人、需要特殊关注的群体实行定时敲门服务，了解他们的生活情况。

面对老旧小区治理难题，河北省石家庄市通过党建引领，加强老旧小区治理，建立完善物业企业党组织，打造推广“红色物业”，提升了物业服务管理水平，提升了居民获得感、幸福感、安全感。[①]据统计，石家庄市仅市内四区就有老旧小区 1875 个。其中，无物业服务的超过 200 个，基础设施不完善、环境脏乱差、居民幸福指数低，是这些老旧小区的共性问题，也是城市基层社会治理的顽疾。这样的小区越乱越容易引发纠纷，居民经常因为鸡毛蒜皮的小事吵嚷。社区工作人员虽然花费了大量精力调解，但收效甚微。

在“不忘初心、牢记使命”主题教育中，石家庄市把加强老旧小区治理作为为民服务解难题的一项重要内容。市委组织部、市住建局等部门会同街道社区党组织，多次到小区和物业企业实地走访、座谈交流。深入调查研究、多方征求意见之后，达成共识：建立完善物业企业党组织，打造“红色物业”，建设宜居社区、美好家园。在党组织引领下，“红色物业”进驻老旧小区履行社会责任，全心全意为居民服务，从而形成良性互动，让老旧小区换上新颜，给居民带来了实惠。

石家庄市委组织部常务副部长张忠良指出，“红色物业”必须符合“四强一高”标准，即党的建设强、社会责任强、经营管理强、服务能力强，群众满意度高。“红色物业”进驻社区后，还要建立由

---

① 耿建扩、陈元秋：《河北石家庄：“红色物业”暖民心》，《光明日报》，2019 年 11 月 20 日。

社区党组织牵头，物业企业、居民委员会、业主委员会等共同参加的党群联席会议制度，实行物业企业管理层和社区“两委”班子成员“双向进入、交叉任职”机制。

此外，石家庄市还研究出台了关于推进“红色物业”承接老旧小区服务的优惠政策，鼓励引导物业服务企业主动承接老旧小区服务管理。加大财政支出，设立“红色物业”专项奖励资金和补贴资金，对“红色物业”实行减税降费，降低物业服务企业基础投入。规范物业收费项目，在创业贷款、员工培训、社保补贴等方面给予优惠。“红色物业”让物业管理与社区治理融为一体，让物业企业与社区党组织成了一家人。到 2019 年底，石家庄已有 21 个无物业服务的老旧小区引进了“红色物业”，约 1.8 万户、6 万人享受到了优质服务。

为解难题、补短板、破瓶颈，四川省成都市桃蹊路街道党工委以玛塞城小区为试点，以创建“红色物业”示范小区为突破，组织踏水社区党委、中铁二局瑞城物业公司党委和小区业委会签订三方协议，积极探索“建强红色物业，提升小区自治能力”为方向的党建引领小区治理新模式，破解小区各类矛盾纠纷，有效打通党委政府与群众沟通“最后一百米”。玛塞城小区获评“2018 年成都社区共建党建引领榜样物业服务示范小区”“成都市物业管理四星级住宅区”等荣誉称号。

桃蹊路街道发挥社区党组织对社区物业服务的组织引领、功能引领、工作引领作用，由社区联合物业、业委会共同打造形成“1 个红色堡垒、6 个自组织、‘1 + 3 + N’骨干队伍”的“红色物业”运行体系。1 个红色堡垒是充分发挥党组织和党员在小区物业工作中的战斗堡垒和先锋模范作用；6 个自组织分别是青少年创智小组、文明劝导小组、治安巡护小组、环境保护小组、矛盾纠纷调解小组和安全应急小组，满足不同居民群体对安全、环境卫生、娱乐、矛盾调解的需求。

“1 + 3 + N”骨干队伍是指 6 个自组织分别采取“1 名党员 + 3 名小区骨干 + N 名志愿者”的方式组建自治队伍，立足各自职能，由党员牵头带领小区业务骨干、志愿者以“亮身份、亮承诺”的方式开展系列活动。在服务好小区居民的同时采取以点带面的方式，将辖区内社区党员、物业党员、业主党员组织起来，围绕小区治理、服务居民、维护稳定等方面，发挥宣传员、信息员、服务员、调解员、监督员、示范员作用，广聚红色力量、激活“红色细胞”，树起党的旗帜。

玛塞城小区治理新模式以阵地为支撑，努力拓展“红色物业”服务新空间：一是坚持“小区的事合力办”。坚持问需于民、问计于民，广泛凝聚合力，充分发动业委会成员、小组长、楼栋长、物业机构、社会组织等力量，通过线上征集、线下走访、召开居民意见征集会等方式，广泛收集居民意见建议、形成问题清单和建议清单，由“红色物业”对清单进行分类研究，将急需解决的问题、切实可行的方案派发给 6 个自组织，由“1 + 3 + N”队伍中的党员、业务骨干等人员推进解决，推动社区居民由“观众”变“主角”。二是坚持“周边的事联动办”。聚焦破解小区周边管理难、难管理等瓶颈问题，由“红色物业”牵头、创新实施“周边的事联动办”方式，有效延伸管理触角、提升服务能力。特别是针对小区附近的中铁玛塞城 V 街噪音、油烟扰民等问题，由“红色物业”会同公安、城管等部门联动发力，成立踏水社区中铁玛塞城 V 街商居环境共建共治小组，搭建商家与居民沟通交流的“商居联盟”，多方共同研究制定了一系列公约及实施细则，由自组织中的党员、业务骨干等组成专班推进，有效解决噪音、油烟扰民等问题，探索出一条小区周边治理的新模式，受到广泛关注和好评。三是坚持“公益的事志愿办”。积极营造“与邻为善、以邻为伴、守望相助、乐观包容”的良好小区氛围，采取积分奖励等形式，充分调动小区业主的积极性，以 30 名党员义工为骨干，组建“手拉手”（服务孤寡老人、留守儿童）、周末“碰碰乐”（周末小区文化活动）、维修服务队（维修家用电器）、“今天我有空”（服务居民日常需求、调解）等志愿者服务队，开展各类活动 50 余场，形成“我为他人服务，他人为我服务”公益性互补互助服务的良好导向。

五、各地推行生活垃圾分类

2019年6月，习近平总书记进一步强调，实行垃圾分类，关系广大人民群众生活环境，关系节约使用资源，也是社会文明水平的一个重要体现。垃圾是人类文明的附属物，现代城市既是生产的地方，也是消费的地方。在一座座现代化城市拔地而起的同时，生活垃圾处理成为困扰城市管理者的世界性难题。高速发展中的中国城市，也正在遭遇“垃圾围城”之痛。数据显示，北京每天产生2.6万吨生活垃圾，人均每天1.1千克；上海每两个星期的垃圾就能堆出一座世贸大厦……触目惊心的数据说明，破解垃圾难题，加强垃圾管理，已迫在眉睫。

为了贯彻习近平总书记关于垃圾分类工作的指示精神，全国人大常委会和地方各级人大加快推进立法工作。同月，《中华人民共和国固体废物污染环境防治法（修订草案）》提请十三届全国人大常委会第十一次会议审议，首次将“推行生活垃圾分类制度”写入草案。7月1日，被称作“史上最严垃圾分类新规”的《上海市生活垃圾管理条例》正式实施。生活垃圾分类正在革命性变化，环保意识、环保知识在居民心中生根发芽，从最初的漠不关心到真心支持，从仅仅管好自己家的垃圾袋到主动劝导监督邻居们的垃圾投放，小区的居民们开始用实际行动来共同建设自己美丽的家园。

（一）上海市：法治导引的分类新时尚

习近平总书记对垃圾管理和分类工作十分关注，2018年11月在上海考察时就提出，垃圾分类工作就是新时尚。对上海来说，做好生活垃圾全程管理是一场攻坚战，是一项系统工程，打好这场战役需要紧抓分类投放的“第一步”，把好垃圾出门的“第一关”。《上海市生活垃圾管理条例》规定，全市逐步推行生活垃圾定时定点分类投放制度，住宅小区和农村居民点应当在生活垃圾收集运输交付点设置可回收物、有害垃圾、湿垃圾、干垃圾四类收集容器。

到2019年底，上海全市分类投放点有2.1万个，在完成源头分类投放点改造的同时，还更新了4万余只道路废物箱标识。这些垃圾投放点整洁干净，设有四类垃圾收容器，通常旁边还附有休息桌椅，专门的洗手台，供居民“破袋”后洗手清洁。保洁员和志愿者定时出现在垃圾投放点，辅助居民了解垃圾分类，做好垃圾分类，带动居民养成垃圾分类习惯。上海的公交车上也撤掉了垃圾桶，但在公交枢纽和终点站加设了分类的道路废物箱。

前端的分类做好了，后端的运输和处理环节也要相应跟上。《上海市生活垃圾管理条例》专门规定，使用专用车辆、船舶分类运输生活垃圾……不得将已分类投放的生活垃圾混合收集、运输，不得将危险废物、工业固体废物、建筑垃圾等混入生活垃圾。这为生活垃圾的分类收运提供了“法律护航”。到2019年底，上海全市配置及涂装湿垃圾车1327辆、干垃圾车3084辆、有害垃圾车86辆，以及可回收物回收车192辆，建成可回收物回收服务点1.2万个、中转站169个、集散场9个，初步形成了颇具规模的生活垃圾分类收运体系。

在上海环境物流有限公司的徐浦基地里，一排排白色的集装箱堆叠在一起，形成了一道独特的“垃圾箱墙”。这些集装箱都是专箱专用、分类运输的，每个可以容纳生活垃圾15吨—17吨。每天有大约3000吨—3500吨的生活垃圾，在这些集装箱里经黄浦江被转运到末端老港处理。为了监测生活垃圾的运输全过程，徐浦基地还使用了可视性、数据化的生活垃圾可追溯系统，在后台可以看到运输垃圾的车辆数和收集垃圾的实时重量，也能直观地看到垃圾的实时图片。

如果在终端看到哪条线路、哪个小区的垃圾分类做得不好，可追溯系统就会反馈到前端，帮助他们改善。上海市还建立了面向公众的垃圾分类混装混运举报平台，实现了产生源头与收运企业、收运与中转企业、中转与处置企业的互相监督。市民如果发现混装运输，可以网上举报。

为了解决生活垃圾往哪里去的问题，将垃圾变废为宝，实现资源的有效利用，《上海市生活垃圾管理条例》分别对可回收物、湿垃圾、干垃圾的去向作出规定，要求“将可回收物交由可回收物利用企业进行资源化利用”“支持符合标准的湿垃圾资源化利用产品在农业生产领域的推广应用”“干垃圾焚烧产生的热能应当通过发电、供热等方式进行利用”。

位于奉贤区的田强环保公司，就是一家以废塑料回收、分类、分解、造粒为基础的加工型企业。该公司采用“互联网 + 废品回收”模式，通过 APP 废品回收管理软件，让居民在网上预约上门回收。回收来的塑料废品经过加工，重新被应用于汽车配件、家电行业、物流运输、康复器材、防水卷材等领域，实现了循环再生。闵行餐厨废弃物资源化中心专门加工湿垃圾，生产土壤调理剂，这种调理剂可以改良土壤，最终提升农副产品的质量。

《上海市生活垃圾管理条例》对垃圾分类的全流程规范，让上海市生活垃圾分类工作进入全面推行、依法治理新阶段，同时帮助垃圾分类从上海市民的“新时尚”向“新习惯”转变。当前，上海的垃圾分类继续加快推进源头减量，完善分类投放、分类收集、分类运输、分类处理的垃圾处理系统，构建起建筑垃圾全程分类体系，全面推行生活垃圾强制分类，逐步实现原生垃圾零填埋，推进湿垃圾资源化利用设施、建筑垃圾分类消纳和资源化利用体系建设，完成城市固废终端分类利用和处置设施布局，发展固废循环经济，形成静脉产业链，使固废无害化处理率和分类收集率达到 100%。

（二）杭州市：志愿、自管、智能、“三 Z”工作模式

在杭州市下城区万家星城二期小区，972 户居民垃圾分类群众参与率达到 100%，分类准确率达 85%。出色成绩的背后，源于把难点变成支点，在政府牵头，物业推进的基础上，进一步通过强化

志愿发动，强化自管自治，强化智能提升的志愿、自管、智能“三Z”工作模式，将垃圾分类工作提升到吸引居民自主参与治理的 3.0 版本。每个社区居民都从被管理者升级为参与者、督促者，从改变自己的生活习惯做起，人人都是志愿者，共同迎接垃圾分类的“大变革”。

万家星城社区将党建引领作为垃圾分类的首要工作，通过党建引领壮大志愿者力量，增强联动联合。在此基础上，社区志愿者成为推进垃圾分类工作的源动力。具体来说，该社区以社区党委为圆心，其通过区域党建共建，与物业企业、业委会、幼儿园、社会组织、银行、培训机构等成立一个个项目临时党支部，充分发挥行业优势和党员的骨干带头作用，成为帮助指导社区开展工作的志愿者，垃圾分类工作的先锋员、宣传员、示范员、督导员。

小区里除了随处可看的垃圾分类宣传元素，亲身体验更让人印象深刻。该社区委托公益组织和社区文艺团队持续开展垃圾分类“天天见”和“周周课”活动，每天傍晚时分在小区里开展“垃圾分类走走走”等互动游戏。每周开设垃圾分类专业指导课程，包括废油制作手工皂、废布制作香袋等，让垃圾分类的宣传更加生动、有效。“漂流书吧”“星妈约吧”“童乐享吧”“民情聊吧”和“小区议事会”等特色“星吧”，让成员们时常交流沟通垃圾分类经验和心得，形成了全方位沉浸式的居民垃圾分类参与氛围。

小区近千户居民的垃圾分类工作，仅仅靠社区和物业的力量是远远不够的，必须依赖每一个社区居民的自觉行为。在小区垃圾分类工作中，由小区居民组成的“自管员”队伍是分类工作中的主力军。他们是单元小组长组成的“垃垃队”，线上线下包片到户，每月入户巡检覆盖 100%，并通过线下张贴“英雄贴”，线上宣传并通报巡检结果，激发居民的荣誉感和使命感；他们是社区居民社团组成的“帮帮队”，每天助力“天天见”宣传活动的社区文化团队；他们是由热心居民组成的“助助队”，协助社区、物业共同开展入户宣传、投放点值守等工作。

智能化垃圾收集设备和机制是万家星城社区垃圾分类成功的另

一条经验，它能够积极引导居民精准分类、精准投放、科学回收。垃圾袋发放机、有毒有害垃圾箱、黄绿二联桶和可回收垃圾五联桶，通过一户一码进行垃圾袋领取、垃圾投放、积分兑换等，实现全过程实名制及溯源管理。万家星城社区还科学设置积分规则，以人工智能与AI识别，以投放正确率积分为主，小组长入户巡检积分、志愿者投放点巡检积分、参与志愿者活动积分为辅，完善积分奖惩机制，设置积分兑换项目，参与分类的居民不仅可以直接在礼品兑换机上兑换实物，还能使用积分抵扣家政服务费，兑换停车券、维修券、游泳券等小区特色服务。

（三）长沙市：从前端分类到二次利用[①]

长沙市雨花区从三个层次上看待生活垃圾分类问题。它首先包含着民本情怀，可以有效改善老百姓的人居环境，是民生的关键小事；其次是富有远见的新发展理念，演绎着全新的生活时尚，是社会发展的大事；再次包含着生态文明思想，关系着绿色可持续发展的大局，是生态文明建设的题中之义。为此，雨花区在全区发出“推进生活垃圾分类制度”总动员，并在53个社区展开试点，加强科学管理、形成长效机制、推动习惯养成，一系列创新举措引领全民参与垃圾分类。

按照源头减量、全程分类、末端无害化处置和资源化利用的指导原则，雨花区组建垃圾分类工作领导小组，统筹推进全区教育、卫计、机关、社区、物业小区垃圾分类工作。同时，在全市率先出台《雨花区生活垃圾分类全覆盖工作方案》，不仅在生活小区倡导“2+4”分类模式，从容器标准到垃圾投放、收集、运输等各个环节，更有明晰规定；同时还运用各种奖惩措施，充分调动全民参与垃圾分类的积极性，推动社区高质量发展、创造高品质生活。

---

① 胡媛媛、熊灿、冀治宇：《雨花区积极推进垃圾分类工作引领生活新时尚、传递文明新风尚》，《长沙晚报》，2019年6月14日。

为引导市民养成垃圾分类的良好习惯，雨花区以街镇和社区为主体，让分类知识进单位、进门店、进小区、进楼栋、进电梯、进家庭，同时落实一份居民家庭生活垃圾分类指南、一组宣传橱窗、一批楼道单元口（或电梯间）宣传栏、一批两分类垃圾投放指引牌的“四个一”，真正构建起了生活小区常态化入户宣传机制。为家庭提供湿垃圾容器，在楼栋单元口分别设置干湿两分类垃圾桶；在小区设置装修（建筑）、大件垃圾暂存点和分拣小屋，并配备 1 名分拣人员和 1 台电动转运车；分类后的干、湿垃圾，由环卫部门组建专业车队，运输至长沙市垃圾中转站集中处置。

该区井巷社区设立了“垃圾分类银行”。在近 20 平方米的空间内，废品回收区、积分登记区等十分醒目。社区居民对垃圾收集、分类投放，都可记录在“绿色存折”上，并由此算成分值，累计到一定积分后即可在“雷锋超市”兑换成相应的商品或享受购物折扣。5 颗废电池就能换 1 个绿色积分；积满 100 分，能兑换一张 30 元的超市消费券……居民们认为：“钱虽然不多，但是垃圾分类的举手之劳既环保又能得实惠，何乐而不为呢？”

雨花区让市民们在自我服务中挑重担、在自我管理中当主角，形成了全员美洁家园的大合唱。85 所区属公办学校、10 万余名学子在完善校园内垃圾分类桶、环保小屋和宣传栏配套设施的同时，积极编制垃圾分类环保丛书，举行主题班会、编写宣传板报；党员志愿者深入社区带头开展垃圾分类督导和志愿服务，引导居民树立垃圾分类意识；社会组织打造垃圾分类课堂向居民传播低碳生活理念、通过形式鲜活的游戏引导孩子争当“绿伞小卫士”；爱心企业推出 180 余个免费“小蓝箱”，在雨花诸多社区上岗，为居民们养成垃圾分类好习惯助力。

做好前端的垃圾分类，是为了有效的垃圾处理，尤其是实现垃圾的有效回收利用，达到可持续发展的最终要求。在雨花区枫树山社区，一座由旧自行车棚改造而来的垃圾分类小屋内，编织袋、塑料瓶等可回收垃圾分门别类，堆放得整整齐齐。居民们把自家可回收的垃圾集中送到这里，社区志愿者还不定期对垃圾进行二次分拣，对可回收垃圾进行二次利用，将旧衣物等变成环保购物袋。“社区自治＋义工”模式让枫树山社区的垃圾分类实现了定人、定时、定点。

在雨花区喜雨村，一栋白墙青瓦的精致平房是该村的可回收垃圾分拣站：180余平方米的平房内，有序隔成数个“包间”，各种可回收垃圾分门别类“住”在这，每个区域都有标识牌注明“房客”身份——玻璃瓶、易拉罐、灯泡、旧衣服、铝合金等，还有一间特殊的房间，专门用来存放有毒有害垃圾。近年来，喜雨村通过为每户发放可回收垃圾、不可回收垃圾两个桶，专职保洁员定时上门收集，不可回收垃圾运往镇垃圾压缩站，可回收垃圾在村分拣站分类处理等方式，小村庄变身“零垃圾村”。

六、创新“街乡吹哨、部门报到”机制

按照现代治理理论，基层治理有自身的内在矛盾，这个矛盾是由上下分布的行政层级与事权划分决定的，它被形象地称为“看得见的管不着，管得着的看不见”。在不改变现代治理结构的前提下，行政层级之间的有效沟通变得至为重要。因此，首先流行于北京各区、各街道的“街乡吹哨，部门报到”机制，犹如一阵旋风迅速刮满了大江南北。该机制最大的好处是给街镇赋权，以前发生在社区街道中无法管、没有能力和权限管的事情，因为这一新机制的出现而迎刃而解。

“街乡吹哨，部门报到”机制，顺应群众美好生活新期待，建立健全了服务群众快速响应、基层难题有效处置机制；将焦点瞄准城市基层治理“最后一公里”难题，打破了行政组织“条块分割”，打通了基层治理“血脉经络”。通过赋权明责，推动管理服务力量下沉，形成权责清晰、条块联动的体制机制，有效凝聚治理合力；建立健全服务群众“快速响应机制”“限时办理机制”和“当事人满意评价机制”，把民生服务作为考核政府工作的一项重要指标，为新

时代超大型城市基层治理探索了一条新路。

（一）从“吹哨报到”到“接诉即办”

“街乡吹哨、部门报到”制度最早出现于北京市平谷区，该区金海湖以北 12 千米有一座“大金山”，山上产金子。总有人冒着风险非法盗采金矿、盗挖山体、盗偷砂石。这样的事情多年来屡禁不止。最终，金矿盗采造成了严重的安全事故，事故处理和司法程序耗日持久，面临“联合执法难，调查取证难，固定证据难”等一系列问题。在这一事件中，乡镇干部往往最早发现问题，却苦于没有执法权，难以及时调配执法力量，区级执法部门又很难及时发现基层涉嫌违法的问题，最终不少问题形成积弊。

对此，平谷区委区政府商讨决定成立“双安双打指挥部”，由金海湖镇牵头，而各个相关执法的部门都要参与进来，构成了“街乡吹哨、部门报到”的雏形。成立“双安双打指挥部”之后，金海湖镇只要再发现盗采盗挖案件，就会根据违法的实际情况“吹哨”，由国土分局、公安局最先到现场进行控制，然后城管、环保、交管等部门的执法人员快速反应。当时的说法是“只要平谷一声哨，与盗采案件相关的 19 个委办局都可以唤来”。“双安双打指挥部”将执法力量综合放大，以往对“盗采金矿”束手无策的乡镇政府挺直了腰杆。

这一制度很快拓展到污水直排、垃圾乱堆、散乱污企业治理基层治理难题，最终演变成了“街乡吹哨、部门报到”的工作模式。该模式直接涉及“街道改革”，是乡镇基层与行政部门、行政部门间联合执法的协作机制。这种新的管理机制以街道、乡、镇“实体化的综合执法中心”为中心，探索执法重心下沉到基层，完善执法的“最后一公里”。这个“执法重心”中的执法力量来自于“公安、工商、食品药监、交通、消防”等等部门所抽调来的执法人员，这样就实现了向综合执法的转变。

乡镇处于行政序列末端，把执法主导权下放，如何保证“哨子”

管用，让“街乡一吹哨，部门来报到”？为此，平谷区创设了多个机制：包括清单式执法机制——根据每个委办局的权力清单，来确定“哨”应该吹给谁；督查问责制——每次“吹哨”都要做好详细记录，并作为督查考核依据；力量下沉机制——相关执法单位必须保证执法人员下沉到一线工作，便于及时发现问题，并提出“事不完、人不撤”等配套要求。这些机制涵盖了确责、监督、执法、考核、评估等流程，形成了一个执行闭环。

平谷区对“街乡吹哨，部门报到”模式进行了延伸，形成三种协同模式，不仅乡镇可以“吹哨”，责任部门也可以“吹哨”，让其他部门和乡镇予以配合，从而实现执法部门之间的协同治理和乡镇基层与执法部门协同治理。在这一模式中，各个部门对要解决的问题全面摸排，明确执法责任的基础上，乡镇成为基层行政执法的调动者和协调者。乡镇发现问题后立即“吹哨”，部门在规定时限内“报到”，从各自监管领域入手，组成联合执法链，对违法行为全链条查处。

“街乡吹哨，部门报到”机制的最大特点是政府整体的行政权力管理网络开始形成并发挥了积极效应。通过《北京市平谷区三协同联合执法工作规则》，平谷区明确联合执法的召集、运转、行刑衔接、督查、考核、问责等工作流程，全面规范联合执法行为。此后，平谷区还将建立联合执法信息化管理平台，让协同机制更加规范，哪些部门报到了，解决了哪些难题，多长时间内解决等考核内容将更一目了然。考核机制也跟着相应改变，过去部门考核街乡，现在街乡也能考核部门。

为了解民忧、知民情，办好群众的烦心事、操心事，北京12345市民服务热线要求做到“接诉即办”。从2018年1月1日起，12345市民服务热线开始将街道（乡镇）管辖权属清晰的群众诉求，直接派给街道乡镇。市民遇到问题可以及时向12345市民服务热线反映，提出诉求，12345做到24小时不断线。“接诉即办”实施以后，案件办理从时间上、速度上、效果上都有明显提升。诉求就是“哨声源”，一旦接到，街道必须立即整合相关部门去处理。

“接诉即办”省去了中间环节和群众办事的往返时间，强化了办事的实效性，体现了政府加强和完善公共服务、切实保障和改善民生的根本宗旨。“接诉即办”和“吹哨报到”，着力创新基层治理体制机制，把权力交给了街道、乡镇，促进治理资源下移，不仅打通社会治理的“最后一公里”，而且补上服务群众的“最后一米”，从根本上激发了广大街道、社区工作者的积极性，提升了街道的统筹协调能力、服务能力、管理能力、动员能力，真正做到民有所呼、我有所应。

（二）经验推广以及各地实践

平谷区的“街乡吹哨，部门报到”制度非常成功，北京市开始全面推广，将街道改革提升至“大部制”时代。例如，东城区除了着力构建“三级管理和五方联动”的总体工作思路之外，还推进了“城管执法体制改革”，按照“1 + 5 + N”的模式配备街道综合执法力量，从原来街道的不同科室共几十块“牌子”整合为“六部一队四中心”。先是建立起一个实体化的“综合执法平台”，再构建起一个网格化的综合监督体系。“街道吹哨、部门报到”的响应处理机制和案件的全程考核机制逐渐完善起来。

北京市还注重提高“吹哨报到”的效率，引导街道乡镇干部深入一线，构建“吹哨报到”快速响应机制。改革注重推动街乡干部走进群众、贴近群众，看清楚治理堵点，切实解决群众的困难、感受百姓痛点，使“吹哨”更快、更准、更有针对性。基层干部拿出足够时间深入一线，察民情听民意解民忧，打通了城市基层治理“最后一公里”。通过“吹哨报到”改革，推动社会治理的重心下移，把资源、服务、管理下沉基层、做实基层，健全基层治理体系，做到吹哨有响，党建引领全统筹、管理力量全报到、共商共治全程议、百姓呼声全响应，第一时间解决了基层治理的各类矛盾问题。

2019 年 3 月份，江苏省苏州市吴中区在全区试行党建引领“网格吹哨、街镇报到，街镇吹哨、部门报到”的“吹哨报到”机制。

该机制包括“网格吹哨、街镇报到”和“街镇吹哨、部门报到”两个方面，前者聚焦社会平安稳定，后者侧重社会治理难点。吴中区“吹哨报到”机制通过将街镇、各职能部门纳入社会治理“一张网”中，指定网格和街镇作为派单主体，赋予基层“实权”，把权责下沉到基层一线。让条块和不同职能部门形成执法合力，切实解决基层社会治理难题。

基于网格化社会治理的“大联动”平台，吴中区做实“事件清单”，围绕当前社会治理重点，新增了关于出租屋消防安全、无证照经营食品小作坊、非法捕鱼以及集体违建等问题清单 80 余项。同时，一份由吴中区联动中心修订完善的《2019 年度苏州市吴中区社会综合治理网格化联动机制建设考评办法》配套出炉，将“吹哨报到”机制纳入对全区各地各部门的考评。这项考评办法加强了“吹哨者”监督权限，对“报到者”超时接单、返工处置、超时处置、超时未处置四个考核点进行监督，确保工单优质高效解决。

吴中区“吹哨报到”机制强力支撑了街镇和网格，也激活了执法部门的责任意识。该区光福镇迂里村有一条 10 来米宽的绕村河流，河岸边的农家乐“江南人家”用围网在河中养了几千条鱼，并在河两岸装配垂钓台，供客人垂钓。在养鱼区域每天投放大量鱼食，河水污染严重，发出阵阵臭味。由于这个问题包含非法占用公共水域、影响河道水质等多个方面，涉及几个不同部门。有村民到村委会投诉过几次，但是问题迟迟没有得到解决。

实行“吹哨报到”改革以后，区联动中心接到投诉工单，立即将工单下派至光福镇迂里村三级网格长。三级网格长将情况汇报至二级网格长，启动“网格吹哨、街镇报到”工作机制。“吹哨”后，网格长召集镇水利站、农副办、城管中队等部门赶赴现场“会诊”，联合开出《责令限期改正水事违法行为通知书》，明确期限进行整改。后因到期当事人没有整改，围网和垂钓台被联合执法部门依法强制拆除。通过“吹哨”，调动了条块不同的职能部门向基层汇集，让不同部门握指成拳形成了合力。

福建省光泽县为有效解决“见管脱节”问题，采用“乡镇吹哨、部门报到”工作机制，明确各乡镇作为“吹哨”主体，对本辖区内非法盗采、环境综合治理、大气污染治理、河道巡查、防火防汛、违法建设、生态保护、畜禽养殖污染整治、安全生产等重大问题，且乡镇“单打独斗”无法解决时，按程序向县里“吹哨”请求援助。之后，县“乡镇吹哨、部门报到”办公室按照问题“受理、研判、派单、处置、反馈、评价”处置流程，及时召集县直相关部门联合行动。

为了让“吹哨”不落空、见实效，该县明确赋予乡镇考核权和评价权，即由全县 8 个乡镇根据办件情况对县直相关单位做出满意度评价，对满意的事项报县“乡镇吹哨、部门报到”办公室销号处理，对不满意的事项，提出跟踪办理意见，并进一步跟踪办理。“不忘初心、牢记使命”主题教育开展后，光泽县又对这一机制进行了升级完善，将评价结果纳入领导干部考核评价体系和文明单位、年度绩效考评，让乡镇由“运动员”转变为“裁判员”。

内蒙古二连浩特在实行“社区吹哨、部门报到”方面，不重口号重实效，围绕社区工作的重点、难点问题，针对辖区居民的所需、所求，持续发力，精准“吹哨”，努力做到“哨哨有人应、事事有回音”。

街巷巡查“随时吹”。乌兰社区结合创城指挥部的相关要求，积极开展街巷、小区巡查工作，社区党工委书记带队每周至少集中巡查两次，将巡查中发现的问题汇总后以周报的形式向各职能部门“吹哨”；社区网格员、执法队员分成若干小组每日上下午各巡查一次，对所发现的问题，能解决的及时解决不上报，解决不了的由社区以专报的形式向各部门“吹哨”，跟踪问效，确保时效。

居民诉求“及时吹”。针对居民日常生活中遇到的急、难、险、重等各类问题，社区及时启动“吹哨”机制，“对症下药”，快事快办；比如墙体保温层掉落、自来水水管跑水、下水道堵塞等等问题，社区想方设法协调相关部门先排除隐患、再逐步解决，确保安全。

厘清责任“精准吹”。虽然市委、政府赋予了社区“吹哨”的权力，但社区居民多，职能部门少，哨声多了，只会让各部门疲于应付，最后到也报了，事没办了；针对这一实际，社区遇到问题不盲目“吹哨”，先厘清责任，是职能部门负责的由职能部门负责，该居民自己承担的由居民自己承担，以居民说理会、座谈会等形式，统一思想，分类推进。

“社区吹哨”，说到底，吹的是居民的诉求，“部门报到”，说到底，是部门向居民报到。下一步，乌兰社区将继续以党建为引领，以全心全意为居民服务为己任，全力为党和政府站好“岗”，为辖区居民吹好“哨”。

第七章　公共危机治理推动社会治理共同体建设

2019年底，湖北省武汉市暴发新冠肺炎并迅速蔓延至全国。由于疫情具有传播迅速、传染性强、扩散性广、风险性高的特点，使此次公共卫生事件上升至一场巨大的公共危机，其对国家经济、政治、社会等各方面的重大影响仍在逐步显现之中。

疫情暴发之后，中国共产党和政府果断决策，以最大程度保障人民生命安全和身体健康为目标，采取统一指挥和广泛社会动员等开放、透明、高效的防疫举措，自上而下实行严格管控，短时期内有效阻断了病毒的传播，推动经济社会尽早实现正常运行。这其中，基层自治发挥了非常重要的作用。党和政府鼓励居（村）委会等社区社群、社会团体、企业组织、民间个人志愿者等不同群体组成互联互通的治理系统，实现城市与城市之间、个人与组织之间、地方与中央之间的多层次、立体化的协作联动，实现功能互补。此次疫情防控中社会治理取得的一系列成果，检验了中国体制应对公共危机的能力，展现了“党委领导、政府负责、民主协商、社会协同、公众参与、法治保障、科技支撑”这一模式的治理效能，为进一步建设“人人有责，人人尽责，人人享有”的社会治理共同体积累了实践经验。

一、人人有责：疫情防控中的公众参与

“人人有责”强调了治理主体的多元化。随着现代化进程的深入推进，中国经济社会发生了广泛深刻的变革，与城镇化、信息化、国际化趋势相伴而生的社会风险也日益明显。如何应对公共危机和不确定风险，是对国家治理能力的极大考验。同时随着经济社会的发展，社会结构发生了较大的变化，逐渐培育和发展了一定数量的社会组织和经济组织。由于社会主义民主政治的发展、信息科技的进步，每个公民都更有意愿也更有条件参与社会治理。因此从治理主体来看，既包括每个具体的个人，也包括党委政府、社会组织、经济组织等各类组织化的个体，这就要求政府在引领和主导危机治理过程中采取新的思维框架和方式，整合、激发和调动公民社会责任感，形成政府与公民的良性有效互动。充分发挥人民群众积极性，致力于形成社会多元主体协同治理的局面，是提高疫情防控科学性和有效性的基础支撑。

（一）群众性组织的参与

新冠肺炎疫情发生以后，中国31个省（自治区、直辖市）先后启动重大突发公共卫生事件一级响应，各级政府均实施了十分严格的疫情防控措施。而与国家政策相应的是，各地的众多社区居委会（村委会）和业主委员会等也陆续实施了不少自治措施，如配合政府加强防疫宣传、协助管控社区人员流动、加强安全检查、协调居（村）民生活用品调配及为社区内患者服务等。社区作为社会治理的基本单元，在疫情暴发之后，迅速发挥了基层党组织的战斗力和凝聚力，运用区域化党建组织动员多方资源，同时依靠网格化的管理和技术条件，在精细化管理中形成了群防群治的抗疫格局。①

同时，网络成为抗疫最有力的工具之一。特别是业主或村民微信群等各种网络社交媒体的运用，这些网络传媒构建了新型社交关系，改变了多年来邻居鲜有交集的局面，提高了紧急状态下响应的效率，成为基层自治在本次疫情防控中的亮点。

以河南省郑州市金水区大石桥街道办事处为例。在疫情阻击战开始之初，大石桥街道办事处同乐社区就组建了隔离居民交流群和隔离居民服务采买群。在疫情防控期间区域闭环管理开始后，同乐社区按网格组建了 7 个居民微信群，包括疫情政策宣传群、居民事务服务群、隔离群等。加上之前同乐社区组建的 5 个路长制工作群，社区内社工引导开展活动的音乐舞蹈爱好者微信群，这些微信群在疫情阻击战役打响之后的时间里，成为同乐社区疫情期间与群众无缝宣传和沟通的对接平台。通过平台的高效运行，发挥社会组织和个人在社会治理中的重要作用，特别是在应对公共危机、化解社会矛盾、提供公共服务、保障社会稳定等方面的特殊作用。②

（二）经济性组织的参与

社会治理涉及巨大的成本，如物资的生产、供应、配送，供需信息的采集、整理、传输等都需要考虑很多经济因素。谈及经济问题，企业具备特有的优势力量，即灵活性、创新性和规模性。广大企业之所以能够在抗击新冠肺炎疫情的战场上勇于担当，发挥重要作用，关键在于党和政府遵循经济性组织的发展规律，积极发挥市场的调节作用，让市场与政府这两只看不见的手和看得见的手建立起有效互动。企业参与疫情防控主要在于发挥了如下特性：

---

① 陈秀红：《后疫情时期社区治理会出现哪些趋势》，《学习时报》，2020 年 4 月 29 日 07 版。

② 彭华、沈荣：《疫情期间扎堆热闹的同乐社区居民微信群》，http：//hn. cnr. cn/hngd/20200220/t20200220_524983420. shtml。

1. 灵活性

疫情初期，一些地方面临较为严重的医疗物资短缺问题，尤其是口罩、防护服等医疗物资的产能跟不上需求，格力、比亚迪、五菱、清美等企业“跨界”转产医疗物资，帮助缓解了医疗体系物资缺乏的问题。在用工方面，更多民营企业展现出了灵活性。比如，盒马率先采用的“共享员工”模式，缓解了生鲜配送的人员紧缺问题，同时有效降低了相关企业的运营成本。

2. 创新性

此次疫情，众多企业生动诠释了什么叫科技抗疫、数字抗疫。诸多企业纷纷利用自身的专长和技术储备，在抗疫的方方面面提供支持。

在数据共享方面，疫情防控初期，各大平台利用自身优势，帮助有关部门进行大数据疫情防控。高德地图上线“返程直通车”一站式服务，通过疫情信息提醒、防疫检查站及高速收费站实时车流信息、返程人员信息在线登记等多项功能，帮助自驾返程用户更好地规划行程。作为中国科技界领军企业的腾讯，除捐助资金外，还充分发挥了自己社交入口的能力——直接把微信变成了信息中心，成立了“肺炎疫情动态”专区，设置了疫情实时动态、疫情在线义诊、腾讯健康、在线辟谣等内容相关应用，向用户提供快速响应的图文在线咨询服务，避免病患交叉感染，助力缓解线下医院压力，把微信的服务功能发挥到了极致。其他还有多家科技公司研发的5G远程会诊、5G机器人等，帮助医护人员执行导诊、消毒、清洁和送药等工作，为助力病区医护人员减少交叉感染和提升病区隔离管控水平发挥了重要作用。

在物资运输方面，阿里、京东等的物流体系运用其平台优势，积极组织货物运输。疫情防控初期，菜鸟便联合海内外快递物流企业发布公告，正式开通国内及全球绿色通道，免费从海内外各地向武汉地区运输社会捐赠的救援物资。从实际效果来看，利用电商平台的物流系统，不仅实现了特殊时期下的物流通畅，同时也保证了物资及时准确送达。

另外，在助力复工复产方面，企业的创新也发挥着独特作用。疫情期间，淘宝直播成为线下门店、线下市场加速复工的利器。数据显示，淘宝直播 2 月新开播商家环比增幅达 719%，直播商家获得的订单总量以平均每周 20% 的速度增长，不少商家春节后的第一笔生意都是在淘宝直播间里做成的。当然，数字化力量在此次疫情防控期间还有很多实际应用，比如钉钉远程办公、在线上课、达摩院 AI 诊断技术等。借助这些大型互联网公司的数字基础设施，我国甚至全球的抗疫都不必“从零开始”。

值得一提的是，农牧业复工复产、农产品供应问题也在数字科技的加持下得到了良好解决。京东数科为广汉市农业农村局开发的“西南禽苗交易平台”便是这样的一个例子。京东数科通过大数据分析、AI 语义理解，将庞大的商户需求数据迅速分门别类，优化平台搜索规则。这样一来，农户可以很轻松地登陆平台搜索到鸡苗或鹅苗的需求，有针对性地调整自己的生产量和生产节奏。借助数字化转型，将农业生产销售移至线上，普通养殖户也及时享用到了人工智能的成果。

3. 规模性

仅以民营企业为例。疫情期间，民营经济贡献了 50% 以上的税收、60% 以上的国内生产总值、70% 以上的技术创新成果、80% 以上的城镇劳动就业、90% 以上的企业数量，在促进创新、增加就业、改善民生和扩大开放等方面发挥着不可替代的作用。众多企业的存在，使得我们有充足的资源、充足的储备去应对这场突如其来的疫情。在应对公共危机的过程中，广大企业积极承担社会责任，为抗击疫情贡献了自己的力量。[①]

（三）社会组织的参与

在公共危机发生时，政府动用行政力量应对危机，但有时会出现协调失衡、行动不及时等情况。社会组织的灵活性、专业性、公益性使得它能够协助政府及时进行广泛的社会动员，凝聚社会民间资本，形成合力，成为疫情防控中不可或缺的辅助和支撑力量。社会组织发挥的作用主要集中在以下几个方面：

1. 信息收集和疫情防控宣传

一般来讲，公共危机事件的来临具有突发性的特征，能否及时、准确掌握信息并迅速作出反应，是决定危机防控的关键。社会组织的成员广泛分布在群众之中，其社会触角延伸到社会各个群体和各个角落。在公共危机处于潜伏时期，社会组织可以利用其极其广泛的成员基础，及时、广泛地收集危机信息，对公共危机事件起到预警作用；在整个抗击疫情过程中，各类社会组织可以及时反馈救治、防控等方面信息，协助政府对危机做出及时、准确的判断，从而制定科学的政策和有效的应对措施。[②]

如上海市健康促进协会协同旗下的会员单位，在新冠病毒疫情发生后，积极为单位、社区公共环境提供预防性消毒工作。同时，为了避免过度消毒，确保每一次的消毒作业都能起到效果，协会专家还编写或转发国家消毒指导性文件，通过电话、微信解答会员单位的疑惑或问题，有效劝阻多个单位建设非必要的消毒屋（走廊）的计划，避免了潜在的负面效应。协会还制定《关于科学防控共同

---

① 盘和林：《抗击疫情，民营企业发挥着重要作用》，http：//views. ce. cn/view/ent/2020/04/08/t20200408_34634861. shtml。

② 向春玲：《社会组织可以在公共危机治理中发挥哪些作用》，《学习时报》，2020 年 3 月 4 日 07 版。

抗击新型冠状病毒疫情倡议书》，倡议会员单位坚定信念，加强防护，以规范、有序举措为单位、社区提供消毒保障。获得全体会员单位积极响应，为打赢疫情防控阻击战尽力。[①]

2. 对特殊困难群体的帮扶

疫情中的一部分特殊群体面临着更大的困难和危机，需要更多的关怀与帮助。社会组织的公益性、关注社会弱势群体的职责和使命，使得他们可以发挥专业优势和组织优势，更多关注在疫情蔓延中的孤寡老人、儿童、残疾人等困难群体，并给予必要的物质和精神上的支持。

据统计，在严格防控疫情的特殊时期，广东省广州市各社会组织参与社区线下防控排查 50 万人次，服务社区留观隔离人员 5806 人次。102 个志愿者协会及社区社会组织联合会发动社区志愿者参与社区疫情防控工作，组织近 1.5 万名社区志愿者投入疫情防控，服务社区居民超过 16.6 万人次。

为帮助有困难的老人及时了解科学防控知识和政策指引，广州市志愿者协会开通“长者心声热线”，向特困、三无、孤寡、独居长者等重点人员提供主动电话关怀近 10 万人次，为 2700 户社区空巢老人、困境群体提供上门送药、送口罩、送菜等紧急求援。市社会组织联合会结合百名困境儿童结对帮扶项目，发放“2020 蓄力护童包”。市慈善会关心爱护疫情防控一线医务人员，筹集 1060 万元善款发放慰问金，为 2067 户次家庭配送 1.2 万千克生鲜食品套餐。广州市社会组织联合会紧急动员包括民办社工机构、社会心理咨询机构以及为老、扶幼、助残、救助等聚焦服务困难群体的 150 多家专业社会服务机构，整合社工、志愿者、律师、心理咨询师等专业人士近万人次，投入电话热线服务，为市民提供防疫知识咨询、心理辅导和其他求助 15 万人次，累计服务市民超过 30 万人次。

---

① 冷培恩：《更好发挥社会组织在疫情防控中的作用》，《联合时报》，2020 年 3 月 6 日第 7 版。

此外，广州市发动困境儿童专委会130家成员单位的专业力量与爱心企事业单位构建起儿童社会支持网络，为困境儿童及其监护人提供支援。其中，广州社联对服务的白云区21名散居孤儿、74名事实无人抚养儿童及180名残疾儿童进行电访，为他们送上防疫和生活学习物资。①

3. 为公众参与疫情防控提供平台

疫情对社会公众的生命安全和身体健康造成危害，对经济社会发展造成较大的冲击。许多具有公共意识和公益精神的群众，迫切希望通过一定的公益渠道表达自己参与救助的情感。社会组织可以带领组织成员依法依规展开救援，并为社会公众提供公益行动的平台。例如，有的社会组织发起专门公益募捐项目，为疫情严重地区提供可持续资金支持；有的设立基金捐赠款项，接受社会捐款用于采购医疗物资或支持抗疫一线医护人员；抗疫中要实施一些重要工程，需要服务支持，一些行业协会会组织相关企业主动参与。

4. 帮助生产生活秩序的重建

在疫情得到有效控制，防控工作取得阶段性成果之后，统筹疫情防控和复工复产两项工作提上了日程。社会组织、社工机构和志愿者生活在社区，生活在群众之中，在当前社区阻击战中，坚持守土有责、守土负责、守土尽责，积极配合基层党委政府工作，充分发挥自身贴近基层、贴近群众的优势，在参与社区防控中可以积极作为。例如，有的社会组织和志愿者走进社区开展防疫知识宣讲，为社区居民提供防疫咨询，并深入社区排查疫情；有的社会组织调节物资的供销渠道，及时提供民众生活的日常和急需物品，保障群众的日常生活；有的商业协会联合平台资源，对入驻产业园的中小微企业、电商企业实施房租减免政策；有的社会组织给予企业必要

① 陈子垤：《1.5万社区志愿者参与疫情防控工作》，《信息时报》，2020年3月12日A4版。

的经济援助、弥补其在危机中的损失，启动复工生产；还有的社会组织在社区及时解决疫情中的人际矛盾和社会问题，助力恢复社会秩序。[①]

针对社会组织在疫情防控中发挥的显著作用，各级政府部门给予了充分的肯定。2020 年 4 月 2 日，民政部印发了《民政部办公厅关于调整优化有关监管措施支持全国性社会组织有效应对疫情平稳健康运行的通知》。《通知》指出，新冠肺炎疫情发生以来，在民政部登记的全国性社会团体、基金会、社会服务机构、国际性社会组织、外国商会（以下统称全国性社会组织）认真贯彻落实党中央、国务院决策部署，积极履行社会责任，勇于担当、主动作为，有力服务了国家疫情防控和经济社会发展工作大局。上述通知强调要从优化审批办理、放宽年检条件、助力人才招聘、加大资金支持、强化正面激励等方面对社会组织提供支持，促进社会组织平稳健康运行，支持社会组织积极发挥作用。

（四）志愿者的参与

此次抗击疫情过程中，志愿者动员迅速、参与广泛，有力发挥了作用。习近平在统筹推进新冠肺炎疫情防控和经济社会发展工作部署会议上指出，“广大志愿者等真诚奉献、不辞辛劳，为疫情防控作出了重大贡献”。疫情发生以后，河北省各高校组建疫情防控青年突击队 360 个，组织大学生志愿者 3.4 万余名，积极投身于联防联控、防护宣传、专业医护、便民服务、防疫消杀、心理援助、社区村镇排查等各类防疫工作中，累计服务时长超过 100 万小时，足迹遍布全国 27 个省份。从中国志愿服务发展历程来看，之前标志性的大规模志愿服务多出现在大型赛会活动中。此次疫情防控志愿服务呈现出突发性、危险性、隔绝性等新特点，面临着前所未有的全新

① 向春玲：《社会组织可以在公共危机治理中发挥哪些作用》，《学习时报》，2020 年 3 月 4 日 07 版。

挑战。由于疫情防控情境的特殊，给志愿服务也带来了深刻变化，表现出管理属地化、动员社会化、内容多样化等特征，大量志愿者接受线上发动、以个体形式就地参与志愿服务活动，从事社区疫情防控、医疗救治辅助、生活用品配送、困难群众帮扶、特殊群体心理援助、复工复产指导等，服务面更广、服务场景更全、服务对象更多、参与程度更深。①

二、人人尽责：疫情防控中的协同治理

“人人尽责”强调的是治理过程，指的是运用多种治理手段，充分发挥社会治理各主体形成的合力，实现共同治理的良好效果。实现“人人尽责”，前提是积极探索基层党组织领导下的基层群众自治制度的实现机制，切实增强基层自治组织自我管理、自我教育、自我服务能力，从而有效释放社会活力，提升社会治理主体参与治理的能力。

（一）协商共治

社会治理共同体是一个纵横交错的网状体系，每个治理主体虽然各司其职，权责明确，但必须相互协同，共同治理，才能实现各个主体间的良性互动，为社会治理现代化提供一个有序的发展空间。协商共治就是要通过各种途径、各种渠道、各种方式就改革发展稳定的重大问题特别是事关人民群众切身利益的问题进行广泛协商，既尊重多数人的意愿，又照顾少数人的合理要求，广纳群言、广集民智，增进共识、增强合力。尤其在应对公共危机过程中，统一领

① 桑珊：《河北省3.4万余名大学生志愿服务疫情防控》，https：//webapp. hebnews. cn/c/161890. html。

导、协商共治的管理机制是核心。[1]

如北京市房山区城关街道自新冠肺炎疫情发生以来，抓住党组织引领基层社会治理这条主线，调动辖区单位资源，引领带动各种力量有序参与基层治理，形成人人参与、人人战“疫”的形势和共商共治共建的良好氛围。3 月的一天，大风把街道内社区一幢楼房顶的防水层给掀起来了。因为这和居民的生活安全息息相关，当天，社区党支部书记就组织楼内的居民代表及楼门长召开议事协商会，就如何对楼顶进行维修向居民征集意见。大家一致同意先和产权单位协商解决。当天社区直接找到产权单位的党支部负责人，由社区和产权单位双方党支部协商推进，高效处理问题。第二天，产权单位负责人就查看楼房受损情况，积极筹措资金，主动担当，一周内完成了楼顶的清理和重建工作。[2]

有了疫情防控工作协商共治的良好经验，一些社区表示，将进一步拓宽基层社会治理渠道，加强协商共治机制建设和公共沟通互动，完善街道、社区向群众报告工作、通报情况制度，主动设置议题、报告情况、听取意见，把群众组织起来、凝聚起来，推动群众关心关注的停车自治、文明养犬、垃圾分类等问题一同协商、共同推进解决。

（二）舆论监督

舆论历来是影响社会发展的重要力量。互联网的开放特性带来极大的透明度，使危机事件发生、发展的过程充分暴露在社会面前。此次疫情发展与应对完全处在社交媒体高饱和度传播的环境中，信息充分带来了治理的高效，信息过载也产生了更加复杂的影响，焦虑、恐慌、对抗等社会情绪出现乃至蔓延。在社交媒体时代，疫情

---

① 谭日辉：《建设人人有责、人人尽责、人人享有的社会治理共同体》，《光明日报》，2019 年 12 月 6 日 06 版。

② 《房山：社区党建协调解民忧》，http：//www. bjwmb. gov. cn/xxgk/xcjy/t202/004/16 _ 976401. htm。

带来的舆情引发公众心情的变化，成为当代突发公共卫生事件中社会治理特别是信息传播体系建设的重大难题。[①]

1. 疫情防控中的舆论监督状况

从目前观察来看，在这次新冠肺炎疫情信息传播当中，自媒体舆论监督作用大于主流媒体，“武汉公安训诫8位‘传谣’网民”“红十字会物资管理”“双黄连事件”等舆论事件的爆发都是由自媒体率先发起监督，主流媒体随后跟进。反映一线医护人员艰难拼搏、医疗防护物资紧缺、感染病人得不到及时救治、社区隔离困难重重等信息，也都源自于自媒体。有关数据显示，疫情暴发以来，武汉、湖北地区发布微博的用户规模分别增长35%、34%，共有5120万用户发布3.5亿条疫情相关信息。

与现实世界相比，网络世界的存在方式是无形的，以数字、图像等电子格式存在。虚拟性导致危机形态由现实转向虚拟，人们可以匿名或采用虚拟身份发布信息，自由度、随意性大，虚拟空间中的自愿聚集、任性交流、容易导致口无遮拦，甚至恶意攻击，加之违法成本低，监督管理难，使虚拟主体行为具有高度不确定性和隐秘性。导致违法犯罪活动在网上蔓延，网络诈骗、网络传销、网络色情、网络谣言以及黑客攻击、窃取秘密、侵犯隐私等无孔不入，极大地增加了危机管理的难度。[②] 在这次疫情防控中，被民间称之为“吹哨人”的武汉市医生李文亮，2月6日21点30分，微信传出他因新冠肺炎感染去世的消息，当晚23点25分，世界卫生组织就发推特悼念；根据百度排名和微信搜索指数，2月7日其搜索热度与影响人群日环比超过542%，相关信息达到670万条，负面情绪占比高达66.9%。同时，网上也传出“哈佛大学降半旗致哀”的虚假

---

① 胡钰：《疫情之下：在全社会涵养舆情理性》，http：//www.rmlt.com.cn/2020/03/12/572300.shtml。

② 徐宪平：《从新冠肺炎疫情防控看互联网时代的危机管理》，http：//www.gsm.pku.edu.cn/dba/info/1204/1626.htm。

信息。

2. 及时有效的追责问责

疫情发生以来，全国各地各级干部和党员紧紧围绕中央关于新型肺炎疫情防控工作部署要求，立即响应，迅速行动，奋战在疫情阻击战各条战线上。但也有极少数党员干部和公职人员在这特殊的战场上不敢担当、作风漂浮、落实不力甚至弄虚作假、失职渎职。[①] 2020 年 1 月，在疫情全面暴发初期，中央纪委国家监委就印发了《关于贯彻党中央部署要求、做好新型冠状病毒感染肺炎疫情防控监督工作的通知》，强调把疫情防控工作作为当前最重要的工作来抓，把党中央决策部署和习近平总书记重要指示批示精神不折不扣落到实处。督促各级党政领导干部特别是主要领导干部切实增强政治责任感，坚守岗位、靠前指挥，守土有责、守土担责、守土尽责，把投身防控疫情第一线作为践行初心使命、体现责任担当的试金石和磨刀石。

在疫情防控受到全民高度关注的当下，任何违法违规的人和事都可能会成为舆论焦点，自媒体时代倒逼各级管理者必须更加重视信息公开工作。2 月 4 日，针对公众和媒体集中关注的湖北省红十字会违规工作等问题，湖北省纪委监委公布了对省红十字会三名厅级干部的问责结果：因为红十字会有关领导和干部在疫情防控期间接收和分配捐赠款物工作中存在不担当、不作为、违反“三重一大”规定、信息公开错误等失职失责问题……经湖北省纪委监委研究并报省委批准，分别给予三人免职、党内警告、政务记大过处分。从被公众曝光到被问责，只有短短几天时间，由此可见湖北省政府对于舆情的重视程度。在此之前武汉市相关职能部门负责人和黄冈市

---

① 《疫情防控期间，党员干部以下行为将被严惩》，http：//www. luzhou. gov. cn/xw/bmgg/content_676626。

卫健委主任，也都是暴露在媒体监督之后，被火速查办。①

问责的目的是为了让干部担当尽责，但在追责问责过程中绝不能搞“一刀切”，对疫情防控工作中的无意过失行为，予以容错纠错，激励防控一线干部敢于担当、全力作为。在保持严查严处高压态势不放松的同时，保护好疫情防控一线干部的工作积极性和工作热情。即便在疫情防控压力下，也不能让问责数量成为比较监督强度的关键指标，只有精准问责才是有效问责。

各级纪检监察机关在疫情防控工作的实践中，围绕这一原则，不断改进工作方式，提高疫情防控追责问责工作精准化、制度化、规范化水平。如湖北省纪委监委要求严格把握失误与失职、敢为与乱为、为公与徇私、主观与客观的界限，对疫情防控工作中出现轻微过错，没有造成不良影响或严重后果的，以提醒和教育为主；对已经尽力履职，但因客观条件所限而出现工作不到位的，免予问责，坚决防止“一有错就追责问责，一追责问责就动纪”；江西省纪委监委要求综合考量违纪情节、后果影响、主观态度、现实表现、客观条件等，区分是干部能力不足“不会干”、客观条件限制“干不了”、时间仓促“未干好”，还是缺乏担当“不愿干”，视不同情形分别给予妥当处理；广东省纪委监委在疫情期间建立提级审核“三方会审”机制，由监督检查室办理追责问责案件审核工作，并征求案件审理室、党风政风监督室意见，重点防止依据不准、扩大泛化等问题；浙江省纪检监察机关加强对不实信访举报问题澄清正名，充分释放“谁为事业担当，组织就为谁担当”的强烈信号。截至3月11日，该省各级纪检监察机关已为119名党员干部澄清正名，让基层党员干部吃下“定心丸”，容错纠错机制则帮助他们卸下思想包袱，轻装上阵。②

① 李秀明：《问责湖北红会干部形成了舆论监督良性闭环》，http：//www. nbd. com. cn/rss/zaker/articles/1405408. html#。

② 高蕾、朱基钗：《精准稳慎追责问责，各级纪检监察机关筑牢纪法防线助力战“疫”》，https：//www. sohu. com/a/390183360_260616。

3. 在公共危机治理中加强舆情管理

在公共危机应对过程中，新闻报道好比双刃剑，既可以不断地向人们传递正能量信息、鼓舞士气，协助相关部门缓解民众情绪，也可能成为舆情的触发者，给疫情防控工作带来不必要的负面效应。新冠肺炎疫情暴发以来，多次出现发布的新闻信息被“颠覆”事件，引发争议。舆论认为，新闻报道频繁“反转”，为抗击疫情期间的社会治理埋下较大隐患。那么，应该如何避免疫情报道的误区呢？

一是保障公众的知情权，拓展民意表达渠道，让公众直接、高效、充分地提出诉求意见。面对公共突发事件，尤其是在信息不对称时，舆论焦点问题比较集中，互联网各类传闻四起，新闻媒体要根据事态的不断变化及时设定报道议程，客观公正报道以满足群众知情权。在此次疫情报道中，武汉市当地媒体受到舆论批评，重要一点就是缺乏担当、失声缺位，对舆论关注的疫情关键信息视而不见。在疫情防控过程中，地方媒体要快速反应，加强本地信息的真实传播，发挥媒体报道的预警功效，防止谣言传播。

二是强化信息传播的专业性。突发公共卫生事件具有突发性、危害性和复杂性，涉及到的医疗新闻专业性很强，媒体报道应当注意疫情报道的禁忌和规范，避免产生不良社会影响。特别是采访相关医疗专家观点时，应注重话语结论的科学性，避免生搬硬套将个别专家的思考与猜想作为科学验证的结论发表。在融媒体报道方面，应强化涉及疫情新媒体信息发布审核把关，避免成为虚假信息或个别非主流观点的传声筒与扩声器。在疫情防控的关键时期，既要善于吸纳各群体的多元声音，助力疫情防控工作；也要积极引导各类群体专业发声，避免个人观点被片面放大，激发负面舆情。

三是注重信息传输的准确性。在疫情防控过程中，媒体针对“是否属于 SARS”“双黄连口服液是否能抑制新冠病毒”“气溶胶是否为传播主要途径”等焦点议题不断反转，导致参与消息传播的媒体被网民所诟病。新闻媒体发布信息应考虑到受众会因知识水平差异而产生误解，断章取义或者措辞不当的信息发布后容易引起片面解读。针对一些争议较大的话题，新闻媒体可以通过深度调查性报道去挖掘事情真相，秉持科学精神准确报道，厘清线索链条，普及科学知识。

四是媒体报道中注重人文关怀，增强社会的共情能力。正如2月3日中共中央政治局常委会要求的："要正视存在的问题，及时发布权威信息，回应群众关切，增强及时性、针对性和专业性，引导群众增强信心、坚定信心。"舆论监督和正面宣传是统一的，新闻媒体履行法律赋予的舆论监督权利和义务，目的是激浊扬清、匡正时弊、促进问题的解决。新闻媒体监督要站在党和人民的立场，充分把脉社会心理，积极坦诚地回应居民诉求，不掩饰矛盾，不回避问题。新闻媒体要有高度的社会责任感，兼顾批评力度和报道尺度的平衡。针对公众焦虑和舆论热点，主流媒体和地方党媒应强化新闻专业精神，构建好政府与媒体联动的风险预判机制，以透明公开的方式为民众答疑解惑。在众声喧哗的舆论生态中，保持清醒头脑，不为杂音噪音所扰。[①]

（三）完善协同治理机制

针对新冠疫情防控工作，中共中央总书记习近平在调研时指出，社区是疫情联防联控的第一线，也是外防输入、内防扩散最有效的防线；要充分发挥社区在疫情防控中的阻击作用，把防控力量向社区下沉，使所有社区成为疫情防控的坚强堡垒。这些论断阐明了社区在中国疫情防控与社会治理中的独特作用，为推进疫情防控指明了重点与方向。由于社区疫情防控并非单一主体而是多方主体共同参与的治理过程，社区疫情防控主体之间是相互依存、共同发展的命运关系，这种内在属性决定了社区疫情防控需要共同参与、共同

---

① 卢永春：《新闻媒体如何避免疫情报道误区》，http：//yuqing. people. com. cn/n1/2020/02/25/c429781 – 31603799. html。

协作。协商共治不仅需要社会各主体之间协同配合、权责明确，更需要完善治理机制、拓展治理渠道。

一是要转变政府职能。深化“放管服”改革，充分激发各治理主体的积极性和创造性。逐步改变强政府、弱社会的现象。实现由威权式管控向协商式疏导转变、由单向压力传导向多维互动治理转变、由社会（经济）组织和个人被动参与向主动参与转变。

二是要创新社会治理方式，拓宽社会治理渠道。在新的历史条件下，建设社会治理共同体，需要推动协商民主广泛、多层、制度化发展，确保有效治理。比如，基层实践中探索出的“项目式参与”、线上和线下参与的有机融合、网络化社会参与等，这些行之有效的社会治理方式，构筑了多维度的社会参与渠道，保证了公民的有效参与，营造了社会治理共同体建设人人尽责的良好氛围。

三是要建立科学的治理机制。建立公众参与嵌入社区的制度平台，使社区各类主体自主、平等、理性地组织起来，通过沟通与对话参与社区公共事务；在社会治理过程中，畅通群众表达诉求、理性维权的通道，建立处理协调人民内部矛盾的有效机制，引导公民依照法律表达诉求和行使权利；优化社会组织成长空间，积极发挥社会组织在社区治理、养老服务、脱贫攻坚、应急救灾等领域的优势。政府应该通过搭建平台，利用市场化手段等方式与社会组织开展合作，引导和支持社会组织积极参与社会治理。

四是在治理过程中发挥好科技支撑作用。智能化、大数据是现代社会治理的重要手段和方式。推进“互联网+社会治理”，掌握和运用信息数据有利于开展科学决策、民主决策，助推社会治理精细化。要增强网络空间舆论引导能力，掌握互联网发展规律，推进线上线下社会治理协同进步。①

① 江北区委政法委机关理论学习中心组：《深刻理解建设社会治理共同体的内涵》，《重庆日报》，2019 年 12 月 24 日 006 版。

三、人人享有：疫情防控中加强民生保障

“人人享有”突出了社会治理的最终目标。在社会治理共同体建设过程中，要突出重点、完善制度、引导预期，注重机会公平，着力解决不平衡不充分发展问题，解决好民生短板和弱项。要让每一位人民群众都能感受到自身合法权益、权利和义务的实现过程公平公开公正。民生是一切工作的出发点和落脚点。社会治理的行动主体是人民，受益的主体同样是人民。基层社会治理所涉及的都是和群众利益息息相关的民生问题，目的是健全幼有所育、学有所教、劳有所得、病有所医、老有所养、住有所居、弱有所扶的基本公共服务体系，进而在社会治理中不断提高公共服务能力。

（一）公共卫生服务体系的完善

医疗保障是民生保障的重要内容，是减轻患者就医负担、增进民生福祉、维护社会和谐的重大制度安排。目前，我国已建立世界上规模最大的基本医疗保障网，基本医疗保险参保人数超过 13.5 亿人，覆盖面稳定在 95% 以上。[①] 面对突发疫情，医保部门闻令而动，靶向施策，从费用保障、经办服务等方面，及时完善和调整疫情期间医保政策，同时采取有效措施助力企业复工复产，为统筹疫情防控和经济社会发展作出了积极贡献。截至 4 月 6 日，全国确诊住院患者人均医疗费用已经达到 2.15 万元。目前重症患者人均治疗费用超过 15 万元，少数危重症患者治疗费用达到几十万元，甚至超过百万元，医保均按规定予以报销。医疗保障制度释放的能量和红利，

---

① 田晓航、王宾：《国家卫计委：全国基本医疗保险参保人数超过 13.5 亿》，http://www.xinhuanet.com/2018/02/12/c_1122409397.htm。

为安定人心、解除患者和医疗机构就医救治后顾之忧提供了重要保障，为有效防控疫情蔓延创造了重要条件。①

1. 医保制度改革不断深化

医疗保障制度改革是党的十九届四中全会后党中央明确的首批重大改革方案之一。疫情防控期间，国家医保部门相续出台《关于做好新型冠状病毒感染的肺炎疫情医疗保障的通知》《关于做好新型冠状病毒感染的肺炎疫情医疗保障工作的补充通知》《关于优化医疗保障经办服务推动新型冠状病毒感染的肺炎疫情防控工作的通知》《关于阶段性减征职工基本医疗保险费的指导意见》《关于推进新冠肺炎疫情防控期间开展“互联网+”医保服务的指导意见》等多份文件。围绕完善医疗保障制度这条主线，出台涉及医保制度完善、支付机制改革、医保精准扶贫脱贫、医疗医药管理服务机制创新、医保监管和风险管理、内控制度建设等，政策规定既符合国家统一部署，更能满足参保群众的期待。②

此次疫情发生后，医保系统从上到下，认真贯彻党中央、国务院统一部署，将维护人民健康放在首要位置，主动承担救治保障职责，认真落实“确保患者不因费用问题影响就医、确保收治医疗机构不因支付政策影响救治”的“两个确保”要求，对疫情防控实现“早发现、早报告、早隔离、早治疗”起到重要推动作用，稳定了民心，稳住了医心。同时紧盯疫情救治和防疫保障两条线，将与救治相关的药品、检查、医疗服务项目、医用耗材等都纳入了医疗保险支付范围。

---

① 《专访郑功成：疫情考验对我国医保制度建设的5点启示》，http：//caoss. org. cn/4article. asp？id = 390。

② 余巧萍：《疫情期间医保工作的4点体会和启示》，http：//med. china. com. cn/content/pid/170836/tid/1026。

2. 医疗服务水平持续提升

人民群众的获得感不仅来自于制度，更多来自于服务。2 月 17 日，中国卫健委印发了《国家卫生健康委办公厅关于加强疫情期间医疗服务管理满足群众基本就医需求的通知》，要求各地做好本地区疫情防控形势的分析研判，梳理当前面临的主要困难和突出问题，有序推动、逐步加强日常医疗服务管理。《通知》指出，除毫不放松地做好疫情防控工作外，同时要重点保障肾功能衰竭、肿瘤以及其他需要维持定期治疗患者的医疗需求，保障孕产妇、儿童、老年人等重点人群的医疗服务，保障必须的急诊服务。对于湖北省以外地区，要紧密结合疫情发展形势，一手抓疫情防控、一手抓医疗服务，不得搞一刀切，不能采取停诊的方式、将日常医疗服务一关了之。要在科学防控的基础上，维护合理医疗服务秩序，满足群众基本就医需求。

疫情防控期间，各地各级医保经办部门落实上述通知精神，按照“不见面、少走动”疫情防控原则，围绕解决医保服务的“难点、堵点、痛点”，急群众之所急，突出技术创新、管理创新、服务创新，积极开展“五个办”，即常规事项“不见面办”、紧急事项“及时办”、特殊事项“便民办”、非急事项“延期办”、消除隐患“放心办”，优化办事流程和方式方法，统筹抓好经办机构服务，把服务做到人心中去。建立绿色通道，缩短办理时间，从参保缴费、待遇享受、异地就诊、慢性病申报等各个方面优化流程，畅通网路，实行网办，提升为民服务效能。①

随着新冠肺炎疫情形势的持续向好，很多医疗服务机构主动进一步提升服务水平，使优质服务以制度化和常态化形式确立下来，更好地满足广大人民群众就医需求。如西安交大一附院从 5 月中旬后在周六正常开放所有医疗工作，按照正常工作日门诊周内排班方

① 《国家医保局全面优化疫情期间经办服务 要求做好“五个办”》，http://www.dzwww.com/xinwen/guoneixinwen/202002/t20200206_4966813.htm。

式安排足量的专家门诊。所有功能检查和手术麻醉、介入手术、放射治疗、血液净化等正常开放，特需门诊依据患者需求动态调整。各行政职能部门安排值班，配合临床科室工作。麻醉手术部、影像科、超声科、检验科、病理科、输血科、消毒供应中心等平台科室实行无假日工作制。医院要求各科室主任、党支部书记等干部充分发挥带头作用，在周四到周六之间出专家门诊，更好地服务患者。①

3. 医疗资源的供给不断优化

在抗击疫情的战斗中，以在线远程医疗为代表的“互联网 + 医疗健康”服务大显身手，发挥了重要作用。2 月 4 日，国家卫健委发布了《关于加强信息化支撑新型冠状病毒感染的肺炎疫情防控工作的通知》，指出要充分发挥各省份远程医疗平台作用，鼓励包括省级定点救治医院在内的各大医院提供远程会诊、防治指导等服务，借助信息技术下沉专家资源，提高基层和社区医疗卫生机构应对处置疫情能力，缓解定点医院诊疗压力，减少人员跨区域传播风险。

1 月 29 日，广州、深圳、珠海三地通过广东远程医疗平台连线，成功完成了 5 例新型冠状病毒肺炎危重病例的多学科远程会诊。1 月 31 日，在贵州省人民医院和德江县民族中医院之间，一场跨越 295 千米的远程会诊初步排除了 1 例新冠肺炎疑似病例。2 月 2 日，浙江省人民医院桐乡院区感染病科一名患者接受了远程超声机器人的超声检查，操作机器人的医生不在检查科室内，而是远在 60 千米外的浙江省人民医院。2 月 14 日，海南省互联网医院新冠肺炎诊疗服务平台正式开通。据介绍，该平台已经接入海南省 16 家互联网医院，整合了约 20 万名在线医生诊疗资源，在疫情防控期间，7 × 24 小时为公众提供在线问诊服务……通过远程医疗平台系统的构建和完善，可以充分利用现代化信息技术手段，医护人员不用进入病房就可以清楚地检查病人的病情和各项体征，最大程度减少了直接接触，大

① 《后疫情时代的新常态 交大一附院推进周末医疗工作正常开展》，https://www.sohu.com/a/395640321_100195345。

大提高了诊治效率，并可以整合优质医疗资源，随时召集各方专家进行会诊，缓解本就紧张的医疗资源压力，从而突破地域限制、扩大医疗服务溢出效应的优势，使医疗服务价值实现最大化。

然而，此次新冠肺炎的暴发也暴露出了我国公共卫生体系的几个短板，如公共卫生领域人才培养数量不足、医疗机构高质量设备的配备不够、公共卫生技术的现代化仍有较大空间等。习近平总书记针对这次疫情暴露出来的短板和不足，就下一步疫情防控工作提出要求和部署，也为提高中国应对突发重大公共卫生事件的能力水平提供了根本原则。在未来“十四五”的五年时间里，中国从中央到地方会加大医疗卫生事业的投入，不断加大公共卫生与防疫基础设施、运营体系、专业人才培养等方面的工作力度，构建一个更加完善的公共卫生体系。

（二）就业

今年全国普通高校毕业生874万人，比上一年增加40万人，又遭遇新冠肺炎疫情，就业形势更加严峻。疫情发生以来，党中央、国务院高度重视和关心高校毕业生就业。习近平总书记作出了一系列重要指示。在山西考察调研时，习近平总书记强调要“突出做好高校毕业生、退役军人、农民工、城镇困难人员等重点群体就业工作。”

稳就业，就是稳民生、稳发展，尤其是做好疫情形势下的高校毕业生就业工作，不仅对稳定当前社会大局至关重要，更是实现经济高质量发展的关键一步。这就要求对高校毕业生予以更多倾斜和关注，多措并举实施必要的就业促进举措，最大限度地增加就业机会。

1. 增加就业岗位

受疫情影响，今年一季度中国主要宏观经济指标出现大幅波动，不少中小企业面临订单减少、市场需求下降等影响，生产经营陷入困境，停产停业现象增多，一定程度上抑制了中小企业的人才需求，但从各地反映情况来看，中小企业仍然是招贤揽才的主力，调查显示，今年有近 60% 的中小企业有招聘应届毕业生的需求。[①] 同时，国家出台了一系列支持稳企业、拓岗位，吸纳毕业生就业的政策措施，包括规定对中小微企业招用毕业年度高校毕业生并签订 1 年以上劳动合同的，给予一次性吸纳就业补贴等，积极推动有条件的中小企业吸纳高校毕业生稳定就业。

随着企业有序复产复工，招聘人才需求正在逐步复苏。相关部门表示，将进一步开展好“24365 校园网络招聘服务”“百日千万网络招聘专项行动”、央企“抗疫稳岗扩就业”、“国聘行动”、“千校万岗”线上招聘会等，为企业和毕业生提供全天候不断线、不打烊的就业服务。同时，在高校开学后，有序恢复校园现场招聘活动。工业和信息化部、教育部于 5 月初印发通知，将继续联合举办 2020 年全国中小企业百日招聘高校毕业生活动。招聘活动由中国中小企业信息网（sme. miit. gov. cn）、教育部大学生就业网（新职业网，www. ncss. cn）承办。活动于 5 月 11 日正式启动，活动期间，中小企业信息网和教育部大学生就业网将免费发布用人单位招聘信息及毕业生求职信息，并与相关专业招聘机构合作，通过招聘平台、社群对接等多种途径，分行业分领域组织企业与学生进行有效对接。[②]

2. 拓展就业渠道

为全力做好 2020 届普通高校毕业生就业创业工作，以更大决心、更强力度、更实举措对冲疫情影响，教育部、人社部、共青团中央等 6 部门和单位共同实施“百日冲刺”行动。据介绍，教育部已经安排硕士研究生扩大招生规模 18.9 万、普通专升本扩招 32.2

① 《两部门联手促就业“百日招聘”在线“呼唤”毕业生》，http：//it. people. com. cn/GB/n1/2020/05/09/c1009 - 31703053. html。

② 叶雨婷：《高校毕业生就业开始“百日冲刺”》，《中国青年报》，2020 年 5 月 7 日 04 版。

万。目前，教育部正在会同有关部门研究第二学士学位进行扩招。

此外，还有多个专项行动将重点组织开展：一是充实基层专项计划行动。“特岗教师”计划将增加招募规模5000人，今年招募规模将达到10.5万。适当扩大“三支一扶”“西部计划”等中央基层项目实施规模。将招收40多万毕业生补充中小学和幼儿园教师队伍，采取“先上岗、再考证”的举措，进一步加强中小学和幼儿园教师配备。二是扩大毕业生参军入伍行动。今年将加大力度推进精准征兵、精准动员，进一步落实好毕业生参军入伍的优惠政策。三是大力开拓科研、社区、医疗等基层岗位行动。努力开发适合毕业生的科研助理岗位。有关部门将推动全国城乡社区和基层卫生部门新增岗位优先招录毕业生。四是推进创业带动就业行动。实施高校毕业生创业支持计划，开展大学生创新创业教育，办好第六届中国国际“互联网+”大学生创新创业大赛，引领大学生投身“双创”。五是开展重点帮扶支持湖北行动。教育部会同有关部门制定了“中央+地方”促进湖北高校毕业生就业创业的“十个一批”政策，将实现全国高校与湖北高校就业创业“一帮一”行动的全覆盖。六是助力脱贫攻坚行动。对全国建档立卡家庭毕业生、52个未摘帽贫困县毕业生，将实行分类帮扶和“一人一策”动态服务。设立“建档立卡家庭贫困生专升本专项计划”，单独进行录取。此外，相关部门要求各地要狠抓责任落实行动。将毕业生就业纳入对地方政府和高校的督导考核内容，高校要落实“一把手”工程，发动全国5万余名毕业班辅导员，逐一压实责任，同时让更多的专业教师都行动起来，群策群力帮助毕业生顺利毕业、尽早就业。①

3. 地方政府的政策落实

配合国家就业政策，各地方政府落实责任制，探索创新，为解决就业难题开拓了新思路。广东省教育厅、省人力资源和社会保障

① 《教育部：将招收40多万毕业生补充中小学和幼儿园教师队伍》，https://www.sohu.com/a/393273150_260616。

厅等 7 部门联合发布《关于推进 2020 年广东省普通高校毕业生就业工作若干政策措施的通知》，从国有单位今明两年扩招、到中小企业就业予以补贴、毕业生改派权限下放到高校、推进高校毕业生实习见习计划、助力开展大规模招聘活动等 8 个方面助力 2020 普通高校毕业生就业；贵州省的工作重心则在于加大就业扶贫力度。强调各地各有关部门特别是“9 +3”县区要把确保建档立卡贫困户、易地扶贫搬迁户和边缘户劳动力充分就业作为重中之重，同时坚持内外并重、多措并举，想方设法稳住现有劳务就业岗位、增加新的劳务就业岗位。通过“谋岗”“稳岗”“造岗”“送岗”多措并举，把保障贫困群众就业摆在当前工作的重要位置，勠力同心，迎难而上，全力以赴克服疫情影响，确保完成劳务就业扶贫目标。①

（三）扶贫

十八大以来，以习近平同志为核心的党中央把贫困人口脱贫作为全面建成小康社会的底线任务和标志性指标，在全国范围全面打响脱贫攻坚战。脱贫攻坚力度之大、规模之广、影响之深，前所未有。经过 7 年多的不懈努力，脱贫攻坚制度体系全面建立，精准扶贫精准脱贫基本方略深入人心，“扶持谁”“谁来扶”“怎么扶”“如何退”问题基本解决，脱贫攻坚成为全党全社会的思想自觉和统一行动，取得了决定性成就。贫困人口从 2012 年底的 9899 万人减少到 2019 年底的 551 万人，贫困发生率由 10.2% 降至 0.6%，贫困村从 12.87 万个减少到 2707 个，贫困县从 832 个减少到 52 个。贫困人口“两不愁”质量明显提升，“三保障”突出问题总体解决，贫困地区群众出行难、上学难、看病难、饮水难、用电难、通信难等长期没有解决的老大难问题普遍得到解决。

然而，新冠肺炎疫情带来了新的挑战。疫情使贫困劳动力外出务工受阻，部分贫困劳动力有几个月无务工收入。疫情使贫困户生

---

① 《抓住重点 强化措施 确保贫困人口充分就业》，《贵州日报》，2020 年 5 月 9 日 01 版。

产经营受阻，生产和消费下降，影响产业扶贫增收。疫情使扶贫项目开工受阻，往年元宵节后扶贫项目即陆续开工，今年开工时间普遍延迟。因此，目前剩余的脱贫攻坚任务艰巨。全国还有52个贫困县未摘帽、2707个贫困村未退出、551万贫困人口未脱贫，主要集中在深度贫困地区。虽然同过去相比总量不大，但都是贫中之贫、困中之困。

对此，国务院扶贫办今年将全力推进五项重点工作，确保完成脱贫攻坚目标任务。一是在挂牌督战方面，今年全国还有52个贫困县没有脱贫摘帽，国家在这52个县实施挂牌督战。有挂牌督战县的广西、四川、贵州、云南、甘肃、宁夏、新疆7个省、自治区，目前全部制定了实施方案，52个挂牌督战县全部制定了作战方案。二是在加快扶贫资金划拨使用方面，目前东部9省市已向中西部扶贫协作地区拨付财政援助资金225.61亿元，完成今年协议数的99.08%。三是在加快贫困劳动力外出务工方面，各地强化劳务对接，开展“点对点”服务，有效加快了贫困劳动力外出务工进程。四是帮助推进中西部22个省份扶贫车间的复工率。五是落实中西部22个省份的扶贫项目早日重新开工。

截至4月10日，全国外出务工贫困劳动力2353万人，占2019年外出务工总数的86%，比3月6日提高34个百分点；扶贫项目开工率74.1%，比3月6日提高42个百分点；扶贫龙头企业复工率97.2%，比3月6日提高15个百分点；扶贫车间复工率96%，比3月6日提高33个百分点；中西部22个省份共认定36396个扶贫产品，商品价值总量2481亿元，东部9省市消费扶贫金额27亿元。总的看，新冠肺炎疫情对贫困人口脱贫的影响正在逐步克服，不会改变脱贫攻坚大局。①

---

① 刘永富：《坚决克服新冠肺炎疫情影响 全力啃下脱贫攻坚硬骨头》，《求是》，2020年第9期。

（四）扶助中小企业

疫情暴发之后，诸多中小企业普遍面临延迟复工但继续承担房租和支付工资带来的经营成本较大、营业收入减少和现金流短缺、人力和原材料成本上涨压力大，以及合同违约风险等困境。为帮助中小企业度过难关，中央和地方陆续出台一系列扶持中小企业的政策。

今年以来，工业和信息化部发布《关于应对新型冠状病毒肺炎疫情帮助中小企业复工复产共渡难关有关工作的通知》，从要素保障、减税降费、财税支持、金融支持、创新及公共服务等方面提出20条措施，并要求有关部门和各地从各方面积极出台扶持中小企业的政策；财政部出台《关于支持新型冠状病毒感染的肺炎疫情防控有关税收政策的公告》，提出受疫情影响较大的困难行业企业（交通运输、餐饮、住宿 、旅游）2020年度发生的亏损，最长结转年限由5年延长至8年。对纳税人提供公共交通运输服务、生活服务，以及为居民提供必需生活物资快递收派服务取得的收入，免征增值税；国家税务总局发布《关于优化纳税缴费服务配合做好新型冠状病毒感染肺炎疫情防控工作的通知》，提出可根据疫情防控需要延长申报纳税期限，纳税人、扣缴义务人受疫情影响，在2020年2月份申报纳税期限延长后，办理仍有困难的，还可依法申请进一步延期；国家发展改革委印发《关于阶段性降低企业用电成本支持企业复工复产的通知》，提出对于除高耗能行业用户外的一般工商业及其他电价、大工业电价的电力用户，自2020年2月1日起至6月30日止，电网企业在计收上述电力用户（含已参与市场交易用户）电费时，统一按原到户电价水平的95%结算；人民银行、财政部、银保监会、证监会、国家外汇管理局联合发布《关于进一步强化金融支持防控新型冠状病毒感染肺炎疫情的通知》，要求对受疫情影响较大的批发零售、住宿餐饮、物流运输、文化旅游等行业，以及有发展前景但受疫情影响暂遇困难的企业，特别是小微企业，不得盲目抽贷、断贷、压贷。对受疫情影响严重的企业到期还款困难的，可予以延期或续贷。要加强制造业、小微企业、民营企业等重点领域信贷支持。此外，国务院常务会明确提出，阶段性减免企业养老、失业、工伤保险单位缴费，除湖北外各省份，从2月到6月可对中小微企业免征上述三项费用，从2月到4月可对大型企业减半征收。6月底前，企业可申请缓缴住房公积金，在此期间对职工因受疫情影响未能正常还款的公积金贷款，不作逾期处理。

未来国家还会进一步引导中小企业走“专精特新”的发展道路，形成优质企业梯度培育体系，培养新增量、新动能。尤其是进一步挖掘新经济的潜力，引导更多劳动者到新经济部门就业创业。相对而言，疫情对新经济的冲击较小，特别是绝大多数在线企业不但没有受到影响，反而获得了更大的发展机遇。比如在线教育、网络视频直播、在线娱乐游戏、网络购物等，需求量出现了猛增的态势。政府可出台更多支持性政策，鼓励新经济的大力发展，为劳动者创造更多新就业创业机会。与此同时，在疫情防控期间和“后疫情”时代，要更多地允许企业对工作制度进行适时调整，根据其自身经营状况灵活决定用工政策，让灵活就业形式更加多样化，吸引更多劳动者加入其中。[①]

四、后疫情时期的社会治理共同体建设

（一）推动社会治理能力现代化

此次疫情在一定程度上暴露了当前行政体制上的弊端，如武汉在疫情开始阶段信息披露的不及时和不够重视，黄冈市卫生健康委员会主任对疫情“一问三不知”等。随后国家成立了应对疫情工作

① 李长安：《疫情冲击下，如何稳就业》，https://opinion.huanqiu.com/article/9CaKrnKpTMO。

领导小组向湖北等疫情严重地区派出指导组，推动有关地方全面加强防控一线工作，增强政府理性，尊重人民群众的知情权，及时发布疫情信息。各项政府行为公开化和透明度持续提高，及时问责了一批“不作为”的领导干部，公众通过网络等方式充分了解了疫情信息，以强大的舆论监督力量参与到防疫和救援等工作中来，形成了自下而上的社会监督。同时，全国各地的社区和村落在春节前就行动起来组织开展了测量体温，疫情宣传等工作，极大地分担了原来由政府独自承担的责任，为疫情的防控发挥了重要力量。凡此种种，必将加快推动政府治理能力和治理体系现代化。[①]

（二）突破基层自治的短板

1. 激发和培育社区共同体精神

社区作为社会治理的基本单位，是社会治理共同建设的主阵地。其基本特征是人们之间相互熟悉，有着较为密切的社会交往和社会互动，对公共性议题能够达成共识，有较强的社区认同感和凝聚力，这些也是共同精神的主要体现。根据媒体的公开报道，在此次疫情防控中，有少数居民不理解甚至辱骂社区工作人员，认为疫情防控是政府的事情，与自己无关，对社区抗疫工作没有达成共识。从根本上来说，这些矛盾和问题背后反映的是社区共同体精神的缺失。所以，在后疫情时期，可通过强化社区协商民主机制来培育共同体精神。协商民主要求居民就社区内公共问题进行对话协商，共同商讨问题解决办法。这样一种对话机制能够增加居民间以及居民与社区工作人员间的互动交往，使得各方在应对突发事件时能够迅速达成共识，减少矛盾和冲突，通力协作应对各种困难和危机。[②]

---

① 长乐、姚佳君：《疫情之下带给中国哪些改变》，http：//news. fznews. com. cn/dsxw/20200304/5e5f6416c3b94. shtml。

② 陈秀红：《后疫情时期社区治理会出现哪些趋势》，《学习时报》，2020 年 4 月 29 日 07 版。

2. 鼓励和扶持基层社会组织

社区的社会组织将获得进一步发展。社区的社会组织作为社会治理体系的重要主体，在推进社区治理体系和治理能力现代化方面发挥着重要作用。它是实现基层群众自治、推动基层民主建设的重要载体，是增强党和政府与人民群众联系的有效途径；在反映居民诉求、协调利益关系、规范志愿服务行为、提升社区服务能力方面也发挥着重要作用。此次疫情防控出现一些治理短板，主要表现为社区工作人员力量不足，每天超负荷工作，而社会力量又无法实现有效参与。因此，在未来一段时期，完善社区治理体系需要补上社会组织这一短板。应降低准入门槛，放宽资金、住所、人员等条件，重点培育发展在城乡社区开展公益慈善、防灾减灾、邻里互助、纠纷调解、教育培训、文体娱乐以及农村生产技术服务等社会组织。培育支持型、枢纽型社会组织的发展，为社区各类社会组织搭建跨界合作和供需对接平台。考虑到疫情防控对各地政府财政带来的影响，为减轻财政压力，未来社区的可持续运转也需要考虑依靠社区内生资源。因此，应大力培育发展更多的社会企业，既能承担一定的社区和社会责任，又能运用商业手段来独立运营，自负盈亏。

3. 优质资源向社区倾斜

习近平总书记指出，推进改革发展稳定的大量任务在基层，推动党和国家各项政策落地的责任主体在基层，推进国家治理体系和治理能力现代化的基础性工作也在基层。社区直接联系着千家万户，社区是抗疫前线，控制人员流动、阻断病毒传播路径，社区是第一道关。所有的抗疫方针，都需要具体到基层社区来落实，疫情扩散的风险，唯有依靠基层社区才能在第一时间控制。但是，在此次疫情防控中，存在资源配置不足的问题。中共十九大报告提出，要加强社区治理体系建设，推动社会治理重心向基层下移。治理重心下移，更多的是力量的下移、资源的下移。所以，在未来一段时期，要重点建设一支结构合理、素质优良、充满活力的社区工作者队伍。逐步增加社区两委成员数量，提升社区工作者待遇，完善其职业晋升机制，以吸引一大批优秀人才投身社区，扎根社区。同时利用基层党组织的凝聚力和动员力，进一步将区域化党建工作做实做细，形成“上下左右”资源汇聚社区的常态机制。

4. 大力发展数字化社区治理

数字治理现代化是推进治理现代化的关键抓手。这次疫情暴发和防控初期也暴露了当前智慧城市建设存在的短板。例如，有些地方出现了网上政务系统崩溃停摆；无法快速调整交通运行策略来阻断出行风险。这些问题不得不引起反思。习近平总书记 2 月 14 日在中央全面深化改革委员会第十二次会议上指出要鼓励运用大数据、人工智能、云计算等数字技术，在疫情监测分析、病毒溯源、防控救治、资源调配等方面更好发挥支撑作用。之后，各省市开始将越来越多的大数据、人工智能、云计算等数字技术应用于疫情防控，极大提升了防控效能。可以说，此次疫情防控让全社会认识到数字治理的重要性，这为今后推动数字技术赋能社区治理迎来发展机遇。这些在治理过程中形成的线上与线下融合的新型智慧治理范式与经验，也必将对未来城市的发展与治理产生深远的影响。所以，应建立健全以信息化为引领的服务治理“大联动、微治理”体系，驱动组织结构、业务流程、行为关系优化再造，加快推进社会治理的数字化转型。进一步推进“智慧社区”公共服务平台建设，结合“最多跑一次”改革，搭建跨部门“多元协同”社区治理基础数据库，实现各条线业务专业数据信息流畅对接和交互相行。①

① 陈秀红：《后疫情时期社区治理会出现哪些趋势》，《学习时报》，2020 年 4 月 29 日 07 版。

（三）培育公民理性思维

1. 忧患意识

突如其来的新冠肺炎疫情，无论对于政府部门，还是对于社会公众来说，都应当警醒起来，充分意识到人类生存环境面临的重大挑战。不管是对自然灾害还是重大传染性疾病，都应保持警惕，严密防范，莫让“忽微常积”，引发重大公共卫生事件。

2. 生态保护意识

人与自然和谐相处是一个永恒的话题。早在工业革命时期，恩格斯就说，不要过分陶醉于我们对大自然的胜利，对于每一次这样的胜利，自然界都报复了我们。今日，我们有必要重新审视人与自然的关系以及人的行为方式，在全社会大力倡导生态意识教育，唤起民众生态意识和生态情感，提高尊重自然、敬畏自然、保护自然的思想觉悟，培养“人与自然和谐共生”的绿色思维观念和行为方式。

3. 公民的社会责任意识

在抗疫过程中，大多数民众能服从疫情防控需要，展现出现代社会公民的公共责任。但是，也有一部分人出现了过度反应或非理性行动，给疫情防控带来阻力，也导致社会秩序被破坏和新的社会矛盾产生。因此，要加强疫情防控宣传，深入细致地开展疫情防控普法宣传教育，引导广大民众自觉增强责任意识，明确应遵守的义务。同时，要引导广大网民遵德守法、文明互动、理性表达。[①]

---

① 蔡毅强、肖慧欣：《新时代公共危机意识教育不可或缺》，《光明日报》，2020 年 5 月 5 日 06 版。

（四）强化法治观念

为了做好防疫工作，许多社区和乡村的基层工作人员带着锤子巡查，多次出现了“锤爆麻将桌”等新闻视频。在疫情得到阶段性控制后，部分村庄和社区实施了禁止返工租户进入等防控措施，如《三联生活周刊》刊发了两篇报道《湖北即将断粮的 3 亿只鸡》《有家难回：新冠肺炎制造的“北漂”》，分别讨论了农村“断路”阻碍生活必需品生产运输的隐患以及社区封闭导致外地上班族返回后“有家难回”的现象。

在疫情持续蔓延、几近人人自危的局势下，前述“自治”措施在社交平台大多获得肯定，不过，也有声音表示，这些举措或许缺乏法律依据，还可能损害少数人的合法权益，甚至对疫情防控产生负面影响。更多的人从公民权益保护，法治精神等方面对这种“治理方式”和行为提出了质疑和批评，越来越多的人开始思考公权和私权的关系。根据《村民委员会组织法》和《居民委员会组织法》，基层自治也不得违反宪法、法律、法规和国家的政策。就防疫措施的实施而言，村（居）民自治的限度不应超过政府紧急措施的授权范围，政府未封锁的道路不能因其位于本村范围便加以阻断、政府未实施全封闭管理的社区不能阻止其合法居民进入，否则，统一的疫情防控措施将形同虚设，造成“一村一政策”的混乱局面。

基层治理法治化是国家治理能力现代化的重要环节，对推进国家治理体系和治理能力现代化具有重要意义。从立法上看，要进一步健全我国法律规范体系。疫情防控暴露出一些现行法律间不协调、不完善的问题。例如，突发事件应对法强调以“块”为主的政府统筹协调和属地管理，传染病防治法则侧重以“条”为主的卫生部门的行业管理，二者需要进一步协调。疫情结束后，要加强法律之间的配套衔接，形成统一健全的法律规范体系；从执法上看，限制人身自由等措施只能由法律规定，并且由专业执法人员执法，而村委会干部没有执法权，一些做法虽然是为村民生命健康着想，但是却不能在没有法律规定的前提下创设执法权。由此可见，疫情过后，需要进一步加强基层社区的法治宣传和普法工作，提高法治宣传教育的鲜活度。例如，在疫情防控过程中刻意隐瞒自己的旅居信息，随意公开疫区人员的身份信息等行为，要用在疫情防控中发生的生动鲜活的案例，普及遵守社会秩序、履职尽责方面的法律知识，逐步提高大家的法治意识。[①]

① 钟会兵：《充分发挥法治在疫情防控中的引领和保障作用》，《天津日报》，2020 年 3 月 9 日 09 版。

第八章　中国政治发展的国际投射

中美贸易摩擦不断、英国正式脱欧、一触即发的美伊冲突，朝鲜半岛无核化进程受阻以及持续数月的澳洲森林大火和突如其来的新冠疫情……对世界而言，2019 年是充满挑战、风险和变数之年。就如慕尼黑安全会议主席沃尔夫冈·伊申格尔（Wolfgang Ischinger）在 2019 年 2 月大会上的发言所说："危机就在于旧世界在死亡，而新世界无法诞生。在过渡期，各种各样的病态症状层出不穷。"根据世界经济论坛发布的全球风险报告显示[①]，全球专家和决策者普遍认为大国间的经济对抗或政治摩擦造成的全球地缘政治紧张以及气候和自然灾害造成的全球生态风险是现在和未来世界的主要风险。对中国而言，中美在贸易、关税、人权和技术合作方面的关系恶化是主要的外部挑战。中国国内经济增长放缓以及国家治理体系和治理能力现代化转型则是决定中国政治风险指数的根本性因素。中国面临"百年未有之大变局"。

同时，对中国来说 2019 年也是成就之年、奋斗之年和激情之年。以"爱国、进步、民主、科学"为主要精神的五四运动迎来了 100 周年；中华人民共和国则迎来了 70 周年华诞，并为此举行了隆重而盛大的庆祝活动；澳门回归 20 周年，"一国两制"制度实践取得丰厚成果。中华人民共和国成立 70 年以来，中国政治、经济、社会全面发展的关键在于坚持中国共产党的领导，坚持中国特色社会

---

① World Economic Forum，"The Global Risks Report 2020，" 15th Edition，https：//www.marsh.com/content/dam/marsh/Documents/PDF/UK－en/wef－global－risks－report－2020.pdf.

主义道路。2019 年，中国经济保持高质量发展，各项社会民生事业发展显著，人民生活持续改善。京津冀协同发展、长江经济带发展、粤港澳大湾区建设等国家战略稳步实施。改革开放不断催生发展活力。党和国家机构改革圆满完成。增设一批自由贸易试验区和上海自由贸易试验区新片区。科创板顺利启动推进。减税降费总额超过2万亿元……在欣喜于骄人战绩的同时，我们未来发展面临的环境更为复杂，道路更为艰险。如何应对日益加强的全球风险和长期外部挑战和竞争，是我们亟需回答的问题。世界同样关注着中国的答案。

一、中国应对世界“百年未有之大变局”

国际社会公认，2019 年，在习近平新时代中国特色社会主义思想引领下，中国持续推进高质量发展，国内生产总值接近 100 万亿元人民币、按照购买力平价（PPP）计算，中国跃居世界第一大经济体。三大攻坚战取得关键进展。京津冀协同发展、长江经济带发展、粤港澳大湾区建设、长三角一体化发展按下快进键，黄河流域生态保护和高质量发展成为国家战略。

在国际观察家看来，习近平在 2018 年通过修改宪法废除了国家主席任期限制并通过一系列的政治安排，突出中国共产党的绝对领导和集中领导。这对中国未来几年的结构性经济改革是一个好兆头。[①] 一方面是中国政治发展和经济改革政策的持续性和一致性有保障；另一方面则是有利于中国维持政治稳定。建国 70 年来，中国发展之所以成功，最根本在于中国共产党的领导。中国体量巨大、国情复杂，治理难度世所罕见，没有集中统一、坚强有力的领导力量，中国将走向分裂和解体，给世界带来灾难。中国特色社会主义发展

① World Economic Forum, “The Global Risks Report 2020,” 15th Edition, https://www.marsh.com/content/dam/marsh/Documents/PDF/UK-en/wef-global-risks-report-2020.pdf.

道路是中国政治发展的方向，未来中国将在依法治国的前提下推进社会主义民主政治的发展。在他们看来，中国国家现代化之路内含了两个核心要义：坚持中国特色社会主义道路以及在此前提下的国家治理能力现代化；中国政治发展的主要路径是顶层设计和社会治理创新相结合，以保障民生为突破口，以依法治国为基石。中国政治改革的主要着力点是国家治理体系和治理能力现代化。中国政治改革的主要诉求就是维持现有的权力结构，稳定压倒一切。

当今世界正面临“百年未有之大变局”，和平与发展仍然是时代主题，同时不稳定性不确定性更加突出，人类面临许多共同挑战。二战以来形成的全球治理模式和格局，由于美国奉行的单边主义和英国孤立主义的冲击难以维系。全球治理新模式在中国倡议的人类命运共同体和“一带一路”建设中日渐成型。

1. 中国成为全球治理体系的参与者和构建者

面对美国单边主义和“退群”带来的“逆全球化”挑战，中国国家主席习近平在瑞士达沃斯论坛上的讲话郑重地向世界表明，中国将继续肩负推动全球一体化和全球治理的大国责任，践行合作共赢理念，构建人类命运共同体，主动引领世界发展。欧洲复兴开发银行行长查克拉巴蒂认为，中国长期以来积极加入多边组织，在国际治理中发挥作用，与国际机构交流想法和实践经验，中国参与多边合作值得赞赏。中国积极加入多边组织，一方面体现中国希望在国际治理中发挥作用；另一方面，中国可以通过参与多边合作学习经验，将其运用到本国治理中，这对全球治理和中国发展都是双赢。

经合组织发展援助委员会主席苏珊娜·穆尔黑德（Susanna Moorehead）女士则指出，目前国际发展合作面临巨大挑战，由传统援助国制定的规则已经不能适应新的形势，官方发展援助数额在减少。中国目前正在为其他发展中国家提供大量的发展融资。“一带一路”倡议首先是一个经济投资计划。中国政府和企业在“一带一路”倡议框架内正以更大规模“走出去”，向世界广大发展中国家注资。中国企业积极参与国际竞争与合作，更深更广地开展全球贸易投资活动，为促进东道国经济增长、扩大当地就业做贡献。根据伦敦大学亚非学院一项关于中国在非洲投资情况的调查报告，在埃塞俄比亚的中国企业建设工地和工厂，当地员工雇佣率在90%以上，中国企业为非洲创造了大量就业机会。“注重本土化发展，注重带动当地民众，为当地经济发展‘造血’，这是中国企业‘走出去’的重要特点。”据麦肯锡全球研究院发布的数据，中国通信企业积极“走出去”，为弥合全球“数字鸿沟”做出了巨大的贡献。截至2018年，华为为加纳、尼日利亚等数十个国家的偏远山区提供了通信解决方案，服务4000万农村人口，这对实现联合国2030年可持续发展目标具有重要意义。

国际社会普遍认为，在应对气候变化、数字技术、跨国境犯罪等全球治理议题上，中国的“在场”非常重要。正如美国《国会山报》指出，（应对全球问题）现在迫切需要一种全球领导力，来制定出切实可行的解决方案，这为中国提供了巨大的机遇。中国也在积极为更好的开展国际合作努力，如中国的“一带一路”倡议已经成为一个重要的国际发展合作平台，中国成立了国家国际发展合作署，倡导绿色发展等。这些都可以为全球发展合作提供更多的资源和经验。中国以“进博会”方案应对全球贸易失衡，以中国责任和中国理念促进跨境贸易便利化，推动经济全球化发展。正如国际货币基金组织总裁拉加德所说，中国扩大开放“为当今世界增加了确定性和希望”，中国是全球化“负责任的国家”。

2. 成长的自信大国受到多重挑战

当前，越来越多的人们开始承认中国是新兴的全球参与者，是一个快速成长的自信大国。国际舆论普遍将中国视为政治、经济、科学和技术强国而非发展中国家。坎塔尔公众公司（Kantar Public）受法国智囊机构蒙田学院（Institute Montaigne）委托进行的一项最新调查表明，法国和欧盟国家民众越来越感知到中国作为全球大国的崛起趋势，并对此持欢迎或积极的态度。只有 31% 的受访者认为中国崛起构成了威胁。相反，将美国和俄罗斯视为威胁的比例分别是 35% 和 44%。此外，有 81% 的人认为中国是世界上有影响力的国家，有 47% 的人认为中国对法国和欧盟有影响力，其中甚至有 13% 的人表示中国对法国“很有影响力”。与 10 年前相比，在媒体、商业和世界事务中与中国有关的活动要多得多。

美国学者认为，与 10 年前相比，中国的经济更多样化，科学研究更先进，在亚洲的地位更加稳固。中国大大缩小了与美国的差距。从地缘政治的角度看，中国进步如此鲜明的首要原因是，其竞争对手不思进取。中国在不断前进，而美国在慢慢后退。他们对未来中国发展前景保持积极乐观。尽管受到中美贸易冲突加剧和结构调整的影响，中国近年来经济增长持续放缓。但是，中国经济增长的质量大幅提高了。由创新驱动的中国数字经济成长显著。根据联合国教科文组织的数据，2017 年，中国在研发和创新方面投入了 2550 亿美元，占国内生产总值的 2.1%。大量的研发创新投入为中国创新提供了足够的资金支持。同时，移动支付和 5G 网络的发展为中国数字经济的发展提供了坚实的技术基础。在很大程度上，中国数字经济增长引领全球经济发展的转型。此外，在全球经济格局中，尤其是亚洲板块，中国的影响力举足轻重。根据麦肯锡公司的报告，中国已经为其他亚洲经济体的创新提供了大量的资金和知识。

对中国而言，这一方面是国际社会对国家发展治理成效的肯定，另一方面则带来了前所未有的挑战。以美国为首的西方国家，在应对中国发展成就时普遍调整了其国家战略，美国国家战略白皮书更是明确将中国视为未来最主要的竞争对手。中美两国 2018 年底休战数月后再次进入敌对模式。2019 年 5 月，华盛顿宣布对从中国进口的 2000 亿美元产品征收惩罚性关税。随后美国总统特朗普签署行政命令宣布进入国家紧急状态，允许美国禁止“外国对手”拥有或掌控的公司提供电信设备和服务。美国商务部宣布将华为及其 70 家公司列入出口管制实体名单之列，命令未经批准的美国公司不得销售产品和技术给华为公司。在 G20 大阪峰会上，特朗普和习近平达成贸易战停火协议。美方同意不再对中国产品加征新的关税，特朗普宣布贸易谈判“回归正轨”。年底前，美中终于就贸易争端达成了“第一阶段协议”。可以说中美冲突是 2019 年全球政治发展的主旋律。

在中美战略竞争的氛围下，欧盟也开始对华采取强硬姿态。欧盟委员会不仅将中国看作是经济和科技领域的竞争者，还将中国视为“推行不同治理模式的‘制度对手’”。特别是当前英国脱欧、债务危机、乌克兰危机、难民危机的交织削弱了欧洲民主制度的稳固性，中间阶层的弱化以及右翼民粹势力的兴起，加深了欧洲民众对西方民主体制的怀疑。在欧洲遭遇团结危机和信任危机时，“一带一路”倡议中的中国与中东欧国家合作机制（“17 +1 合作”），在欧盟看来中国是即便没有主观故意也在客观上造成了分化欧盟，分离中东欧国家的现实。美欧对中国的战略竞争一方面根源于传统零和战略思维，另一方面也是对中国制度和模式的恐惧和误读。在向世界展示积极自信姿态的同时，中国也需要进一步讲好中国故事。

再次，中国参与全球治理并“没有霸权主张”。国际社会高度赞赏中国以积极参与的姿态应对世界“百年未有之大变局”的同时，不称霸世界。他们认为，中国是现行全球治理体系的参与者、建设者、贡献者，更是全球治理理念创新、新的世界性公共产品提供的发起者、推动者和引领者。在完善和创新全球治理过程中，贡献了中国智慧、中国方案。中国参与全球治理的逻辑起点是构建人类命运共同体。在此基础上，把维护中国利益同维护人类命运共同体的共同利益连接起来就是中国崛起同时没有霸权主张的必然之所在。巴黎美利坚大学国际关系教授菲利普·戈鲁布表示，中美对抗当然引发世界多国不满，但迄今为止尚无明确迹象显示中国有霸权主张。中国只有在南海、台湾等国家利益攸关的事情上显现出民族主义的姿态。中国在中东没有表现出取代美国的愿望，中国的影响力的确不断扩大，但在政治总体上并未如此，在发展对外双边关系上，如同对欧关系一样，中国以建立经济关系为主。因此中国没有霸权主张。

事实上，中国在全球治理的重要性和制度性权力随中国经济崛起而显著增长。国际社会认为，中国作为新兴大国不仅参与国际体系，而且在构建国际体系。例如，发起建立亚投行，共同发起成立上海合作组织等行动彰显了中国构建新全球治理体系的偏好。然而，以往的新兴国家崛起不仅包括经济实力的崛起，还包括军事、社会和地缘政治实力的扩大。但迄今为止中国的崛起很大程度上仅源于中国的经济奇迹。因此，中国对世界霸权没有主观意愿，客观上也不具备主张霸权的能力。

3. 经济增长放缓不会影响中国参与全球治理的意愿和能力

针对一些美国媒体认为中国经济过于依赖信贷驱动的经济增长战略，在长期会带来不稳定性，中国的经济再平衡十分脆弱，经济增长趋缓常态化将影响中国参与全球治理的论调。国际社会普遍认为，中国经济增长减速不会影响中国的制度性权力与全球治理角色。中国的全球治理战略是由经济因素、意识形态因素和历史因素共同驱动的。中国创建的亚洲投资银行和“一带一路”倡议符合中国的经济利益。这些地区治理的公共产品为中国提供了新的经济伙伴并帮助消化国内过剩产能。同时，中国的制度性权力与全球治理角色帮助中国建立全球负责任的大国和为广大发展中国家发声的国际形象。这种国际形象对中国谋求构建全球新型多边治理体系具有重要意义。因此，中国将尽可能的维护其国际形象。

二、国际社会评论中共十九届四中全会

中国共产党十九届四中全会深入研究了坚持和完善中国特色社会主义制度、推进国家治理体系和治理能力现代化若干重大问题，审议通过了《中共中央关于坚持和完善中国特色社会主义制度、推

进国家治理体系和治理能力现代化若干重大问题的决定》，为新时代推进国家治理体系和治理能力现代化擘画了战略蓝图、指引了前进方向，引发了全球的广泛关注。英国广播公司、路透社、彭博社等国际主流媒体以及一些国际政要和学者对十九届四中全会的议程和主要内容进行了全面的报道和关注。他们认为，十九届四中全会的重点在于“坚持和完善中国特色社会主义制度”以及“推进国家治理体系和治理能力现代化”。他们尤其关注会议首次全面清晰地总结了中国特色社会主义制度的十三个显著优势：党的领导、人民当家作主、全面依法治国、全国一盘棋、民族平等、公有制为主体、共同的理想信念和文化传统、以民为本、改革创新、选贤任能、党指挥枪、“一国两制”、独立自主和改革开放。

国际舆论普遍认为，中共十九届四中全会不仅为实现中国梦勾勒出未来一段时间中国国家治理的路径，更从法治、生态、外交、民生及国家治理、经济制度等各方面给出明确表述，对中国未来政治发展具有重要意义。《中共中央关于坚持和完善中国特色社会主义制度、推进国家治理体系和治理能力现代化若干重大问题的决定》可以说是中国未来一段时间治国的纲领性文件。事实上，完善和发展中国特色社会主义制度，以及推进国家治理体系和治理能力现代化，是2013年11月中共十八届三中全会为中国全面深化改革定下的总目标。十九届四中全会则为这项目标提出了明确的时间表，从制度层面勾勒了具体的路线图。十九届四中全会从政治、经济、文化、社会、军事、生态、外交等多领域具体阐述中国提升国家治理体系和治理能力现代化路径的同时，着重强调坚持中国特色社会主义道路和中国特色社会主义制度体系的优越性。

十九届四中全会是中国共产党在面对内外风险挑战显著增加的背景之下召开的重要会议。会议以三大攻坚战——防范化解重大风险、精准脱贫、污染防治来直接回应国内外风险挑战。中国的发展对世界和地区的和平发展与繁荣有着极大的贡献。中国始终坚持和平共处原则，愿同其他国家一起分享自身的发展成果，这正是中国在全球受到欢迎的原因。“一带一路”倡议正是体现中国和平和共同发展理念的一个实例，这一倡议正使世界上很多人口受益。

三、世界关注中国国家治理体系和治理能力现代化

在如何现代化的道路上，日本与“亚洲四小龙”，率先证明非西方国家也可以在经济上实现自主现代化。此后，中国在历经 40 年的改革开放后，经济猛然起飞，已成为世界第二大经济体。近年来已让西方世界出现取消其在 WTO“发展中国家”资格的声浪。然而经济上的现代化，就是真正的现代化吗？事实上，在西方世界的语境里，除经济发展外，也必须包含民主体制的现代化。更有西方学者认为经济发展将会倒逼政治民主化。因此从西方的角度来看，中国仍然是现代化进行时国家。[①]

在海外观察家看来，中国国家治理体系和治理能力现代化主要从中国如何现代化、现代化是什么的两个层面来回应外界对其政治体制现代化的误读。从过去工业、农业、国防与科学技术的“四个现代化”，到如今第五个体制现代化，中国治理体系和治理能力现代化就是要向外界阐述，不只经济发展上有“中国模式”，政治体制亦有。中国的现代化是中国特色社会主义的现代化，其建立在“十三个制度优势”和“四个自信”基础之上。

（一）国际社会关注中国共产党依规治党，加强党的政治建设

中国国家治理体系和治理能力现代化以习近平新时代中国特色社会主义思想为理论指导，立足中国发展的实际需要，以中国共产

① 《联合早报》，https：//www. zaobao. com. sg/wencui/politic/story20191113－1004921。

党的领导为核心，以政府治理为主导，社会多主体协同治理。中国国家治理体系和治理能力现代化首先强调中国共产党的绝对领导。中国共产党是实现中国特色社会主义国家治理现代化的逻辑起点和保障。因此，中国共产党治理能力现代化是中国国家治理现代化的前提。治国必先治党，治党务必从严，从严必依法度。中国共产党治理能力现代化就是全面从严治党，就是坚持思想建党与制度建党相结合。依规治党，制度建党就是建立完善党的规章制度，解决行为约束问题，把权力关进制度的笼子，让权力在阳光下运行，提升中国共产党科学执政、民主执政、依法执政的水平。思想建党则是对广大党员干部进行思想教育，解决思想认知上的问题，向党中央看齐，向党的路线、方针、政策看齐。在国际社会看来，中国共产党党建更加聚焦在“党领导一切”的问题之上。

在依规治党方面，2019 年中国共产党继续完善党内法规制度建设，加强制度执行力度。先后出台了《中国共产党党内法规制定条例》《中国共产党党内法规和规范性文件备案审查规定》《中国共产党党内法规执行责任制规定（试行）》《中共中央关于加强党的政治建设的意见》《中国共产党重大事项请示报告条例》《中国共产党党组工作条例》《中国共产党党和国家机关基层组织工作条例》《中国共产党国有企业基层组织工作条例（试行）》《中国共产党宣传工作条例》《中国共产党政法工作条例》《中国共产党机构编制工作条例》《中国共产党农村工作条例》《党政领导干部选拔任用工作条例》《中国共产党党员教育管理工作条例》《中国共产党党校（行政学院）工作条例》《中国共产党问责条例》《党政领导干部考核工作条例》等重要法规文件。同时，对党内法规和规范性文件进行第二次集中清理工作，对纳入清理范围的中央党内法规和规范性文件废止 54 件、宣布失效 56 件、修改 8 件，对 14 件涉党和国家机构改革的中央党内法规作出一揽子修改。

在加强党内法规建设的同时，通过严肃执纪执规，进一步加强制度执行力度，贯彻落实执规必严的要求。据统计，2019 年共查处违反中央八项规定精神问题 136307 起，处理人数 194124 人，党纪政纪处分 124723 人。坚决整治党政领导干部、国企管理人员利用名贵特产、特殊资源谋取私利问题，查处相关问题 2248 个，处理 4217 人。全面清理中央企业驻京（外）办，撤销 631 个。[①]

在思想建党方面，2019 年 6 月，“不忘初心、牢记使命”主题教育在全党展开。这次主题教育以“守初心、担使命，找差距、抓落实”为总要求，以理论学习有收获、思想政治受洗礼、干事创业敢担当、为民服务解难题、清正廉洁做表率为具体目标。在国际观察家看来，这是中国共产党人又一次自我革命。不断自我教育和自我革命是中国共产党在没有反对党和选举压力下长期保持政治正确的有力法宝。

海外学者指出，2019 年发布的《中共中央关于加强党的政治建设的意见》《中国共产党党员教育管理工作条例》旨在进一步对以习近平同志为核心的中共中央集中统一领导体制进行制度性的巩固，为中国共产党加强党的组织纪律和思想教育提供了制度支撑。此外，“学习强国” APP 的开发运用为中国共产党开展即时在线思想教育提供了技术保证。[②]

海外舆论普遍认为，中国在 2019 年继续强调全面从严治党，依规治党，并强调政治思想教育的政治主旨是增强习近平和中国共产党的绝对政治权威和集中决策，收紧党的组织纪律和程序，扩大中国共产党对国家和社会的控制，并增强社会主义意识形态教育。部分舆论和国际观察家指出，这种政治集中和思想教育的强化是习近平政治远见的表现，而非中国政治走向个人专政的表现。习近平在众多场合强调党的绝对领导，其目的在于加强中国共产党的意识形态和组织纪律，并改变其权力结构。在他们看来，国际社会甚至中国内部，习近平在转变中国共产党方面的努力并未得到应有的重视。若中国共产党党规修改能得到充分有效的执行，则其长期后果将是

---

① 《人民日报》，2020 年 3 月 18 日。

② Minxin Pei, *Ideological Indoctrination under Xi Jinping*, China Leadership Monitor, Winter 2019, Issue 62.

深远的。中国共产党或将在权力集中和集体领导之间形成一种新的重塑和平衡。

部分学者也提醒，中国共产党在强化自身建设尤其是思想意识形态教育的过程中需要避免思想教育流于表面。就像在苏联后期，执政的苏共精英们普遍装模作样地假装认同共产党的意识形态。

此外，国外学者还关注中国共产党的基层党建和社会治理融合。随着“党领导一切”的不断强化，党在不同领域中的组织覆盖及在社会治理中主导角色日渐凸显。海外学者认为，中共基层党建沿着组织建设和工作建设两个维度向社会领域拓展。通过“两新组织”、外企党组织、众创空间党组织的建立和党员的扩展，中国共产党有效的拓展了其组织基础。同时，基层党组织在活动过程中积极参与各类公共服务，有助于改善执政党的形象，拉近党与普通民众之间的距离，获得更多的社会认可和民意支持。从基层社会治理的角度来看，国外学者认为，中国共产党基层组织通过基层居民自治组织居委会、村委会等实现执政党与社会的紧密联结，并且通过社区服务、邻里互助、矛盾调解等柔性方式广泛接触和团结民众，了解民意，有效增强了中国共产党对基层社会的治理能力，夯实了中国共产党的执政基础。

（二）中国政治改革试验：深圳由特区升级为示范区

2019 年中共中央和国务院出台《关于支持深圳建设中国特色社会主义先行示范区的意见》指出，当前中国特色社会主义进入新时代，支持深圳建设中国特色社会主义先行示范区，有利于在更高起点、更高层次、更高目标上推进改革开放，形成全面深化改革、全面扩大开放新格局；有利于更好实施粤港澳大湾区战略，丰富“一国两制”事业发展新实践；有利于率先探索全面建设社会主义现代化强国新路径，为实现中华民族伟大复兴的中国梦提供有力支撑。《意见》同时为深圳建设中国特色社会主义先行示范区制定了三阶段目标：到 2025 年，计划让深圳的经济实力、发展质量跻身全球城市前列；到 2035 年，深圳高质量发展成为全国典范，建成具有全球影响力的创新创业创意之都；到 2050 年，深圳成为竞争力、创新力、影响力卓著的全球标杆城市。深圳建设示范区的主要内容包括：科技、金融、法治、社会治理等维度。科技方面，着力加快建设 5G、人工智能、网络科技、生命医学等。金融方面，推进与港澳金融市场互联互通、金融产品互相认证，以及试行人民币国际化，并推动国际机构落户深圳等。法治方面，将允许深圳基于改革需要，对法律法规做变通处理，营造“国际一流法制化营商环境”。社会治理方面，运用综合应用大数据、云计算、人工智能等实现社会智能化治理，支持深圳建设粤港澳大湾区大数据中心等。此外，还将推进港澳居民在深圳享有“市民待遇”。

在中国改革进程中，深圳一直担当着排头兵的角色。改革开放 40 多年来，深圳经济特区各项事业取得显著成绩，已成为一座充满魅力、动力、活力、创新力的国际化创新型城市。诺贝尔经济学奖获得者保罗·罗墨（Paul M. Romer）对深圳设立特区的改革路径尤为赞赏，认为这是一种发展中国家城市发展的“特许”路径。在他看来深圳就是这样一个“特许之城”（Charter City），通过设立制度飞地，实现突破式发展。在国际舆论看来，此次深圳由经济特区升级成为中国特色社会主义先行示范区意味着中国改革未来将由经济改革主导转向全面改革，在深圳这块“制度飞地”上尝试更多的政治改革并将深圳打造成为中国模式下成功的全球城市。同时，深圳作为中国改革的“初心”之地，从特区升级为示范区是中国改革治理路径的一种回归。“不忘初心、牢记使命”不仅是中国共产党加强党建的口号，更是中国改革和国家治理现代化的途径。

第一，深圳示范区将是中国特色社会主义制度和中国特色社会主义模式的示范。国际观察家认为，深圳特区的成功证明了市场经济与社会主义融合是中国特色社会主义道路的成功。深圳示范区的成功与否则将在未来向世界证明中国特色社会主义制度与社会主义治理模式的成功与否。一些国外学者在接受媒体采访时表示，就他们的解读“中国似乎想要向世界证明在社会主义体制下，也可以创造出一个引领全球的城市。比在资本主义制度下面做得更好。深圳就是一个标杆”。这将会不仅是两个城市（深圳和香港）的竞争，更是两种制度和发展模式的竞争。在他们看来，深圳的示范具有多层含义：一是示范给世界看；二是示范给相邻的港澳台，尤其是紧邻的香港看；三是示范给国内其他省市看。

第二，深圳示范区是“一国两制”实践的示范。国际舆论普遍认为“一国两制”制度体系作为中国实现国家和平统一的重要制度，在香港和澳门回归之后，充分显示了其制度优势和成效。然而，2019 年在香港发生的暴乱使“一国两制”在香港的实践遭遇前所未有的严峻挑战。2019 年 2 月，香港特别行政区政府为了将一名涉嫌在台湾地区谋杀的香港男青年移交台湾地区受审，并填补香港与内地、台湾、澳门地区之间不能相互移交逃犯的法律漏洞，启动对两个相关条例的修订工作，由此引起香港社会的疑虑和强烈反弹。在反对派的蛊惑煽动和外部势力的插手干预下，香港出现了旷日持久的社会政治动荡和街头暴力活动。这场“修例风波”充分暴露出香港政治、经济、社会等方面存在的一些深层次矛盾和问题，也进一步凸显了完善香港治理制度的必要性和紧迫性。在国际观察家看来，深圳建立中国特色社会主义示范区固然有经济发展层面和社会治理层面的考量，但更为直接的是中国政府解决香港问题的政策工具之一。国际观察家认为，深圳示范区对“一国两制”实践具有重要意义。如果说过去“一国两制”的实践，是内地学习借鉴代表国际规则的港澳，现在深圳建设先进示范区，意味港澳也有必要学习借鉴以深圳为代表的中国特色社会主义的成功经验，去弥补自身短板、不足和存在的各种问题。[①] 台湾著名政论者唐湘龙在节目[②]中公开表示，深圳示范区直指香港。他把中国内地形容为工厂，而香港则是不惜花重金打造的豪华店面。在他看来香港的发展，店铺的兴旺营

---

① https：//www. zaobao. com. sg/realtime/china/story20190819 －982196.

② 保罗·罗默：《何不推行特许城市》，《财经》，2011 年第 16 期；台湾著名广播节目《飞碟早餐》，该节目在 UFO NETWORK 飞碟联播网和 You Tube 视频网站同时放送。

业都有赖于内地工厂的有效生产和供给。香港“修例风波”引发街头暴乱导致“店铺”营业受阻，那么深圳就是中国开设的第二间店铺。第二间店铺的成功对第一间店铺将形成示范倒逼作用，迫使前者针对问题进行变革和调整。正如香港行政特区行政长官林郑月娥所言，香港和深圳无论是地理还是从合作机制而言，双方在粤港澳大湾区建设中联系最紧密。深圳的一些利好的措施，相信对深港的关系也有一些好的作用，尤其是在科技方面。

第三，深圳示范区是中国破解美国发动的中美科技脱钩，新技术冷战的政策尝试。国际舆论认为北京希望深圳尝试将科技创新与中国特色社会主义相结合，目标是“让社会主义与科技创新发展兼容”。中国特别是在与美国的对立中需要经济与创新的新途径。“德国之声”报道认为，深圳示范区和粤港澳大湾区是中国政府深化经济改革战略的一部分，特别在经济下行、外贸关系恶化的背景下有急迫的意义。“中国需要在广泛的领域内更坚定的改革才能向前。深圳或许会成为这些改革的一个实验室，正如 1980 年代中国改革开放之初那样。”美国彭博新闻社报道认为，中国计划让毗邻香港的深圳市在粤港澳大湾区科技创新中发挥“关键作用”。“创新”依旧是深圳未来发力的核心焦点。

路透社报道称，20 世纪 90 年代，以市场为导向的改革和政府的支持，使深圳从一个普通的小渔村转变成了中国制造业和科技行业的枢纽。深圳是创新者的天堂，在这里一切皆有可能。华为、大疆、中兴、腾讯……代表着中国科技创新产业最尖端水平的一大批市场主体都有同一个“诞生地”——深圳。深圳未来将是中国科技创新的策源地之一。

香港《南华早报》也发表社论称，深圳是中国市场改革开始的地方，因此，北京自然应该从这座城市寻找灵感，推动中国进入下一个发展阶段。中国领导人赋予了它特殊的地位，允许它尝试创新的增长理念，如果成功，可以成为其他城市效仿的榜样。深圳将有空间进行试验，推动其“以创新为中心的发展战略”。

（三）改善营商环境，应对长期外部风险挑战

营商环境是一个综合的有机体系。市场在资源配置中起基础性作用，政府及其规制手段和策略，尤其是国家的营商法治化水平，都是市场经济重要的塑造力量。不仅自然资源禀赋、基础设施条件、市场经济观念和契约精神会影响营商环境，政府治理水平、政府服务效率以及知识产权保护、统一市场、平等交换、公平竞争等对提升营商环境也同样重要。从这个意义上说，营商环境是一个国家治理体系和治理能力现代化的重要标志。

营商环境直接影响市场主体的兴衰、生产要素的聚散、发展动力的强弱，因而成为当代国际竞争的重要维度和关键变量。世界银行发布的一项报告表明，良好的营商环境会使投资率增长 0.3%，GDP 增长率增加 0.36%。在中美贸易冲突趋向常态化的当下，中国市场的营商环境提升将成为中国应对内外部风险，进一步改革开放，参与全球市场的重要政策工具。

2019 年，在世界银行发布的全球营商环境排名中，中国的排名已跃居全球第 31 位，连续两年进入全球营商环境改善幅度最大经济体的行列。亚洲基础设施投资银行副行长兼秘书长艾德明盛赞中国在优化营商环境方面的改革成效，他认为，中国在监管和简政放权方面的改革具有很大影响力，在监管的透明度和一致性上做了很好的工作。这充分印证了我国近两年推出的一系列优化营商环境改革措施的成效。当然，世界银行报告显示我国与排名领先的经济体之间仍有较大差距。

此外，从在华外商的现实感受度来看，中国营商环境也仍然存在治理空间。根据中国美国商会与德勤联合发布的《2019 中国商务环境调查报告》显示，大多数受访商会会员企业营收继续增长，保持盈亏平衡或盈利；不过，与前几年相比，其财务表现有所下降，而且各行业之间差别较大。尽管存在贸易争端，中国仍是大多数会员企业优先考虑的市场，但许多企业似乎在调整其在华投资计划。

就长期营商环境而言，市场准入限制、缺乏监管透明度、知识产权保护以及紧张的双边关系仍是会员企业面临的重大挑战。在技术和其他研发密集行业，73%受访企业表示，中国市场准入限制制约了其业务发展。近50%的会员企业表示，如果中国市场的开放程度与美国市场的开放程度相当，这些企业将考虑增加在华投资。对监管的解读不一致，法律法规不清晰和执法不一致仍然是所有行业企业面临的最大商业挑战（消费行业除外）。

尽管中国营商环境存在诸多提升的空间，但多数企业对中国在包括完善知识产权保护制度、增强民营企业信心、大幅压缩审批事项、优化政务公共服务等多方面的努力表示认可。有超过半成的会员企业认为，在中国政策执行方面，外资企业和本土企业受到同等待遇。

外国投资者和经济学家普遍认为，2019年中国在改善营商环境，吸引外国投资，应对内外风险挑战方面做出了巨大努力。具体包括制定《外商投资法》、加大知识产权保护力度、持续放宽市场准入、主动降低关税等。国际舆论认为，外资持续保持来华投资的高昂意愿，其青睐的并不只有廉价劳动力，它还看重充满竞争、发达完备的环境，这样才能创造有效利润。2019年公布，于2020年1月1日生效的中国《外商投资法》的实质是新版外资准入负面清单。《外商投资法》进一步缩减清单条目近两成且大幅度增加鼓励外商投资领域，表明中国支持企业发展的各项政策同等适用于外商投资企业，中国支持外商参与中国制造业的高质量发展。

除在法律制度上提供保障外，中国还在实际实践中确实履行其知识产权保护的承诺。美国媒体认为，“一带一路”倡议不仅为中国和世界提供了更新基础设施，扩大对外投资的机会，还为中国提供了学习沿线国家保护专利知识产权政策法规的便利。事实上，中国一直是善于学习的国家，在知识产权保护问题上，中国一直通过向外国学习来构建本土的知识和专利制度。中国专利制度最初就来自德国。德国从1985年起就一直协助中国进行专利审查。中国选择德国，是因为德国是当时欧洲专利制度最为健全的国家。欧洲2/3的专利侵权案都是在德国审理的。美国和世界一直在贬低中国知识产权保护的执行，而中国自己一直在默默地提高其知识产权保护的水平，不仅是保护在华的知识产权，而且“构建有利于创新者的法院和专利制度”。[①] 中国一直在借助西方模式和国际法律及监管框架来确立本国的规章制度。中国在专利审批、法律和执行方面的能力提升迅速，一方面源于中国政府积极改善营商环境的改革意愿，另一方面则是中国自身专利申请数量的骤增。在美国媒体看来，中国已清晰地认识到，知识产权保护是进一步实现发展目标的道路。前美国联邦巡回上诉法院法官兰道尔·雷德表示，“（在中国）他们对知识产权有着真正的承诺，将其作为经济发展的一条道路”。

四、“一国两制”制度实践及国际影响

“一国两制”是中国特色社会主义的一个伟大创举。香港、澳门自回归祖国之日起，就已重新纳入国家治理体系，成为直辖于中央的享有高度自治权的地方特别行政区域。“一国两制”有多重含义：它是中国政府处理香港、澳门事务的基本方针，也是中央对香港、澳门一系列方针政策的总称；是中央治理香港、澳门两个特别行政区的基本制度，也是解决台湾问题、实现祖国和平统一的重要制度。从制度层面讲，香港、澳门回归祖国以来，依照宪法和基本法设置的特别行政区制度已经确立，中央对特别行政区实行管治的体制机制逐渐健全，特别行政区内部的制度机制总体运行良好。事实证明，“一国两制”是香港、澳门保持长期繁荣稳定的制度保障。事实也证明，“一国两制”作为一项制度创新，与其他任何新生事物一样，也需要在实践中经受检验，并不断加以完善。

习近平在出席《告台湾同胞书》发表40周年纪念会上发表重要

① 《环球时报》，2019年12月14日。

讲话，为“一国两制”制度注入了新的内容。就台湾问题，习近平提出五点：一是携手推动民族复兴，实现和平统一目标；二是探索“两制”台湾方案，丰富和平统一实践；三是坚持一个中国原则，维护和平统一前景；四是深化两岸融合发展，夯实和平统一基础；五是实现同胞心灵契合，增进和平统一认同。从民族复兴、制度探索、政治基础、历史血脉和文化渊源分别阐述了中国共产党和中国政府对解决台湾问题的立场和路径。习近平首次提出探索“一国两制”台湾方案受到国际社会的高度关注。这是中国继香港、澳门之后再次尝试探索“一国两制”实践的构想。习近平指出，“一国两制”在台湾的具体实现形式会充分考虑台湾现实情况，会充分吸收两岸各界人士的意见和建议，会充分照顾到台湾同胞利益和感情。两岸同胞是一家人，两岸的事是两岸同胞的家里事，当然也应该由家里人商量着办。和平统一，是平等协商、共议统一。两岸双方应该本着对民族、对后世负责的态度，凝聚智慧，发挥创意，聚同化异，争取早日解决政治对立，实现台海持久和平，达成国家统一愿景。在坚持“九二共识”、反对“台独”的共同政治基础上，两岸各政党、各界别推举代表性人士，就两岸关系和民族未来开展广泛深入的民主协商，就推动两岸关系和平发展达成制度性安排。国际社会普遍认为，中国国家主席习近平推出与台湾各政党、各界别代表性人士开展广泛的民主协商，寻求制度共识，推动两岸关系和平发展。一方面是为近年来日趋恶化的两岸关系开创转机，另一方面则是对台湾岛内甚嚣尘上的“武统”舆论的疏解和回应。

1979 年 1 月 1 日，美国与在台湾的中华民国断交转而与中华人民共和国建交。同日，全国人大常务委员会发表了著名的《告台湾同胞书》。《告台湾同胞书》当中明确提出要尽快结束两岸分裂的局面，统一中国。就在当天，炮击金门的军事行动也相应终止。《告台湾同胞书》是中国政府对台政策的重大转变，由武力“解放台湾”向“和平统一”转向。同时还正式宣布了开放“两岸三通”的决定，即通邮、通商和通航，开启两岸交流的大门。国际社会认为，选择《告台湾同胞书》发表 40 周年纪念的场合来阐述“两制”台湾方案，进一步表明了中国和平解决台湾问题的政治意志。

中国共产党十九届四中全会审议通过的《中共中央关于坚持和完善中国特色社会主义制度、推进国家治理体系和治理能力现代化若干重大问题的决定》在深入总结“一国两制”实践经验的基础上，从制度层面特别是中央对特别行政区实行管治的层面，对推进“一国两制”实践做了系统的制度设计和工作部署。国际社会指出，与以往强调特别行政区实行高度自治不同，《中共中央关于坚持和完善中国特色社会主义制度、推进国家治理体系和治理能力现代化若干重大问题的决定》首先强调对香港、澳门的依法治理。依法治理，首要的是要严格依照宪法和基本法办事。宪法和基本法共同构成特别行政区的宪制基础，是特别行政区一切制度的最顶层设计。

同时，《中共中央关于坚持和完善中国特色社会主义制度、推进国家治理体系和治理能力现代化若干重大问题的决定》在阐述高度自治的同时，强调中央对特别行政区具有全面管治权。国际舆论认为，这是中国政府对由香港修改逃犯条例引发的街头暴乱的政治回应。这场“修例风波”充分暴露出香港政治、经济、社会等方面存在的一些深层次矛盾和问题，也进一步凸显了完善香港治理制度的必要性和紧迫性。事实上，中国单一制的国家结构形式决定了中央政府对包括香港、澳门特别行政区在内的所有地方行政区域具有全面管治权。香港、澳门两个特别行政区享有的高度自治权不是固有的，而是来源于中央授权。全面管治权与高度自治权是“一国两制”制度的一体两面。中国共产党在“一国两制”制度体系内强调全面管治权，从法理层面和制度层面阐述了中央管治香港的合法性和正当性。国际舆论指出，尽管中国共产党对“一国两制”制度的建构日趋完善，但是在香港和台湾的实践却波折不断，中国共产党未来需要在民众教育、民意把握等方面进行反思和调整。

第九章　跨年度报告：改革开放以来中国贫困治理的路径与手段

贫困与贫困治理是一个全球性的议题，减除贫困是人类发展的共同目标。改革开放以来，中国共产党领导全国人民走出了一条具有中国特色的贫困治理道路，减除贫困的成就举世瞩目。2018 年 2 月 14 日，世界银行发布《推进更加包容更可持续的发展》系统性国别分析报告，报告论述了中国减贫和促进共享繁荣进程面临的挑战与机遇，认为中国经济历史性的高增长成就了史无前例的减贫速度和规模，从 1978 年到 2014 年，中国人均收入增加了 16 倍，超过 8.5 亿中国人摆脱贫困。中国的减贫成就对于推进人类反贫困事业的进步和千年发展目标的实现，起到了举足轻重的作用。本章将梳理改革开放以来中国贫困治理的阶段和进程，分析中国贫困治理的手段及面临的挑战。

一、改革开放以来中国贫困治理的演进历程

（一）改革开放前中国贫困状况

中华人民共和国成立伊始，受长期战争和农业生产率低下的影响，中国处于积贫积弱的大规模贫困阶段，减缓贫困成为政府制定

政策的优先考虑因素，先后开展了土地改革、合作化、人民公社化等一系列旨在缩小差距、减除贫困的措施，但一方面由于基础差、底子薄，另一方面由于这些政策并未能真正有效地提高劳动生产率，中国经济发展水平低下，大规模贫困状况没有得到根本改善。从1957年到1978年，全国人口增长3亿，非农业人口增加4000万，耕地面积却由于基本建设用地等原因不但没有增加，反而减少了。因此，尽管单位面积产量和粮食总产量都有了增长，1978年全国平均每人占有的粮食大体上还只相当于1957年。[①] 从1957—1978年，农村居民的人均热量摄取量都小于2100大卡，说明这段时间农民平均营养水平都未达到维持人体最低营养需要的标准。[②] 中国国家统计局在《关于中国农村贫困状况的评估和监测》报告中，把1978年的贫困线定在100元，并且估计出1978年贫困发生率为30.7%，贫困人口规模为2.5亿人。如果以现有贫困标准（2010年价格农民人均纯收入2300元，相当于国际“1天1美元”的通用标准[③]），1978年中国农村有贫困人口7.7亿，贫困发生率高达97.5%。[④] 中华人民共和国成立后，为了追求工业化，政府利用计划经济手段和国家政策，在财政转移体制上实行农村补贴城市，农业补贴工业的发展道路，过分向重工业、向城市和发达地区倾斜，也制约了农村地区的经济

---

① 《中共中央关于加快农业发展若干问题的决定》，1979年。

② 张磊：《中国扶贫开发历程（1949—2005年）》北京：中国财政经济出版社，2007年版，第21页。

③ 目前，从事国际贫困问题研究的学者倾向于采用各国货币购买力平价（PPP）来制订国际统一的贫困线的估计方法。先利用购买力平价将各国人均收入换算成按某一年度的美元值衡量的购买力平价收入，确定国际统一的贫困线，并以此来估计各国贫困人口的规模。1990年，世界银行采用370美元作为衡量各国贫困状况的国际通用标准，简化为“1天1美元”的贫困标准被广泛接受。2005年，世界银行进行了新一轮更大规模的国际可比性价格数据收集，并根据新的购买力平价数据和当时15个最贫穷国家贫困线的平均值，将国际贫困线上调到人日均1.25美元。2015年，国际贫困线调整到人日均1.9美元。20世纪80年代初期，中国政府开始参照国际规范设定农村贫困线，以确定农村贫困发生率和贫困人口规模，1985年，中国将人均年纯收入206元确定为绝对贫困标准，此后根据物价指数加以调整。2005年，贫困标准为785元，2010年为1274元，但中国的官方贫困标准一直被国际社会认为低于其他发展中国家的贫困标准，2011年，中国将扶贫标准提高到农民人均纯收入2300元（2010年不变价），约合340美元，接近1天1美元。

④ 国家统计局住户调查办公室：《中国农村贫困监测报告（2016）》，北京：中国统计出版社，2016年版，第182页。

发展，导致农民收入低下，因此改革开放前中国的贫困状况呈现明显的二元特性，农村贫困现象比较突出。且农村贫困是综合性贫困，除最基本的温饱问题未能解决外，贫困地区地理条件普遍较差，资源环境条件不利，交通不发达，卫生环境和医疗条件差，农业劳动人口素质普遍较低，这些因素也造成农村贫困现象根深蒂固，解决农村贫困问题将是一个涉及政府、社会、市场、个人等多个层面的系统性工程。

（二）1978—1985 年：经济体制改革下的贫困治理初探

20 世纪 70 年代末，党和国家将工作重心转移到经济建设上来，率先在农村地区开展以家庭联产承包责任制为中心的经营体制改革，赋予农民农业生产自主权，极大地提高了农民的生产积极性，通过农业生产率的提高和经济水平的提升总体带动农村人口脱贫。同时，中央政府也开始重视一些特殊贫困地区的贫困治理。1979 年，中共中央发布《关于加快农业发展若干问题的决定》，《决定》指出：我国西北、西南一些地区以及其他一些革命老根据地、偏远山区、少数民族地区和边境地区，长期低产缺粮，群众生活贫困。这些地方生产发展快慢，不但是个经济问题，而且是个政治问题。国务院要设立一个有关部门负责同志参加的专门委员会，统筹规划和组织力量，从财政、物资和技术上给这些地区以重点扶持，帮助他们发展生产，摆脱贫困。[①] 在这一政策指导下，中央将全国连片最为贫困的甘肃定西、河西和宁夏西海固地区作为“三西”专项建设列入国家计划，进行了区域性的专项扶持工作。

改革开放初期中央政府的扶贫政策以救济式扶贫为主，通过直接财政投入的方式，对贫困地区进行物资资助，这种方式只能解决短期的困难，而不能使贫困对象的自我发展能力得到根本提高，贫困地区和贫困人口会对物资救助产生依赖。到了 1984 年，中央政府

① 《中共中央关于加快农业发展若干问题的决定》，1979 年。

开始探索通过政策扶持搞活商品经济等方式，逐步转变单纯救济的观点。中共中央、国务院发布《关于帮助贫困地区尽快改变面貌的通知》，指出：1. 国家对贫困地区要有必要的财政扶持，但必须善于使用，纠正单纯救济的观点。山区要认真重视发展林业、畜牧业、加工业、采矿业及其他多种经营，建立合理的生产结构，密切同城市和平原地区经济的联系，变单一经营为综合经营，变自然经济为商品经济，纠正依赖思想。2. 对贫困地区要进一步放宽政策，实行比一般地区更灵活、更开放的政策，彻底纠正集中过多、统得过死的弊端，给贫困地区农牧民以更大的经营主动权。3. 减轻负担、给予优惠，对贫困地区从1985年起，分别情况，减免农业税。4. 搞活商品流通，加速商品周转。①

改革开放政策解放了农村生产力，为农村创造了大规模减贫的宏观环境，这一时期，农村贫困状况得到快速缓解。农村居民家庭人均纯收入从1979年的160.7元增加到1985年的397.6元，增长了1.5倍，扣除价格上涨因素，实际增长了87.23%，年均增长率为11.02%。② 按1978年中国官方制订的农村贫困标准计算，1978—1985年农村贫困发生率从30.7%下降到14.8%，贫困人口从2.5亿人下降到1.25亿人，下降了50%。

（三）1986—1993年：有组织、有计划的大规模开发式扶贫阶段

在改革开放政策的带动下，中国农村绝大部分地区经济得到快速增长，但由于地理、资源、社会、历史、经济发展的不平衡，少数地区发展相对滞后，贫困地区与东部沿海发达地区的差距逐渐扩大。1986年4月，全国人大六届四次会议将扶持老、少、边、穷地

① 《中共中央、国务院关于帮助贫困地区尽快改变面貌的通知》，1984年9月29日。

② 张磊：《中国扶贫开发历程（1949—2005年）》，北京：中国财政经济出版社，2007年版，第42页。

区尽快摆脱经济文化落后状况作为一项重要内容列入国民经济"七五"发展计划，标志着中国开始进入大规模扶贫阶段。在这一阶段，中央政府将农村反贫困计划纳入到国家整体战略中去，建立了从中央到县一级的扶贫开发专门机构。1986 年 5 月 16 日，国务院贫困地区经济开发领导小组（1993 年更名为"国务院扶贫开发领导小组"）成立，其基本任务是：组织调查研究；拟定贫困地区经济开发的方针、政策和规划；协调解决开发建设中的重要问题；督促、检查和总结交流经验。领导小组成立后，为了能将各种扶贫资源有效地传递到贫困人口，提高扶贫效率，政府以县农民年人均纯收入为基本依据，将农民年人均纯收入 150 元以下的县列为贫困县，并划定了 258 个国家级贫困县（到 1992 年底确定的国家级贫困县有 331 个，省级贫困县有 368 个）。要求各贫困县把带领群众解决温饱、脱贫致富作为全部工作的中心任务，真正摆上议事日程。政府利用专项扶贫贷款、以工代赈和财政发展资金针对贫困县安排专项扶贫投资。1986—1993 年，中央政府累计提供了 467.2 亿元扶贫资金，其中，专项扶贫贷款 249 亿元，占 53.30%；以工代赈资金 89 亿元，占 19.05%；财政发展资金 129.2 亿元，占 27.65%。其中，以工代赈资金和财政发展资金累计占中央财政总支出的 1.73%。①

在扶贫理念上，明确将开发式扶贫作为基本方针，《国务院关于加强贫困地区经济开发工作的通知》（1987）指出：贫困地区经济开发是一项综合治理工程，中央和地方各部门，都要把贫困地区的经济开发纳入工作计划，在各自的业务范围内，尽可能给予更多的支持。贫困地区的经济开发主要是利用本地资源优势，发展商品经济，要背靠资源，面向市场，改造传统产业，开发新兴产业，为贫困户提供就业机会，增加更多的收入。②扶贫工作的重点由单纯的救济式扶贫向开发式扶贫转变；从按人口平均分配扶贫资金的政策向

① 张磊：《中国扶贫开发历程（1949—2005 年）》，北京：中国财政经济出版社，2007 年版，第 58 页。

② 《国务院关于加强贫困地区经济开发工作的通知》，1987 年。

按项目分配转变；从单纯依靠政府行政系统向以政府为主导，依靠经济组织和社会各界转变；从资金专项投入向资金、技术、物资、培训综合投入转变。

经过8年的扶贫开发，到1992年底，全国农村贫困人口从1978年的2.5亿人减少到8000万人（1978年中国官方制订的农村贫困标准）。

（四）1994—2000年：扶贫攻坚阶段

经过前8年的大规模开发式扶贫，全国农村贫困人口已经大幅减少，达到8000万左右，根据自然条件和社会发展的不一致，这一部分贫困人口的贫困成因和类型也在发生着变化，中央政府开始有针对性地集中力量扶贫攻坚。1994年出台的《国家八七扶贫攻坚计划》决定：从1994年到2000年，集中人力、物力、财力，动员社会各界力量，力争用7年左右的时间，基本解决目标是全国农村8000万贫困人口的温饱问题。《计划》还明确了实施扶贫攻坚的方针与途径、资金管理、政策保障以及各级部门的组织领导任务，社会动员配合。这是中国第一个有明确目标、明确对象、明确措施和明确期限的扶贫开发行动纲领。

这一阶段仍就延续开发式扶贫的基调，要求“鼓励贫困地区广大干部、群众发扬自力更生、艰苦奋斗的精神，在国家扶持下，以市场需求为导向，依靠科技进步，开发利用当地资源，发展商品生产，解决温饱进而脱贫致富”。同时，着眼点并不仅仅局限于解决温饱，各级政府有关部门还出台了其他让贫困地区和贫困农户受益的政策、措施。比如，实施了“国家贫困地区义务教育工程”、交通扶贫、文化扶贫，以及受益范围包括贫困地区的农村交通、电力、广播、电视等行业的发展政策。[①]这些政策不仅在很大程度上改善了农

① 吴国宝：《中国扶贫开发与全面建成小康社会》，载李培林、魏后凯：《中国扶贫开发报告（2016）》，北京：社会科学文献出版社，2016年版。

村贫困地区的生活条件，还对扶贫开发起了重要作用。

到 2000 年底，“八七”扶贫攻坚目标基本实现，农村尚未解决温饱问题的贫困人口下降到 3000 万左右，贫困发生率从 8.7% 下降到 3% 左右，生产生活条件、基础设施明显改善，各项社会事业快速发展，一些集中连片特困地区的温饱问题已经基本解决，一些偏远山区和少数民族地区面貌有了很大的改变。但贫困人口分布越来越集中于西部，东部地区的贫困人口比例从 20% 减少到 9%，中部地区由 29% 变为 30%，西部地区由 51% 增加到 61%。[①]

（五）2001—2012 年：扶贫工作的深化、细化阶段

进入 21 世纪，中国农村贫困人口规模已经很小了，农村贫困人口总体呈现“大分散、小集中”的特点，中国的扶贫工作开始进一步深化、细化，扶贫制度将扶助视角进一步下沉，贫困村的贫困户成为扶贫工作的直接受益者。2001 年，中共中央、国务院出台了《中国农村扶贫开发纲要（2001—2010 年）》，提出要“切实落实扶贫工作责任制。坚持省负总责，县抓落实，工作到村，扶贫到户。扶贫开发工作责任在省，关键在县。要继续实行扶贫开发工作责任到省、任务到省、资金到省、权力到省的原则”，[②] 并在全国确定了 14.8 万个贫困村作为扶贫工作重点，强调以村为单位进行农村扶贫综合开发。政府还通过制定和实施参与式村级扶贫规划，确定了以整村推进为体、以产业扶贫和劳动力转移培训为翼的“一体两翼”扶贫开发战略。

针对东西部经济发展差距拉大的情况，2000 年中央政府开始实施西部大开发战略。目标是把东部沿海地区的剩余经济发展能力，用以提高西部地区的经济和社会发展水平、巩固国防，集中力量建

---

① 张磊：《中国扶贫开发历程（1949—2005 年）》，北京：中国财政经济出版社，2007 年版，第 89 页。

② 《国务院关于印发中国农村扶贫开发纲要（2001—2010 年）的通知》，国发〔2001〕23 号。

设以西安、重庆、兰州、乌鲁木齐和成都等重点城市为依托的经济中心，进而带动沿线地区的发展，最终达到和东部和中部的共同发展。

此外，中国政府进一步调整了扶贫标准，我国在2008年前有两个扶贫标准：一是1986年制定的206元的绝对贫困标准，该标准以每人每日2100大卡热量的最低营养需求为基准，再根据最低收入人群的消费结构来进行测定。后来此标准随物价调整，到2007年时为785元。二是2000年制定的865元的低收入标准，到2007年底，调整为1067元。2008年，绝对贫困标准和低收入标准合一，统一使用1067元作为扶贫标准。此后，随着消费价格指数等相关因素的变化，标准进一步上调至1196元，基本接近1天1美元的世界标准，使可享受扶贫政策优惠的扶贫对象增加了3000万人。2010年这一标准又提高到1274元。

《中国农村扶贫开发纲要（2001—2010年）》实施以后，农村贫困人口大幅减少，收入水平稳步提高。根据2010年的扶贫标准，农村贫困人口从2000年底的9422万人减少到2010年的2688万人，农村贫困人口占农村人口的比重从2000年的10.2%下降到2010年的2.8%。[①]贫困地区基础设施明显改善，社会事业不断进步，最低生活保障制度全面建立。作为《纲要（2001—2010年）》的延续，中央进一步制定了《中国农村扶贫开发纲要（2011—2020年）》，明确了到2020年全面脱贫，并全面建成小康社会的目标。同时，进一步将国家扶贫标准提高到2300元（2010年不变价），扶贫对象规模扩大到1.28亿人，更多的低收入人口享受到国家扶贫优惠政策。还把对少数民族、妇女儿童和残疾人的扶贫开发纳入规划，统一组织，同步实施，同等条件下优先安排，加大支持力度。

① 中华人民共和国国务院新闻办公室：《中国农村扶贫开发的进展》，2011年11月16日。

（六）2013 年至今：精准扶贫

随着贫困人口数目的减少，贫困治理又呈现出新的格局。贫困人口集中在一些重点贫困村，但这些贫困村遍布全国，立足于区域开发的开发式扶贫已经难以满足新的扶贫需求，不能覆盖所有的贫困人群，所以“精准扶贫”的理念呼之欲出。

2013 年 11 月，习近平到湖南湘西考察时提出了“实事求是、因地制宜、分类指导、精准扶贫”的指示，2014 年 1 月，中共中央办公厅详细规制了“精准扶贫”工作模式的顶层设计，推动了“精准扶贫”思想落地。2015 年，习近平在中央扶贫工作会议上强调：我们要清醒认识到，当前我国脱贫攻坚形势依然严峻。截至 2014 年底，全国仍有 7000 多万农村贫困人口。“十三五”期间脱贫攻坚的目标是，到 2020 年稳定实现农村贫困人口不愁吃、不愁穿，农村贫困人口义务教育、基本医疗、住房安全有保障；同时实现贫困地区农民人均可支配收入增长幅度高于全国平均水平、基本公共服务主要领域指标接近全国平均水平。①

为了实现这个目标，2015 年 11 月 29 日，中共中央、国务院发布《关于打赢脱贫攻坚战的决定》，正式宣布实施“精准扶贫”战略，明确提出到 2020 年将实现现有标准下 7000 多万贫困人口全部脱贫，并对如何实现这一目标进行了部署，其基本原则是：1. 坚持党的领导，夯实组织基础。2. 坚持政府主导，增强社会合力。3. 坚持精准扶贫，提高扶贫成效。4. 坚持保护生态，实现绿色发展。5. 坚持群众主体，激发内生动力。6. 坚持因地制宜，创新体制机制。②把“精准扶贫、精准脱贫”提升到打赢脱贫攻坚战的基本方略，要求扶贫开发由“大水漫灌”向“精准滴灌”转变，提高扶贫效率。提出了六个精准和五个一批，即坚持扶持对象精准、项目安排精准、

① 《习近平在中央扶贫工作会议上的讲话》，2015 年。

② 《中共中央国务院关于打赢脱贫攻坚战的决定》，（中发〔2015〕34 号），2015 年。

资金使用精准、措施到户精准、驻村帮扶精准、脱贫成效精准和大力发展生产脱贫一批、易地搬迁脱贫一批、生态补偿脱贫一批、发展教育脱贫一批、社会保障兜底一批。

“精准扶贫”战略推出两年多来，贫困治理取得新的成效。首先，在经济增速放缓的前提下，进一步减少贫困人口，贫困人口从2013年的8249万人减少到2017年末的3046万人，年均减少1300万人，贫困发生率降低到3.1%。其次，基本完成扶贫对象建档立卡，按照农村贫困户的分布情况、贫困状态、贫困类型、致贫原因建立健全贫困户档案，初步建立覆盖全部贫困县、贫困村和扶贫对象的扶贫开发信息系统，为建立和完善新指标体系下对贫困户的动态监管和分类帮扶机制、实现部门行业扶贫和社会扶贫信息共享打下基础。最后，初步建立了扶贫和脱贫考核机制。2016年中共中央、国务院印发了《省级党委和政府扶贫开发工作成效考核办法》，从减贫成效、精准识别、精准帮扶、扶贫资金四个方面对中西部22个省（自治区、直辖市）党委和政府扶贫开发工作成效开展考核，并提出相应的奖惩制度。同年，还发布了《关于建立贫困退出机制的意见》，力争以脱贫实效为依据，以群众认可为标准，建立严格、规范、透明的贫困退出机制，促进贫困人口、贫困村、贫困县在2020年以前有序退出。

二、中国减贫的治理手段

改革开放初期，中国的贫困状况非常严峻，按照国际上人均1天1美元的标准，超过98%的农村人口都处于贫困标准之下，甚至在20世纪末，中国的贫困状况还比撒哈拉以南非洲地区还要严重，但在中国政府的治理下，中国的减贫事业取得了辉煌的成就。按照中国农村贫困标准，即每人每年2300元（2010年不变价），2015年中国农村贫困人口为5575万人，贫困发生率为5.7%；1978年当年价贫困标准为 366 元/人年，贫困发生率为 97.5%，贫困人口为 77039 万人。相比较以上两组数字，中国贫困人口减少了 7 亿多，减少了 91.8%。[①] 中国贫困人口减少的速度显著高于世界整体水平，1981—2012 年全球贫困人口减少了 11 亿人，降幅 55.1%，同期中国贫困人口减少了 7 亿多人，在这期间，中国减少的贫困人口占全球减少全部贫困人口的 71.82%。[②] 2005 年，中国的贫困人口比例首次低于世界平均水平。2012 年，联合国千年计划提前 3 年完成“贫困人口减少 50%”的目标，自千年发展目标提出的 1990 年至 2012 年，全球减少的贫困人口中，中国贡献了 63%。没有中国的突出贡献，千年发展目标就不可能完成其最重要的极贫人口减半的目标，中国对于推进人类反贫困事业的进步和千年发展目标的实现，起到了举足轻重的作用。中国的反贫困事业进展能领先于他国，主要是依靠以下管理模式。

（一）以政府为主导，依靠行政组织，形成了一个自上而下的管理治理结构

自改革开放初期开始，中国的贫困治理就是在政府主导下开展的，十一届三中全会提出了家庭联产承包责任制的设想，解放和发展了农村生产力，1979 年中共中央发布的《关于加快农业发展若干问题的决定》进一步提出要统筹规划，组织力量解决贫困问题。1986 年成立的国务院贫困地区经济开发领导小组（1993 年改名为国务院扶贫开发领导小组）是第一个中央政府层面的贫困治理领导组织，主要负责拟定扶贫开发工作的政策、规划并组织实施，协调解决扶贫开发中的重要问题，指导、检查和监督各级扶贫组织机构的扶贫工作。此后，国务院扶贫开发领导小组每年都会召开全国扶贫

① 国家统计局住户调查办公室：《中国农村贫困监测报告（2016）》，北京：中国统计出版社，2016 年版，第 182 页。

② 吴国宝：《中国扶贫开发与全面建成小康社会》，载李培林、魏后凯：《中国扶贫开发报告 2016》，北京：社会科学文献出版社，2016 年版。

开发工作会议，并提出指导性的扶贫政策。1984 年的《关于帮助贫困地区尽快改变面貌的通知》、1994 年的《国家八七扶贫攻坚计划》、1996 年的《关于尽快解决农村贫困人口温饱问题的决定》、2001 年的《中国农村扶贫开发纲要（2001—2010 年）》、2011 年的《中国农村扶贫开发纲要（2011—2020 年）》、2016 年的《关于印发“十三五”脱贫攻坚规划的通知》等文件都是从中央政府层面制订的针对农村发展的大政方针，为农村反贫困指明了方向，为农村发展提供了政策保障。在中央政府的主导下，实行分级负责、以省为主的行政领导扶贫工作负责制。各省、自治区、直辖市，特别是贫困面积较大的省、自治区，都把扶贫开发列入重要议程，根据国家扶贫开发计划制定本地区的具体实施计划，并成立相应的扶贫开发组织机构，负责本地的扶贫开发工作。强调扶贫到村到户，重视贫困地区农村基层组织建设，大力推行村委会直接选举制度，根据公开、公平、公正的原则，将群众拥护、有能力带领群众改变贫困面貌的人选举为村干部，严格实行村务公开、村级财务的各项收支、扶贫资金的发放使用、承包合同的签订合同变更等各项事务，都要向村民公开，接受村民的检查和监督。中国的这种自上而下的管理结构可以保证扶贫政策的有效执行和扶贫资金的精准下放。

此外良好稳定的政治经济环境也是保证贫困治理得以推动的重要因素，战乱和政治动荡是造成撒哈拉以南非洲以及中东、南亚部分地区贫困的主要原因，中国长期以来的政治稳定带动了经济发展，并进而成为减除贫困的最大推动力。

（二）根据不同时期的国情和中国贫困的具体情况，政府推行不同的政策，从最紧迫的问题入手，量力而行，确保重点，层层递进

1. 扶贫手段从救济式扶贫—开发式扶贫—精准扶贫。改革开放初期，中国处于普遍贫困的状态，贫困人口多，贫困程度深，农村

贫困地区基础设施薄弱，教育、卫生等基本社会服务水平低。当时，中国的贫困治理尚未形成体系，基本以救济式扶贫为主导。随着改革开放的深入，全国上下呈现出经济快速发展、收入水平大幅提高的格局，政府开始考虑如何有计划地、系统地开展贫困治理。单纯依靠救济的方式来扶贫，显然难以覆盖所有贫困人口，中国政府提出了开发式扶贫的理念，通过经济发展带动贫困治理，并创造性地提出“对贫困地区要进一步放宽政策，实行比一般地区更灵活、更开放的政策，彻底纠正集中过多、统得过死的弊端”，鼓励一部分人先富起来，带动后富，最终实现共同富裕。在开发式扶贫理念的指导下中国的贫困发生率从 1981 年的 88.2% 下降到 2012 年的 10.2%。随着贫困人口的减少，中央政府进一步认识到经济增长的涓滴效应在下降，贫困人口集中在零散的贫困村中，分布范围广，开发式扶贫对减除贫困的带动作用减弱。且某些贫困地区存在着将大量扶贫资金和扶贫项目以“开发式扶贫”的幌子大搞产业化项目，用于提高 GDP 指标，而并未直接用于提高贫困群众的生活条件或基本公共服务。因此，及时将政策调整为“精准扶贫”，要求将扶贫对象、扶贫目标、扶贫手段进一步精细化，节约扶贫资源，提高扶贫效率，这一战略的提出，标志着农村扶贫开发理念的转变，即从大规模的区域发展战略转向区域发展与家庭能力建设并重转向，它对农村扶贫开发的瞄准机制、扶贫开发手段、扶贫开发组织体制等均产生重要影响。

2. 在扶贫区域定位上从区域扶贫—贫困县—贫困村—连片特困地区、贫困户。改革开放初期，国家的贫困治理体系尚未建立，扶贫工作的起点就是 1982 年国务院启动实施的甘肃河西地区、定西地区和宁夏西海固地区的农业建设扶贫工程，简称“三西”扶贫，利用专项资金、以工代赈、扶助生产建设、异地搬迁等手段改善“三西”地区的贫困面貌，促进经济社会发展。“三西”扶贫在我国扶贫开发历程中具有开创新、先导性、示范性，首开实施区域性扶贫开发，为全国范围内有组织、有计划、大规模的扶贫开发奠定基础。1986 年，系统性的扶贫工程启动，国家为了能将各种扶贫资源有效地传递到贫困人口，提高扶贫效率，以县农民年人均纯收入为基本依据，将农民年人均纯收入150元以下的县列为贫困县，并划定了258个国家级贫困县（到1992年底确定的国家级贫困县有331个，省级贫困县有368个）。以县为单位的扶贫政策能覆盖到绝大部分贫困地区，由于中国经济发展区域差异较大，这一政策可以有效地根据不同区域的贫困状况，有针对性地开展扶贫。进入21世纪后，中国的扶贫工作更加深化、细化，扶贫重点进一步下沉，在全国确定了14.8万个贫困村作为扶贫工作重点，强调以村为单位进行农村扶贫综合开发。2010年以后，贫困地区呈现出集中连片，人口集中，贫困程度深的特点，区域性扶贫再次成为贫困治理的核心战略。《中国农村扶贫开发纲要（2011—2020年）》提出，将集中连片特殊困难地区作为扶贫攻坚主战场。2014年提出“精准扶贫”战略后，将扶贫对象瞄准贫困户，强调扶贫的精准度，财政专项扶贫资金必须重点用在贫困户上。从上述扶贫对象和重点的变化上可以看出我国始终在根据实际情况探索和优化扶贫对象和扶贫策略。

3. 在扶贫策略上鼓励东部地区依靠自身优势先发展起来，继而利用“西部大开发”等政策，拉动中西部协同发展。中国经济发展的区域特征十分明显，东部沿海地区利用地理和政策优势率先发展，中部次之，西部地区相对落后，而中国的贫困人口大部分都集中在中西部，特别是老、少、边、穷地区，这些地区是中国贫困人口最多、贫困程度最深、贫困结构最复杂的地区。从1994年起，中国政府开始调整国家扶贫资金投放的地区结构，把用于沿海经济比较发达省份的中央扶贫信贷资金调整出来，集中用于中西部贫困状况严重的省、自治区，中央新增的财政扶贫资金只支持中西部贫困地区，并制定优惠政策，积极推动东部地区和西部地区的横向联合和对口扶贫协作。实施西部大开发战略后，在西部地区优先安排基础设施、生态环境和资源开发等建设项目，并不断加大对西部地区的投入和财政转移支付力度，推动西部地区的贫困治理。

4. 不断调整符合国情的贫困标准。改革开放初期，中国的贫困情况非常严峻，贫困人口基数庞大，如果当时制定较高的贫困标准，将会使国家财政压力非常大，不利于改革开放的大局。中国贫困标准最初是 1986 年中国政府有关部门在对 6.7 万户农村居民家庭消费支出调查的基础上计算得出的，即 1985 年农村人均纯收入 206 元的标准，这是一个能维持基本生存的最低费用标准，可以确保农村贫困人口的最基本的生存需要，是符合当时中国实际的。[①] 随着贫困人口人数的下降，自 2008 年起中国政府将绝对贫困标准和低收入标准合一，统一使用 1067 元作为扶贫标准，此后经历数次调整，到 2011 年，政府决定将农民人均纯收入 2300 元（2010 年不变价）作为新的国家扶贫标准，比 2010 年 1274 元提高了 80%，基本达到国际人均 1 天 1 美元的标准。这一新标准的出台，使得全国贫困人口数量和覆盖面由 2010 年的 2688 万人扩大到了 1.28 亿人，使更多的低收入人群受惠。

（三）以经济发展为基础，带动贫困治理，辅以多种扶贫手段

以经济建设为中心，鼓励贫困地区的干部群众开发当地资源，通过大力发展商品经济带动贫困减除的“开发式扶贫”是改革开放很长一段时间内我国贫困治理的基本方略。“开发式扶贫”方针主要包括五个方面内容：第一，倡导和鼓励自力更生、艰苦奋斗的精神，克服贫困农户中普遍存在的“等、靠、要”思想。第二，针对贫困地区基础设施薄弱、抵御自然灾害能力较差的实际情况，国家安排必要的以工代赈资金，鼓励、支持贫困农户投工投劳，开展农田、水利、公路等方面的基础设施建设，改善生产条件。第三，国家安排优惠的扶贫专项贴息贷款，制定相关优惠政策，重点帮助贫困地区、贫困农户发展以市场为导向的种植业、养殖业以及相应的加工业项目，促进增产增收。第四，开展农业先进实用技术培训，提高贫困农户的科技文化素质，增强自我发展能力。第五，扶贫开发与

① 国务院新闻办公室：《中国的农村扶贫开发白皮书》，2001 年 10 月 15 日。

水土保持、环境保护、生态建设相结合，实施可持续发展战略，增强贫困地区和贫困农户的发展后劲。[①] 事实证明，经济增长是解决贫困的关键，20 世纪 90 年代中国贫困人口减少与经济增长的弹性系数为 -0.8，即 GDP 每增长一个百分点，农村贫困人口可减少 0.8%。经济的稳步增长成为中国贫困治理的最大推动力。

与此同时，中国政府还根据国情推行了很多有针对性的贫困治理政策：1. 科技扶贫。组织高等学校、科研院所、企业等开展技术攻关，解决贫困地区产业发展和生态建设关键技术问题。围绕全产业链技术需求，加大贫困地区新品种、新技术、新成果的开发、引进、集成、试验、示范力度，鼓励贫困县建设科技成果转化示范基地，提高贫困人口创新创业能力。2. 教育扶贫。国家教育经费向贫困地区、基础教育倾斜，大力开展乡村教师队伍建设，保证义务教育的推行并普及高中阶段教育，让贫困家庭子女都能接受公平有质量的教育，阻断贫困代际传递。3. 金融扶贫。鼓励和引导各类金融机构加大对扶贫开发的金融支持，通过引入市场竞争机制、扩大扶贫贷款机构经营权限、下放贴息资金管理权限等，调动地方和金融机构开展扶贫开发的积极性，引导金融机构扩大贫困地区涉农贷款投放，促进降低社会融资成本，积极开展扶贫贴息贷款、扶贫小额信贷、创业担保贷款和助学贷款等业务。4. 旅游扶贫。因地制宜发展乡村旅游，推进旅游基础设施建设，依托贫困地区特色农产品、农事景观及人文景观等资源，积极发展带动贫困人口增收的休闲农业和特色文化旅游，安排贫困人口旅游服务能力培训和就业。5. 电商扶贫。培育电子商务市场主题，将农村电子商务作为精准扶贫的重要载体，把电子商务纳入扶贫开发工作体系，提升贫困户运用电子商务创业增收的能力。对贫困户通过电商平台创业就业的，基于网络资费补助和小额信贷支持，并给予相应的经营管理培训。6. 资产收益扶贫。鼓励和引导贫困户将已确权登记的土地承包经营权入股企业、合作社、家庭农（林）场与新型经营主体形成利益共同体，

① 国务院新闻办公室：《中国的农村扶贫开发白皮书》，2001 年 10 月 15 日。

分享经营收益。建立健全收益分配机制，强化监督管理，确保持股贫困户和农村集体经济组织分享资产收益。7. 生态保护扶贫。处理好生态保护与扶贫开发的关系，加强贫困地区生态环境保护与治理修复，提升贫困地区可持续发展能力。逐步扩大对贫困地区和贫困人口的生态保护补偿，增设生态公益岗位，使贫困人口通过参与生态保护实现就业脱贫。

（四）鼓励社会参与和国际合作

贫困治理是一项庞大的系统性工程，光靠政府的力量难以带动贫困地区的快速脱贫，必须调动社会力量共同参与。1986 年国务院贫困地区经济开发领导小组第一次全体会议上就提出：改变贫困地区的面貌，是全党全国的一件大事，需要各方面的帮助和支持，要推动发达地区与贫困地区发展横向经济联合，大中城市和贫困县对口支援，科研、教育部门进山推广科学技术，民主党派到贫困地区进行智力开发，地方党政群机关抽调干部加强贫困地区工作，党员、能人“包户”脱贫等。而在实践中，各地在发动社会力量参与扶贫方面都做了积极有效的努力和探索，形成政府、市场、社会互为支撑，坚持专项扶贫、行业扶贫、社会扶贫等多方力量、多种举措有机结合的“三位一体”大扶贫格局，并积极推动扶贫领域的国际交流与合作。1. 定点帮扶：中央和国家机关各部门各单位、人民团体、事业单位、国有大型骨干企业、国有控股金融机构、各民主党派中央及全国工商联、国家重点科研院校等对国家扶贫开发工作重点县，采取干部挂职、基础设施建设、产业化扶贫、劳务培训和输出、文化教育扶贫、科技扶贫、引资扶贫、生态建设扶贫、医疗卫生扶贫、救灾送温暖等多样化措施开展定点帮扶。2. 东西结对扶贫协作：安排东部 15 个经济较发达的省、市与西部 11 个省（区、市）开展东西扶贫协作工作，主要形成了政府援助、企业合作、社会帮扶、人才支持为主的基本工作框架。3. 鼓励社会组织和个人参与扶贫：相比较政府扶贫而言，社会组织的扶贫手段更多样、灵活、高效，且可下沉到最基层，因此社会组织的扶贫作用可以作为政府扶贫的有效补充。社会组织可以通过资源整合、联系社会力量参与等方式参与扶贫，是精准扶贫中一支重要的力量。政府鼓励支持民营企业、社会组织、个人参与扶贫开发，实现社会帮扶资源和精准扶贫有效对接，促进社会资源进一步向贫困地区、贫困人口汇聚，在承担公共服务、提供智力支持、实施帮扶项目、协助科学决策等方面发挥作用。4. 开展扶贫领域的国际交流与合作：一方面接受国际组织的资金援助和项目援助，例如世界银行在中国先后实施了五期扶贫项目，投入总规模 7.7 亿美元贷款和几千万美元的无偿援助，联合国开发计划署、欧盟、英国政府、亚洲开发银行等都在中国开展了扶贫开发项目，并取得了很好的成效，据不完全统计，截至 2010 年，扶贫领域共利用各类外资 14 亿美元，加上国内配套资金，直接投资总额近 200 亿元人民币，共实施 110 个外资扶贫项目，覆盖了中国中西部地区的 20 个省（区、市）300 多个县，使近 2000 万贫困人口受益。[①] 另一方面借鉴国际社会多年积累的扶贫经验和成功的扶贫方式，将参与式扶贫、小额信贷、项目评估和管理、贫困监测评价等，逐步应用于中国扶贫实践中，在创新扶贫开发机制、提高扶贫工作水平、开发扶贫队伍人力资源等方面产生了积极影响。

三、中国贫困治理面临的挑战

虽然中国贫困治理取得了极大的成就，但我们也不得不承认目前中国的贫困状况呈现出新的态势和新的特点，要达到“2020 年在我国现行标准下农村贫困人口实现脱贫，贫困区全部摘帽”的目标，还面临着巨大的挑战。而且，在“全面建成小康社会”的目标指引下，扶贫开发的任务已不仅仅是单一层次的解决贫困人口的温饱问

① 国务院新闻办公室：《中国农村扶贫开发的进展》，2011 年 11 月 16 日。

题，而是要巩固温饱成果，实现稳定脱贫，提高贫困人口的生活质量和综合素质，为达到小康社会创造条件。

第一，经济增长的涓滴效应在下降，区域发展不平衡带来的收入差距扩大使贫困治理陷入困境。所谓涓滴效应，是指在经济发展过程中并不给予贫困阶层、弱势群体或贫困地区特别的优待，而是由优先发展起来的群体或地区通过消费、就业等方式惠及贫困阶层或地区，带动其发展和富裕。中国开发式扶贫的理念基本契合了涓滴理论，通过经济增长带动区域发展，并成为减贫的主要推动力。但随着中国经济增速的放缓，经济增长对减贫的作用正在下降，且具有资源优势和地理优势的地区通常在经济增长中占主导地位，享受到经济增长的大部分红利，而贫困地区通常因为资源、交通等条件的限制难以分享到经济增长的涓滴效应。在纯粹市场经济的条件下，资本和人力资源总是流入更有优势和更有利润的部门或地区，这将会进一步导致区域和产业发展的不平衡。1978—2010 年，全国 GDP 由 3456 亿元扩大到 40 万亿元，东部 10 省市比重由占 43.6% 上升到 53.1%，提高 9.5 个百分点，中部地区由 21.6% 下降为 19.7%，下降 1.9 个百分点；西部地区由 20.8% 下降为 18.6%，下降 2.2 个百分点；东北地区由 14.0% 下降为 8.6%，下降 5.4 个百分点，下降幅度最大。① 区域发展不平衡则必然带来收入水平的差距，并最终形成生活水平的差距。1978—2010 年的 32 年间，全国城镇人均可支配收入由 351 元提高到 18068 元，名义增长 50 倍，以标准差表示的收入差距绝对水平相应地由 1978 年的 62.6 元扩大到 2010 年的 4779 元，名义增长 76.3 倍。收入差距的增长幅度远远高于收入水平增长幅度。② 1978 年中国的基尼系数约为 0.21，而 2013 年中国首次公布基尼系数显示，2012 年中国全国居民收入基尼系数为 0.474。按照国际一般标准，0.4 以上的基尼系数表示收入差距较大。收入差距的增大将会动摇以经济增长消除贫困的传统看法。中国的

① 汲凤翔：《30 年地区发展：绝对差距在扩大》，《中国投资》，2012 年第 11 期。
② 汲凤翔：《30 年地区发展：绝对差距在扩大》，《中国投资》，2012 年第 11 期。

贫困治理已经不能单纯依靠经济增长的带动作用来带动贫困消减，而是要通过社会保障和社会救助来兜底，必须依靠国家社保制度和基层医疗体系的全面发展。

第二，扶贫目标多元化。根据《中国农村扶贫开发纲要（2011—2020年）》，我国新阶段的贫困治理目标是：到2020年，稳定实现扶贫对象不愁吃、不愁穿，保障其义务教育、基本医疗和住房。贫困地区农民人均纯收入增长幅度高于全国平均水平，基本公共服务主要领域指标接近全国平均水平，扭转发展差距扩大趋势。[①] 可见，新阶段的扶贫目标已不仅仅是要解决贫困人口的温饱问题，而是要完善贫困地区公共服务水平，让农村贫困人口在脱贫的同时过上有尊严的生活。因此，扶贫目标更加多元，包括：进一步推进贫困地区的基础设施建设和交通系统的完善，提高农村公路服务水平和防灾抗灾能力；进行危房改造，使贫困地区群众的居住条件得到改善；提供更加公平的教育机会，使义务教育水平进一步提高，防止贫困代际传递；改善农村医疗服务，完善并推进新型农村合作医疗制度；健全城乡社会保障制度；推动农村公共文化建设；提高贫困人口自我发展能力；重视生态保护，推动农村贫困地区的可持续发展等。这些多元目标的提出意味着扶贫的政策和措施必须更加精细有针对性，需要政府机制、社会机制和市场机制的有机结合、协同推进，这也对贫困地区的治理模式提出了新的挑战。

第三，市场化改革和城市化进程带来了新的贫困治理难题。我国改革开放的进程伴随着大规模城市化的过程，在劳动密集型产业大力发展的同时，大量农村人口进城务工，这也成为带动农村人口脱贫的巨大推动力。2015年我国城镇常住人口占总人口的比重为54.77%，而1978年城镇化率仅为17.92%。但伴随着这一城市化进程，新的问题开始出现，比如受户籍制度所限，进城务工人员虽然工作、生活都在城市，但户籍却不能随之迁到城市，这意味着这部分人群的社会保障、医疗保险、子女教育均受到限制。虽然2014年

① 中共中央、国务院：《中国农村扶贫开发纲要（2011—2020年）》，2011年12月。

7 月《国务院关于进一步推进户籍制度改革的意见》明确将进一步推进户籍制度改革，包括进一步调整户口迁移政策，建立城乡统一的户口登记制度，全面实施居住证制度等，到 2020 年，基本建立新型户籍制度，努力实现 1 亿左右农业转移人口和其他常住人口在城镇落户。但跨省就业或在大城市就业的务工人员还是难以享受到相应的保障和福利，虽然这部分人群的温饱问题解决了，完成了脱贫，但与大规模城市化进程相伴的农村留守儿童问题、农村留守老人问题、失地农民问题、城市新贫困人群问题等均是贫困治理中需要面对的新的问题。另一方面，对于城镇居民而言，市场经济过程也给他们带来贫困的风险。比如国有企业改革把原先有国家保障的职工推向市场，城镇职工和进城务工人员一样，需要接受市场的挑选，贫困不再局限于个人原因，市场经济的发展和改革进程中的不稳定因素也会导致贫困风险。以往中国的贫困治理政策都是针对农村地区的，面对市场化改革和城市化进程中可能出现的新的贫困问题尚没有系统性的治理路径可依循，城乡分割的减贫战略显然已不足以应对新的情况，贫困治理思路亟待转变。

第四，精准扶贫实行过程中遇到的问题和挑战。精准扶贫政策试图通过将“漫灌扶贫”转变为“滴灌扶贫”的方式，一方面节约扶贫资源，另一方面针对贫困户的不同情况采取不同扶贫措施，更加精准地开展扶贫。但在实际操作过程中也遇到了一些问题。1. 贫困识别系统落后，贫困户难以认定。贫困识别是一个综合系统，包括收入、失业率、贫困率等多重指标，但我国现有贫困识别基本是以贫困人群的收入为主要指标，识别方式单一，难以精准确定扶贫对象。且确定贫困户采取的是指标下放的方式，有的贫困村中贫困人口的经济差异不明显，贫困方式多样，有的家庭收入多但支出也多，有的家庭收入少但支出也少，如何界定贫困户面临着困境。由于国家扶贫力度较大，被评为贫困户的家庭可以享受很多政策上的照顾，成为特权农户，未被纳入到贫困户的家庭却什么优惠政策都享受不到，导致农村里争当贫困户、争当低保户的情况，不利于农村的和谐与稳定。过程透明、严格监督的贫困户建档立卡工作可以减少基层矛盾，但实际操作中缺乏科学规范的政策程序。2. 致贫原因多样，缺乏治理手段。通过对贫困人群建档立卡调查中发现，致贫原因包括因病、因残、因学、因灾、缺土地、缺水、缺技术、缺劳力、缺资金、交通条件落后、自身发展动力不足等。[①] 我国现有的7000多万贫困人口中，因病致贫的占到近3000万，重大疾病成为贫困人口脱贫路上的最大障碍，远超其他因素，甚至可能造成已脱贫人群的“因病返贫”，脱贫难度非常大。除此之外，家中缺少劳动力或者劳动力不愿进城务工经商而农业收入又较少的农户也是农村贫困户的主要组成部分。对于“因病致贫”和缺少劳动力的贫困户，减少贫困的路径不能单纯依靠经济增长来带动，而是要依靠社会保障体系和医疗体系的全面发展。而对于其余贫困对象致贫原因的多样性和复杂性，任何单一的帮扶措施都难以持续有效地解决贫困问题，现有政策和体制之间存在不协调问题，难以精准帮扶。3. 精准扶贫信息网络系统难以建立。为贫困人群建档立卡，建立扶贫信息网络是了解扶贫对象的致贫原因并精准帮扶，实现信息共享的基础，但这一过程需要投入大量的人力物力，由于基层工作人员群体庞大，培训不到位，存在着信息缺位和信息造假的问题。

第五，现有贫困治理的组织方式和考核制度还存在一定局限。在贫困治理过程中，由于涉及的部门庞杂，牵涉到政府、社会组织、市场多重主体，扶贫资金规模庞大，一旦监督制度和考核制度缺位，极易导致扶贫效率低下、扶贫资金没有真正用到贫困群体上，甚至引发腐败。很长一段时间内，对贫困地区贫困治理的考核以生产总值为主要考核指标，各级政府为了目标的贯彻实施，为了短期内完成“额定”任务，常常采取政治动员的方式，将有限的资源集中组织起来，通过开会、谈话和下发文件等形式，制造舆论、营造氛围，“集中力量办大事”。[②]具体表现到贫困县、贫困村层面，会发现贫困

---

① 吴国宝：《实现精准扶贫的挑战及应对》，《前沿理论》，2015年第10期。

② 何绍辉：《从“运动式治理”到“制度性治理”——中国农村反贫困战略的范式转换》，《湖南科技学院学报》，2012年第7期。

县、贫困村利益之争频现，由于国家扶贫政策能为贫困县带来扶贫资金和扶贫项目，争取到“贫困县”这顶帽子就意味着有专项资金、贷款补贴，一些贫困地区地方政府的财政收支矛盾突出，国家对县里的转移支付资金多用于支付政府运作开支，而并非扶持农民脱贫。各县在水利、交通部门争取投入也变得名正言顺，这些项目的上马还能拉高 GDP 数字，成为贫困县官员的政绩。在利益的驱使下，一些已经脱贫的贫困县不肯摘帽，甚至还为了应对考核进行造假、公关。

现有政府扶贫资金运作方式导致扶贫工作效率底下，存在扶贫资金挪用和滥用的问题。2016 年 2 月至 4 月，审计署对河北等 17 个省、直辖市的 40 个县、区（其中国家扶贫开发工作重点县 26 个）2013 年至 2015 年财政扶贫资金管理使用情况进行了审计，并检查了有关主管部门履行扶贫相关资金分配管理职责情况。审计共抽查扶贫资金 50. 13 亿元，占 40 个县同期投入的 45. 58%，涉及 364 个乡镇、1794 个行政村和 3046 个项目。审计结果显示，基层扶贫资金监管比较薄弱，1. 38 亿元被骗取套现或违规使用，有 8. 43 亿元扶贫资金长时间闲置。

目前国家也正在探索新的考核方式和监督模式，考核方式从只关注生产总值向多维扶贫效果的考核转变，在关注扶贫资金使用绩效的同时，关注健康、权利、公平等其他维度的扶贫考核。2016 年中共中央、国务院印发了《省级党委和政府扶贫开发工作成效考核办法》，从减贫成效、精准识别、精准帮扶、扶贫资金四个方面对中西部 22 个省（自治区、直辖市）党委和政府扶贫开发工作成效开展考核，并提出相应的奖惩制度。针对贫困县、贫困村不愿“摘帽”的现象，初步设计了考核结果运用和激励的相关政策，2016 年国家发布了《关于建立贫困退出机制的意见》，提出要以脱贫时效为依据，以群众认可为标准，建立严格、规范、透明的贫困退出机制，促进贫困人口、贫困村、贫困县在 2020 年以前有序退出，确保如期实现脱贫攻坚目标。但这些考核政策和措施尚处于探索阶段，还存在不完善、不合理之处，需要在实践中继续探索。

第六，人才不足是当前扶贫的一个很大的难题，正向激励机制尚未建立。面对紧迫而艰巨的扶贫任务，基层扶贫工作人员的任务重、压力大。特别是精准扶贫政策推出后，对基层扶贫工作的要求进一步提高，扶贫工作人员要为贫困人群建档立卡，构建信息网络；要应对上级的各种指令和考核；要面对不同类别的贫困人群采取不同的扶贫手段；一些贫困户“等、靠、要”的行为模式阻碍了扶贫脱贫成效，也会打击扶贫工作人员的积极性和工作热情。另一方面，城乡差距不断拉大，贫困地区要想留住人才非常困难，因此需要采取配套措施，建立正向激励机制，解决基层扶贫干部不足的问题。